MAN SIEHT SICH
Das Kaffeehaus ist der Nährboden für das Pressewesen und
die Diskussionskultur. Im Luitpold debattieren Künstler, Gelehrte und Vereinsmeier.
Und die Wassermadln wollen Lulu genannt werden.
S. 166

DAS GEPFLEGTE GESPRÄCH
Luitpoldblock, dritter Stock: Im literarischen Salon des Ehepaars Bernstein trifft sich das Großbürgertum
zum kulturellen Austausch. Und Thomas Mann wird mit Katia Pringsheim verkuppelt.
S. 200

AVANTGARDISTEN ALLER LÄNDER
Faschingsfeste ohne Künstler sind fad, Isadora Duncan tanzt barfuß, und die Blauen Reiter
finden ein neues Zuhause, bei Hans Goltz im Luitpoldblock.
S. 214

TANZ AUF DEM VULKAN
Draußen tobt der Erste Weltkrieg, die Dichter steigen auf die Barrikaden.
Und die Gäste im Luitpold lernen den Swing lieben.
S. 244

LICHTSPIELE IN DUNKLER ZEIT
Im Luitpoldblock eröffnet Münchens größtes Kino. Klaus Mann beobachtet den
großen Diktator, wie er Törtchen verschlingt. Doch weil dessen Hunger weit darüber
hinausgeht, liegt die Stadt bald in Trümmern.
S. 260

ES GEHT VORAN
Keine Atempause: Paul Buchner baut eine Glaskuppel, Tina Schmitz lässt
eine Gangway an den Luitpoldblock andocken, und Stephan Meier sorgt dafür,
dass das Kaffeehaus der Zukunft Tango tanzt.
S. 272

REGISTER
S. 296

LITERATUR
S. 298

IMPRESSUM
S. 300

INHALT

ERLESENE REZEPTE

Dôme au Chocolat
S. 32

Luitpold-Limonade
S. 44

Sahnebrezeln
S. 54

CAFÉ DE PARIS
— SCHNITTEN
S. 55

Wiener Apfelstrudel
mit Vanillesauce
S. 66

Zimtsterne
S. 68

Crème Brûlée
S. 69

WIENER SCHNITZEL
mit Pommes Frites und Ketchup
S. 70

Mini-Beerenküchlein
S. 71

ERDBEER-LYCHEE-KONFITÜRE
mit Körnerbrot aus der Backstube
S. 72

Egg Benedict
mit Sauce Hollandaise
S. 80

Soufflierter Hirschrücken
mit Waldpilzen
S. 88

Lauwarmer Schokokuchen
mit flüssigem Kern
S. 90

TOMATEN-PAPRIKA-SUPPE
mit marinierter Garnele
S. 102

Kräuter-Omelette
in Dänischer Semmel
S. 104

FALSCHE LUITPOLDTORTE
S. 118

PRINZREGENTEN-SCHMARRN
mit Schattenmorellen
S. 120

KASNOCKEN
mit Sauerkraut
S. 130

Wiener Backhendl
mit Vogerlsalat
S. 131

Macarons
mit dunkler und heller Canache
S. 138

Schnelles ERDBEEREIS/-PARFAIT
S. 152

Croissant du Chef
mit Fourme d'Ambert
S. 156

Parmentier VOM LAMMRAGOUT
mit Frühlingsgemüse
S. 164

Topfenknödel
mit Rhabarberkompott
S. 176

LACHS im Zucchinimantel
mit Gurken-Paprika-Salsa
S. 178

KÄSESTANGEN mit Feigenchutney
S. 194

Lammcarrée mit OLIVENKRUSTE
S. 195

TAFELSPITZ im WURZELSUD
S. 196

RAGOUT FIN
S. 198

Wraps mit Caesar Salad
S. 210

× Parmesanschaum süppchen ×
S. 212

TATAKI VOM THUNFISCH
mit Jakobsmuschel-Gurken-Tatar
S. 226

FLAMMKUCHEN
S. 242

HOPPEL POPPEL
S. 248

LOUP DE MER
mit Safranrisotto
S. 256

Kalbsrahm-GULASCH
S. 258

Auberginen-Tapenade
S. 259

Vitello Tonnato
S. 270

Grußwort

Wenn das kein Zufall ist: Da wurde vor genau 200 Jahren per königlichem Erlass der Biergarten als solcher offiziell aus der Taufe gehoben und im selben Jahr durch Joseph von Utzschneider das erste große Münchner Geschäftsgebäude außerhalb der Stadtmauer errichtet und zuvörderst mit einer Brauerei bestückt, Biergarten inklusive. Aber nicht nur damit hat der Tausendsassa Utzschneider, der unter anderem auch zweiter Bürgermeister von München gewesen ist, Neuland betreten. Als vorbildlich sollte sich auch sein Belegungskonzept für den in klassizistischer Manier errichteten Baukomplex erweisen. So fanden sich hier unter einem Dach neben Brauhaus und Sudkeller nach und nach so unterschiedliche Nutzer wie die mechanische Werkstätte Liebherr et Werner, eine Essigsiederei sowie eine Tabakfabrik, eine lithografische Anstalt und eine Glasmalereischule ein; und nicht zu vergessen das Optische Institut von Joseph von Fraunhofer.

Noch heute lebt der nach dem späteren Prinzregenten benannte Luitpoldblock von diesem ganz besonderen Branchenmix, der seit 1888 freilich, wenn auch mit Unterbrechungen, vom Glanz des gleichnamigen Palastcafés überstrahlt wird, der Krönung der Münchner Kaffeehaus-Kultur. Solche Pracht hatte es bis dahin nur in den Metropolen der Donaumonarchie und in Paris gegeben. Entsprechend groß war der Zuspruch, den das Cafe Luitpold von Anfang an fand. Hier trafen sich Fabrikanten ebenso wie Damenkränzchen, Handwerkszünfte und Vereine, aber auch die Redaktion der Satirezeitschrift „Simplicissimus" und die Künstler der „Münchner Moderne" – mit anderen Worten: alle Welt.

Inzwischen wurde daran wieder angeknüpft und das Cafe Luitpold zu neuem Glanz erweckt. Dazu zählt der zeitgemäße Umbau genauso wie die Einführung eines bunt gemischten Kulturprogramms und nicht zuletzt die hauseigene Konditorei der Extraklasse. Nimmt man die gegenwärtigen Bemühungen hinzu, den Betrieb des Gebäudes „grüner" zu machen, nämlich energetisch zu optimieren und Zug um Zug auf Ökostrom umzustellen, dann ist der Luitpoldblock im 200. Jahr seines Bestehens wieder genau da angelangt, wo er schon so oft gewesen ist: auf der Höhe der Zeit.

Zu diesem stolzen Jubiläum sage ich meinen herzlichen Glückwunsch!

Christian Ude

WILLKOMMEN
IM CAFE LUITPOLD

Zeitreise
1804 – 2012

1804

Der Münchner trinkt seit Beginn des 18. Jahrhunderts Kaffee. Aber erst der gewerbliche Zusammenschluss der Kaffeesieder, die Billardtische aufstellen dürfen, und der Traiteurs, die kochen können, führt dazu, dass immer mehr Bürger ins Kaffeehaus gehen. Hier stimmt die Grundversorgung: Es gibt Speis und Trank, und man kann Zeitung lesen.

1812

Joseph von Utzschneider erwirbt 1809 Grundstücke und Immobilien außerhalb der Stadtmauer, die er zu einem Gebäudekomplex zusammenführt. 1812 ist der klassizistische Bau fertig, dessen Grundriss schon weitgehend mit dem des heutigen Luitpoldblocks übereinstimmt. Hinter seinen Mauern befinden sich die größte Bierbrauerei Münchens und die mechanisch-optische Werkstatt, in der Joseph Fraunhofer später seine weltberühmten Präzisionsmessinstrumente herstellt.

1835

Eine Visitationskommission prüft den Zustand der Cafés in der Stadt. Das Fazit ist niederschmetternd. Der Kaffee ist „nur zur Noth trinkbar". Es wird noch einige Zeit dauern, bis es wenigstens einige Kaffeehäuser in München gibt, die sich mit den mondänen Etablissements in Paris und Wien messen können.

1882

Im September organisiert Oskar von Miller eine „Electricitäts-Ausstellung". Das Publikum bestaunt den elektrisch betriebenen Wasserfall. Der Bevölkerung ist elektrischer Strom unheimlich. Erst nach dem Ersten Weltkrieg wird er sich in den Haushalten durchsetzen.

1888

Das Café Luitpold öffnet seine Pforten. Die Leute zahlen Eintritt, um den funkelnden Feenpalast des Architekten Otto Lasne im aufgestockten Luitpoldblock zu besichtigen. 2000 Menschen finden hier Platz – eine monumentale Bühne für die einzigartige Melange aus Adeligen und Großbürgern, aus Künstlern, Studenten und einfachen Leuten, die das Café in den kommenden Jahrzehnten zu einem Mittelpunkt des gesellschaftlichen Lebens in München machen.

1896

Schon im Eröffnungsjahr beschreibt der Baedeker das Café Luitpold als Künstlertreff. Es gibt sogar eine „Café-Luitpold-Gruppe", Abtrünnige der Münchner Künstlergenossenschaft, die sich 1896 formieren. Mit von der Partie sind Georg Dehn, Franz von Defregger, Ernst Ludwig Plass, Ernst Liebermann, Walter Geffcken und Eduard Gabelsberger.

1899

Im Oktober findet der Erste Bayerische Frauentag statt, im Café Luitpold. Die Teilnehmerinnen diskutieren über den Sinn von Mädchengymnasien und fordern in einer Resolution eine Verordnung zum Schutz der Kellnerinnen. Die Veranstaltung gilt als Initialzündung für die Emanzipationsbewegung in Bayern.

1900

Die elektrische Tram macht Ärger. Die Oberleitungen zwischen den Adelspalästen am Odeonsplatz werden von den Anwohnern als „Drahtverhau" empfunden. Daher dürfen ab sofort zwischen dem Bazargebäude am Hofgarten und der Brienner Straße nur noch batteriebetriebene Wagen fahren. Doch der Betrieb wird schon sechs Jahre später eingestellt: Die Batterien sind mit einer allzu übel riechenden Säure gefüllt.

1911

Der Prinzregent, obschon bekannt als Freund des einfachen Lebens, feiert im mondänen Café Luitpold seinen 90. Geburtstag. Wenn die feine Gesellschaft es sich munden lässt, steht Erlesenes auf seidenbezogenen Karten, „Englische Langousten", „Norweger Hummer", „Japanische Kackis".

1912

Wassily Kandinsky und Franz Marc präsentieren die Ausstellung „Schwarz-Weiß" mit Bildern von Hans Arp, Paul Klee, Alfred Kubin, Kasimir Malewitsch, Pablo Picasso und Emil Nolde – in der Buch- und Kunsthandlung Hans Goltz, im ersten Stock des Luitpoldblocks.

1919

Die Räterepublik wird ausgerufen. Mit auf den Barrikaden: Helden der Schwabinger Bohème wie Erich Mühsam, Gustav Landauer, Ernst Toller. Doch die Zeit der linken Aufständler währt nicht lange, ihre Revolution wird blutig niedergeschlagen. Toller muss fünf, Mühsam 15 Jahre ins Gefängnis.

1925

Nachdem der Erste Weltkrieg und die Revolution überstanden sind, feiert München endlich wieder groß Fasching. Man geht als Homer oder Lulu und tanzt Charleston und Fox. Unterhaltungsmusik erlebt in Deutschland in den 1920er- und 1930er-Jahren einen Höhenflug. Im Café Luitpold treten alle Stars mit ihren Bands auf: Bernhard Etté, Will Glahé, Juan Llossas, Georges Boulanger, Johann Strauß der Jüngere, Paul Lincke, Oskar Fetras, Barnabás von Géczy, Ernst van T'Hoff.

1927

Ernst Penzoldt soll vor erlauchtem Publikum lesen. Elsa Bernstein, die seit den 1890er-Jahren einen literarischen Salon in ihrer Wohnung im Luitpoldblock führt, hat eingeladen. Es erscheinen, „Oh Schreck! – das Ehepaar Thomas Mann, die alten Pringsheims, Professor Oncken und Klabund", erinnert sich der Schriftsteller.

1929

Im Luitpoldblock eröffnet Münchens größtes Kino. Die Luitpold-Lichtspiele haben 1368 Sitzplätze, eine hochmoderne Tonfilmapparatur und eine Wurlitzer-Orgel. In den 1930er- und 1940er-Jahren laufen Propagandafilme. Aber es feiern auch viele spätere Filmklassiker Premiere.

1932

Klaus Mann beobachtet Adolf Hitler beim maßlosen Verzehr von Erdbeertörtchen mit Schlagrahm, in der Carlton-Teestube. „Ich entschied mich für dieses Lokal", schreibt Mann, „weil das Café Luitpold – gerade gegenüber, auf der anderen Seite der Briennerstraße – neuerdings zum Treffpunkt der SA und SS geworden war: Ein anständiger Mensch verkehrte dort nicht mehr."

1944

Nach dem 45-minütigen Bombardement in der Nacht vom 18. Dezember 1944 gehen im Café Luitpold die Lichter aus: Achtzig Prozent des Luitpoldblocks liegen in Trümmern. Dasselbe gilt für die gesamte Altstadt. Trotz der massiven Schäden geht der Betrieb des Cafés zunächst weiter, im Keller. Doch der Versuch, 1948 ein bürgerliches Restaurant in der Ruine zu etablieren, scheitert.

1945

Das Luitpold-Theater hat das verheerende Bombardement relativ unversehrt überstanden. Schon im September 1945 werden wieder Filme gezeigt. Bald kommen Weltstars wie Ingrid Bergmann und Maximilian Schell zu Premieren an die Isar.

1960

Ausverkauf. „Eines der berühmtesten Cafés der Welt versteigert seine Bestände, sogar den Parkettfußboden und die Bodenplatten", berichtet die Münchner Abendzeitung. Die Ära des Palastcafés ist passé. Die Stunde von Marika und Paul Buchner ist gekommen. Sie erwerben den Luitpoldblock samt Kaffeehaus von der Staatsbank.

1962

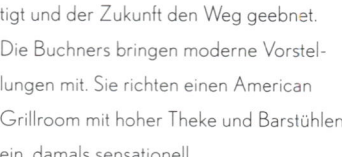

Das Cafe Luitpold ist wieder da. Zwei Jahre Um- und Neubau haben die Kriegsspuren beseitigt und der Zukunft den Weg geebnet. Die Buchners bringen moderne Vorstellungen mit. Sie richten einen American Grillroom mit hoher Theke und Barstühlen ein, damals sensationell.

1984

Der Luitpoldblock erhält einen eigenen U-Bahn-Anschluss.

1989

Der Palmengarten unter der Glaskuppel wird eingeweiht. Zur Feier des Tages überraschen Helmut Zacharias, Max Greger und Hugo Strasser das Publikum mit einem Liveact, der als Unikat in die Musikgeschichte eingeht: Sie treten zum ersten und einzigen Mal als Trio auf. Gerhard Brenner pachtet das Cafe Luitpold bis 2009.

2003

Die „Luitpold Lounge" zieht ins Erdgeschoss des Luitpoldblocks ein, als Zwischennutzung für ein leer stehendes Ladenlokal. Drei Jahre lang findet hier künstlerische Aktion quer durch alle Sparten statt. Documenta-Künstlerin Cosima von Bonin verarbeitet Filz, der Musiker Thomas Meinecke spricht über Plattencover, der Blumenbar-Verlag veranstaltet Lesungen.

2004

Das kleine, feine Museum Sammlung Café Luitpold wird eröffnet. Hier sind Artefakte, Bilder und Literatur rund um die Geschichte des Café Luitpold ausgestellt, die das Ehepaar Buchner jahrzehntelang zusammengetragen hat. Wer mag, kann durch ein Fenster die Konditoren bei der Arbeit beobachten.

2010

Das Cafe Luitpold hat sich wieder mal neu erfunden. Buchner-Tochter Tina Schmitz und Pächter Stephan Meier haben ihre Vision eines Kaffeehauses des 21. Jahrhunderts umgesetzt: Genuss und Kultur in einem klassisch modernen Ambiente.

2011

Das Salonleben kehrt ins Cafe Luitpold zurück: Regelmäßig finden im „Salon Luitpold" Veranstaltungen zu Themen aus Kunst und Kultur, Nachhaltigkeit und Politik statt.

2012

Der Luitpoldblock feiert sein 200-jähriges Jubiläum.

Zeit

Die gute alte Zeit besteht heutzutage aus Fenstern, was sich mit dem Besuch in einem Kaffeehaus prima vereinbaren lässt. Dort kann man sich einen hübschen Platz am Fenster suchen und hinausschauen. Ganz lange. Ab und zu ein bisschen Macchiato schlürfen. Und die Gedanken fliegen lassen. Wer will, kann auch summen, aber nur ganz leise. Das Kaffeehaus ist eine Art Transformator, der unsere hektische, durchgetaktete Zeit in Muße verwandelt. Und das alles nur durch den Blick aus einem Zeitfenster. Kaffeehäuser sind erstaunliche Orte.

Am Odeonsplatz entsteigen Diven
wie Danielle Darrieux luxuriösen Limousinen.

L wie Luitpold. 1888 öffnet eines der mondänsten Kaffeehäuser Europas seine Pforten: das Café Luitpold in München. Das Palastcafé wird rasch zu einem Mittelpunkt des gesellschaftlichen Lebens – bis zu seinem Niedergang im Zweiten Weltkrieg. Anfang der 1960er-Jahre bringt die Unternehmerfamilie Buchner-Schmitz das Traditionshaus erneut zum Blühen und sorgt seither dafür, dass es sich immer wieder neu erfindet. Heute präsentiert sich das Luitpold als Ort kulinarischer Entdeckungen, als Forum für Literatur und Kunst, als Tanzboden für Tangofreunde.

Kaffeehaus

Im Anfang war das Wort. Vielleicht war es aber auch das Kaffeehaus, ohne das ein ganzer Berufsstand hilflos auf der Straße herumgestanden hätte. Man muss sich das mal vorstellen: Großliteraten wie Ludwig Ganghofer, Henrik Ibsen und wie sie alle heißen draußen vor der Tür, im Nieselregen, den Notizblock unter den Arm geklemmt, das offene Tintenfass in der Westentasche, den Federhalter ... ach, das will man sich gar nicht vorstellen. Ja, nur im Kaffeehaus konnte Gerhart Hauptmann Worte für seine Weber finden und Wedekind fühlen, dass der Frühling erwacht. Aufbruch findet im Kopf statt.

essenc

osrücken

brüste

Der Baustil der Gründerzeit ist monumental. 1886 erhält Architekt Otto Lasne den Auftrag, die schlichten, klassizistischen Utzschneider-Realitäten aus dem Jahr 1812 auszubauen. Er stockt sie auf, versieht sie mit vier gedrungenen Ecktürmen und verkleidet das Ganze dann mit einer plastischen Neorenaissancefassade. Am 12. März 1901 ist der Luitpoldblock festlich geschmückt: Der Prinzregent feiert seinen 80. Geburtstag. Der Name Luitpoldblock bürgert sich erst um 1920 ein.

Roter Teppich. Sophia Loren gehört in den 1950er-Jahren zu den Weltstars, die bei Filmpremieren im Luitpold-Theater ihre Aufwartung machen.

Um 1900 war die Eroberung des öffentlichen Raums für Damen der Gesellschaft ohne männliche Begleitung keine Selbstverständlichkeit. Doch durften sie es wagen, in Residenznähe, bei königlichen Hoflieferanten, Kaffeekränzchen abzuhalten.

Eine Illustration in der Zeitung „Leipziger" aus dem Jahr 1901 zeigt Gäste des Café Luitpold beim Zimmer-Lawn-Tennis, wie Pingpong damals hieß.

ÜBERRASCHUNGS KUGEL

Was man durch sorgfältige Beobachtung über seine Mitmenschen erfährt, wie Kakao eine Kernschmelze verursachen kann und warum es gut ist, dass es das Luitpold gibt.

Mit dem Rücken zur Wand ist die beste Position. Da sitzt man gemütlich auf der Lederbank und hat alles im Blick. Man sieht, wer hereinkommt, hat die Bar und den Palmengarten im Visier. Und auch die Gäste an den anderen Tischen lassen sich unauffällig beobachten. Das Liebespaar in Adidasstreifen zum Beispiel, das giggelnd damit beschäftigt ist, sich gegenseitig Tortenstückchen in den Mund zu schieben. Oder die ältere Dame gleich nebenan, die aufmerksam dem Monolog ihrer Enkeltochter lauscht. Es geht um einen ungerechten Japanischlehrer.

Bei so viel Ablenkung fällt es schwer, sich dem Buch zu widmen, das neben der Tasse mit dem Cappuccino liegt und darauf wartet, gelesen zu werden. Aber schließlich besteht eines der Hauptvergnügen, das ein Kaffeehaus zu bieten hat, darin, dass man dort in Ruhe Menschen studieren kann. Und Spekulationen anstellen. Wer sind diese Menschen, was sind sie, und worüber unterhalten sie sich wohl? Umso aufregender, wenn es sich um einen Ort handelt, an dem hin und wieder ein prominentes Gesicht auftaucht. Da hinten in der Ecke, ist das nicht dieser Filmregisseur? Na, wie heißt er denn noch ... Doch darüber wird man später nachdenken müssen. Denn jetzt ist der Moment gekommen, in dem der Kellner „Luitpold's Surprise" serviert. Angekündigt hatte er eine „Überraschungskugel, die vor Ihren Augen implodiert". Wie spannend.

Die Kugel ist aus dunkler Schokolade, begleitet wird sie von einem rosa Himbeerparfait auf Champagnergelee. Das sieht hübsch aus. Wo aber bleibt die Implosion? Der Kellner

lächelt, greift zu einem Kännchen mit sehr heißem, sehr dickflüssigem Kakao, gießt. Und, oh Wunder: Die Kugel sinkt zügig in sich zusammen und gibt sich der Vereinigung mit dem Vanilleeis hin, das in ihrem Innern verborgen war. Kernschmelze perfekt. Überraschung gelungen. Jetzt muss man diese cremige Köstlichkeit nur noch auf der Zunge zergehen lassen.

Nach so viel Schmeckleckerei könnte man sich endlich der Lektüre des mitgebrachten Buches widmen – wenn, ja wenn nicht gerade die Tür aufginge und ein ganzer Schwung neuer Gäste hereingespült würde. Mal schauen …

Nur einer Handvoll der berühmten europäischen Grand Cafés ist es gelungen, gute alte Traditionen ins 21. Jahrhundert zu retten und ihre klangvollen Namen auch heute mit Kaffeehausleben zu füllen. Das Caffè Greco in Rom gehört dazu, das Gijón in Madrid, das Procope in Paris, das Central in Wien – und das Cafe Luitpold in München. Wie gut, dass es das Luitpold gibt.

Dôme au Chocolat

Für die weiße Mousse die Gelatine in kaltem Wasser einweichen. Das Eigelb, das Ei und den Zucker gut aufschlagen. Die Gelatine leicht ausdrücken, durch Erhitzen auflösen und in das Eigelb-Zucker-Gemisch rühren. Die weiße Schokolade im heißen Wasserbad schmelzen und unterziehen. Zum Schluss die Sahne aufschlagen und mit dem Kirschwasser zur Schoko-Ei-Masse hinzufügen.

Für die dunkle Mousse das Eigelb, das Ei, die Kirschkonfitüre und das Salz gut aufschlagen. Die Zartbitterkuvertüre im heißen Wasserbad schmelzen und unterziehen. Zum Schluss die Sahne aufschlagen und mit dem Kirschwasser zur Schoko-Ei-Masse hinzufügen.

Die runden Halbformen ölen und zuckern, das erleichtert später das Stürzen. Dann zu drei Vierteln mit weißer Mousse füllen. Pro Dôme 3 Amarena-Kirschen in die Form einlegen. Anschließend mit der dunklen Kirschmousse auffüllen und jeweils mit einem Biskuitboden abdecken. Die Dômes über Nacht in den Gefrierschrank stellen.

Am nächsten Tag die Kakaobutter mit der Zartbitterkuvertüre im heißen Wasserbad (ca. 40 °C) schmelzen lassen. Die Halbkugeln aus den Formen stürzen und mit der Glasur überziehen, sofort auf ein sauberes Blech setzen, damit sie nicht im Schokospiegel stehen. Zum Schluss jede Dôme nach Belieben mit einer Schoko-Stielkirsche oder Schokostreuseln garnieren.

TIPP: Als Formen eignen sich beispielsweise große Cappuccinotassen.

ZUTATEN
für 10 kleine runde Halbformen

Für die weiße Mousse:
1,5 Blatt Gelatine
1 Eigelb
1 Ei
12 g Zucker
130 g weiße Schokolade
185 g Sahne
5 ml Kirschwasser

Für die dunkle Kirschmousse:
2 Eigelb
½ Ei
20 g Kirschkonfitüre
1 Prise Salz
105 g Zartbitterkuvertüre
105 g Sahne
5 ml Kirschwasser

Außerdem:
30 Amarena-Kirschen
10 runde Biskuitböden (im Durchmesser der Halbformen)
100 g Kakaobutter
200 g Zartbitterkuvertüre
Öl und Zucker für die Formen

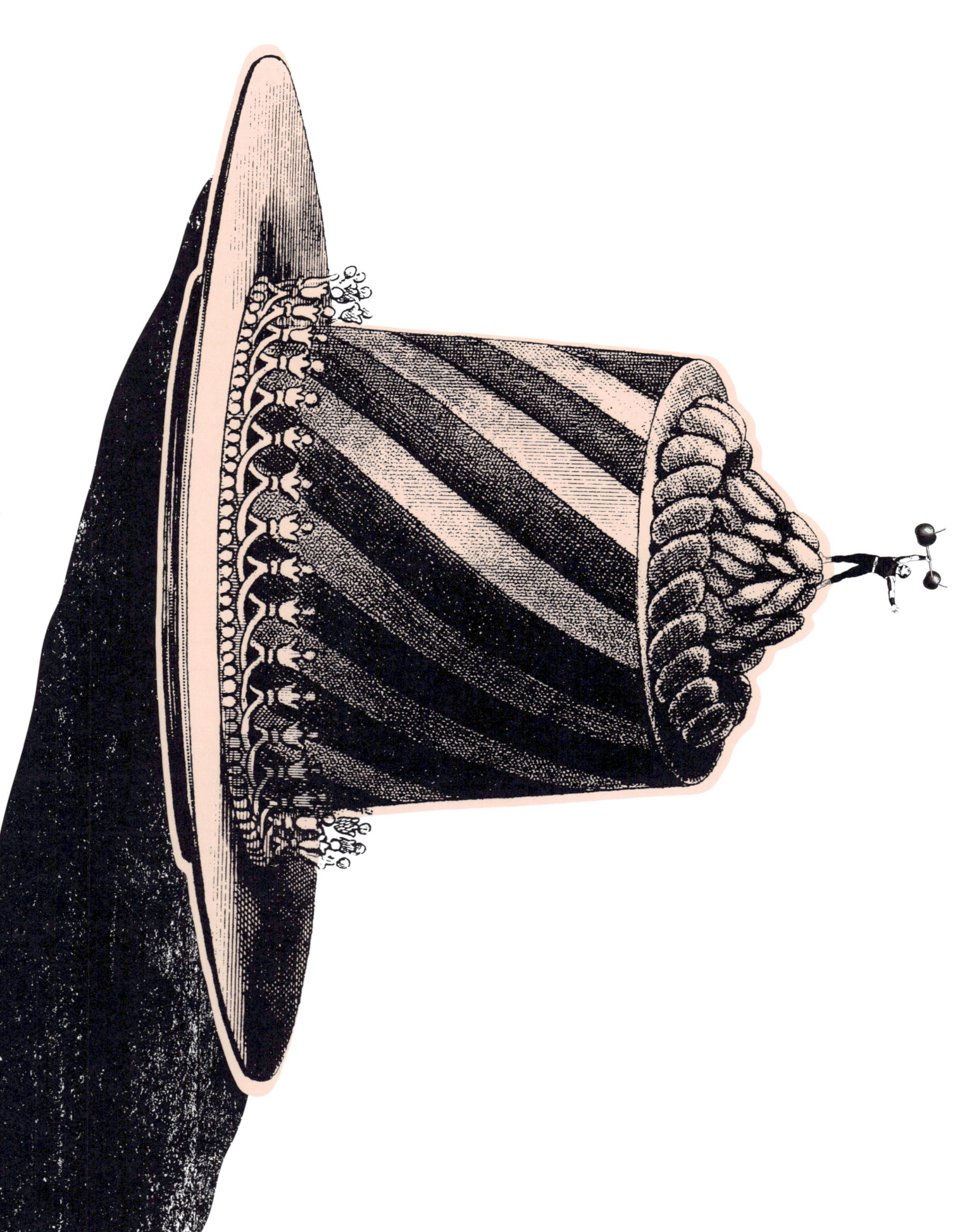

ZURÜCK *IN DIE* ZUKUNFT

Vicco von Bülow bekommt weiche Knie,
Tina Schmitz wird ins Schlaraffenland hineingeboren,
und Stephan Meier steigt als Partner in Crime ein.

Lesen kann so schön sein. Da reist man zum Beispiel mit Erich Kästners Kinderheld Konrad ins Schlaraffenland, dorthin, wo an den Bäumen Süßigkeiten wachsen. Selbstredend, dieser Ort liegt weitab, in einer fernen Weltgegend, die für die meisten Kinder unerreichbar bleibt. Für Tina Schmitz lag sie sehr nah, in München an der Brienner Straße. Dort hatten ihre Eltern, Marika und Paul Buchner, Anfang der 1960er-Jahre das legendäre Cafe Luitpold übernommen. „Ich habe hier als Kind viel Zeit verbracht und weiß noch genau, wie gut es im Treppenhaus roch, nach feiner Teigmasse und frisch aufgeschlagenem Eischnee", sagt sie. Rasch gelang es den Eltern, das im Krieg stark zerstörte Café wiederzubeleben und als feste Anlaufstelle für Genießer zu etablieren, für große und für kleine. Erich Kästner gehörte dazu.

Die Argumente, die die Gäste überzeugten, waren süß. Sie hießen Sultaninenrolle, Finnischer Nusskranz und Butterkuchen. Oder Luitpoldtorte. Die hatte Paul Buchner, ein

> *"ICH GLAUBE, ICH WOHNE HIER."*

VICCO VON BÜLOW (1923–2011) war ein großartiger Erfinder. Er erfand den Wuppertaler Rentner Erwin Lindemann, das Jodeldiplom und das Mokkatrüffel-Parfait „Kosakenzipfel". Und er war ein passionierter Kaffeehausbesucher. Am liebsten ging er ins Cafe Luitpold, wegen des Käsekuchens.

Konditormeister, selbst kreiert. Bis heute ist sie die begehrteste Torte des Cafés und sein Markenzeichen. Auch Vicco von Bülow alias Loriot fühlte sich von den Backwaren magisch angezogen, der Käsekuchen hatte es ihm besonders angetan. So sehr, dass er sich im Gästebuch mit dem Satz verewigt hat: „Ich glaube, ich wohne hier."

Bülow, Schöpfer der Steinlaus und des umstrittenen Mokkatrüffel-Parfaits „Kosakenzipfel", ließ es sich nicht nehmen, die Backstube des Luitpold zu besuchen und seine Eindrücke aufzuschreiben: „Zwanzig Konditoren drehten an eigentümlichen Geräten Baumkuchen zu bizarren Türmen, kneteten auf gekühlten Arbeitstischen hochsensiblen Blätterteig, überzogen Ketten kleiner, nackter Pralinenkörper mit flüssiger Schokolade und dekorierten sie mit Mandelsplittern, Pistazien, Ingwer, Nüssen und Dingen, die ich nicht erkennen konnte. Mir schwindelte." Es war 1968, als Vicco von Bülow weiche Knie bekam, ein Jahr, nachdem Tina Schmitz ins Schlaraffenland hineingeboren wurde.

Der Familientradition folgend, ist sie dem Luitpold treu geblieben. Schon 1989 stieg sie neben dem Studium in die Geschäftsleitung ein. Allerdings nicht als Zuckerbäckerin – die Banklehre und die Designer-Ausbildung wären da kontraproduktiv gewesen –, sondern als Geschäftsführerin des Luitpoldblocks, dem Gebäudekomplex, in dessen Erdgeschoss das Café untergebracht ist. Den hatten die Eltern seinerzeit gleich mit erworben.

Heute kümmert sich Tina Schmitz um die Bewirtschaftung der Anlage, in der mehr als 18 000 Quadratmeter Fläche auf sechs Etagen zu bespielen sind. Sie achtet darauf, dass

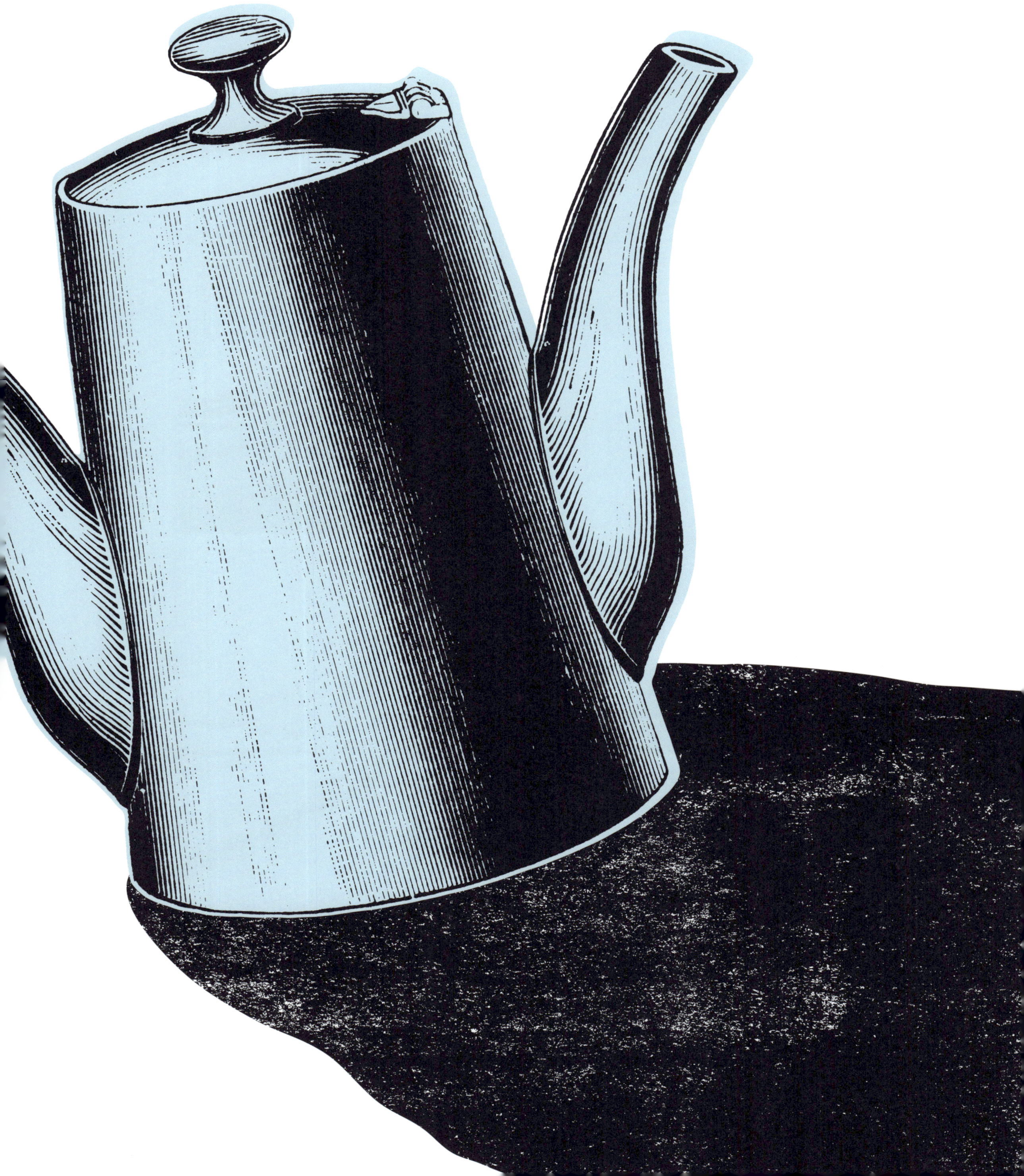

Das Cafe Luitpold trägt im Jahr 2012 das Gewand der klassischen Moderne, gefertigt aus edlen Materialien. Kannelierte Säulen erinnern an die Prachtarchitektur vergangener Zeiten. Die Kuchenauslage lockt mit Törtchen und Gebäck aller Art. In eleganten Schauvitrinen sind Pralinés wie kleine Artefakte ausgestellt.

Kollaborateure des guten Geschmacks. Stephan Meier und Tina Schmitz sorgen dafür, dass die Qualitätsstandards im Luitpold hochgehalten werden. Er als Pächter, sie als Geschäftsführerin des Luitpoldblocks. Beide wünschen sich ein Kaffeehaus, das an die alten Traditionen anknüpft und zugleich in die Zukunft weist: eine Rückzugsinsel für Zeitungsleser und iPad-Nutzer, ein Forum für Diskussionen über Literatur, Kunst und Architektur, ein Tanzboden für Tangofreunde. Und vor allem ein Ort, an dem Gaumenschmeichler die Geschmacksnerven kitzeln, morgens, mittags, abends.

die Bewohner zueinander passen: Praxen, Büros, Geschäfte, das Café. Ihre Hauptaufgabe aber sieht sie darin, nach dem Vorbild der Eltern dafür zu sorgen, dass der Luitpoldblock mit der Zeit geht – und mit ihm das Café, das ohne den Luitpoldblock nicht denkbar ist. Umgekehrt wohl auch nicht.

Kurz nach der Jahrtausendwende fand Tina Schmitz, dass es an der Zeit sei, das Cafe Luitpold neu zu erfinden. Sie entwickelte nach und nach die Vision eines Kaffeehauses, das sowohl an alte Traditionen anknüpfen als auch in die Zukunft weisen sollte. Eine Rückzugsinsel für Zeitungsleser und iPad-Nutzer, ein Forum für Diskussionen über Literatur, Kunst und Architektur, ein Tanzboden für Tangofreunde, eine Pralinenwerkstatt für Zauberlehrlinge. „Das neue Cafe Luitpold sollte ein zeitgemäßes Kaffeehaus sein, ein

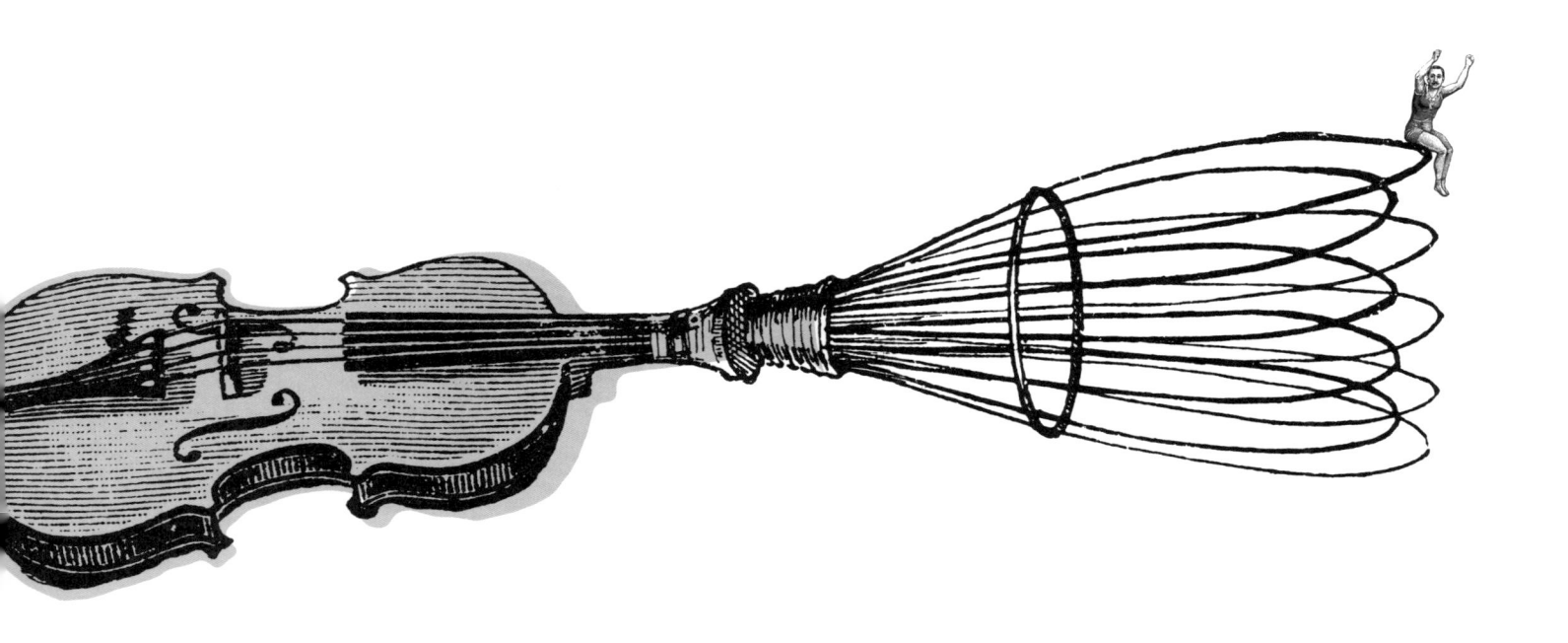

Ort, an dem sich viele Menschen unterschiedlicher Generationen und Herkunft wohlfühlen", sagt Tina Schmitz. Und vor allem anderen ein Ort, an dem Gaumenschmeichler die Geschmacksnerven kitzeln, morgens, mittags, abends.

Dem Traum folgten Taten. Der passende Mitstreiter fand sich in Stephan Meier, Konditor, Bäckermeister und promovierter Betriebswirt, der das Café im Jahr 2009 als neuer Pächter übernahm. Auch Meier, 1972 geboren, stammt aus einer einschlägig vorbelasteten Familie: Zum einen hatte bereits seine Großtante das Tanzbein im Luitpold geschwungen und ihm immer wieder davon vorgeschwärmt. Und zweitens, das ist die fachliche Qualifikation, hatte er 2005 den Familienbetrieb von seinen Eltern übernommen, die Bäckermeisterei Meier in Starnberg. Gemeinsam begab sich das Duo nun an die Umsetzung seines höchst ambitionierten Vorhabens: die Idee des Kaffeehauses kompatibel zu machen für das 21. Jahrhundert.

Monatelang wurde recherchiert, diskutiert und geplant. Man ließ sich gastronomisch beraten und fand Architekten, die dem Inhalt die passende Form geben sollten. Ende 2010 war es so weit. Das Luitpold hatte sich gehäutet. Das Ambiente präsentiert sich heute zurückhaltend im Stil der klassischen Moderne, ausgestaltet mit edlen Materialien. Eine große Wende-Theke teilt den Raum. Auf der einen Seite ist sie Kuchenauslage

mit tausend Törtchen und Gebäck aller Art. Hier ist der Verkaufsbereich, luftig und hell, mit ellenlangen Schauvitrinen, in denen Pralinés und Marmeladen wie kleine Artefakte ausgestellt sind.

Auf der anderen Seite der Theke herrscht Clubatmosphäre – viel dunkles Holz, Eichenparkett, braune Lederbänke und Kaffeehausstühle. Jetzt ist das Luitpold auch abends geöffnet, und an der Bar werden Cocktails gemixt. Küchenchef Michael Hausberger überrascht seine Gäste mit saisonal wechselnden Gerichten vom Sesam-Lachs mit Ingwer-Bohnen über Lammbratwürstchen mit Linsen bis zu einer Mascarpone-Mousse mit marinierten Erdbeeren. Wer mag, kann den Köchen bei der Zubereitung über die Schulter schauen; die Küche ist offen gestaltet.

Neben dem Barraum ist, durch eine Glaswand abgetrennt, ein dritter Bereich entstanden, der in seinem Grundriss dem Vestibül des ehemaligen Palastcafés entspricht und es in seiner Architektursprache zitiert: Die kassettierte Decke, die kannelierten Ziersäulen und die filigranen Pilaster mit ihren korinthischen Kapitellen erinnern an das Vorbild aus der Gründerzeit. Sie gliedern den strahlend weißen Raum und schaffen intime Nischen für ein Candle-Light-Dinner.

Tagsüber baut man weiterhin auf die süßen Klassiker. Und so zieht der Duft frischer Backwaren auch heute noch durchs Haus. Denn wie eh und je wird in den Arbeitsräumen über dem Café alles mit der Hand gemacht, auch die 60 Pralinensorten, die es im Luitpold gibt. Dazu gehören der Tagestrüffel, das knusperkrokantige Nougatinchen oder Monte Rosa, ein kompaktes Miniaturwunder aus Buttercanache. Und natürlich der Stolz des Hauses: die Stielkirsche, die erst nach 33 Arbeitsgängen in die Auslage gelangt. So viel Zeit muss sein, eine Devise, die auf Paul Buchner zurückgeht, für den Perfektion stets oberste Priorität hatte.

Der Palmengarten unter der Glaskuppel, ein Lieblingsort der Buchners, an dem sie noch immer regelmäßig ihren Nachmittagskaffee trinken, ist so geblieben, wie er war. Aber jetzt kann man dort nicht mehr nur dem Plätschern des Brunnens lauschen, sondern hin und wieder auch den Klängen der Musiker und DJs, die auf Einladung des Hauses auftreten – eine Reminiszenz an die swingenden Orchester und Teufelsgeiger der 1920er-Jahre. Und eine weitere Reverenz an die spektakuläre Vergangenheit, in der das Luitpold mit seiner prächtigen Kulisse *tout le monde* beeindruckte.

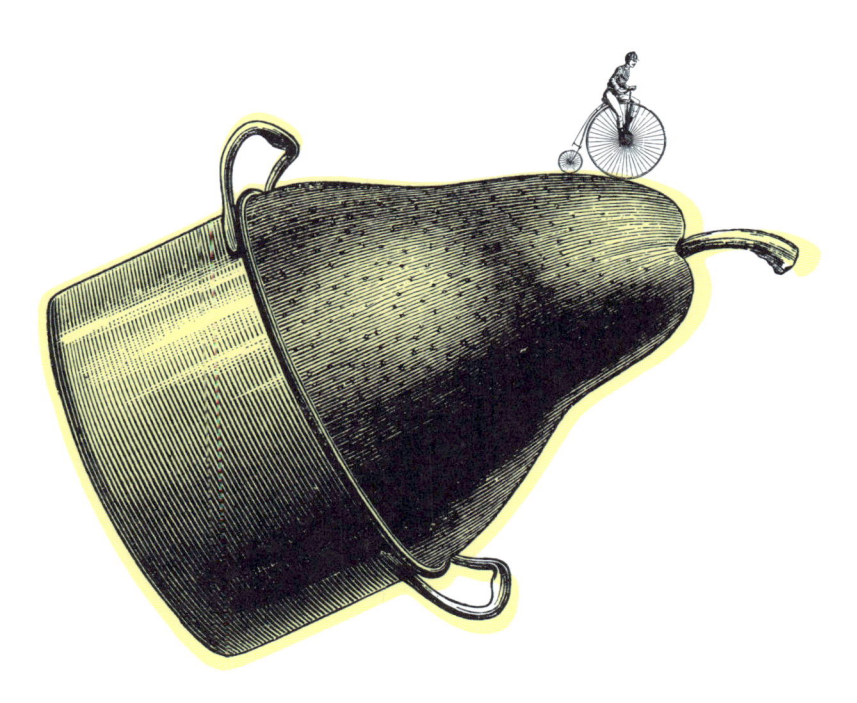

Trüffel

In der Trüffelsaison werden arme Säue losgeschickt, um mit ihren rosa Steckdosenschnauzen den Waldboden auf der Suche nach der kostbaren Schlauchpilzknolle zu durchpflügen, die sie am Ende doch nicht behalten dürfen. Die Säue machen das, weil der erdige Geruch des Pilzes sie an einen Eber in der Rausche erinnert. Wie gut, dass die Suche nach den süßen Namensvettern des Trüffelpilzes saisonunabhängig ist. Und man muss auch kein Schwein sein, um das runde Glück aus Samtschokolade zu lieben. Schon eher eine feine Großstadtnase, die nach Trüffeln schnüffelnd durch die Straßen schnürt, nur eines im Sinn: O du schwarzes Gold unter den Pralinés! O du Krönung der Confiserie! Anfälle dieser Art hat der Connaisseur immer mal wieder, zu jeder Jahreszeit.

Luitpold Limonade

Die Säfte in einer Karaffe mischen. Die Limette heiß waschen, abtrocknen und achteln. Vier Gläser mit Eiswürfeln füllen und die Saftmischung darüber verteilen. Je ein Limettenachtel leicht ausdrücken und den Saft jeweils in ein Glas dazugeben. Dann alle Gläser mit Sodawasser auffüllen und mit einem zweiten Limettenachtel dekorieren.

ZUTATEN
für 4 Personen

8 cl Grapefruitsaft
8 cl Maracujasaft
8 cl Lime Juice
1 Bio-Limette
Eiswürfel
Sodawasser

IN DER BACK STUBE

Zaubern mit Chefkonditor
Albert Ziegler

Wie eh und je wird in den Arbeitsräumen über dem Café alles mit der
Hand gemacht, Kuchen, Torten und die 60 Pralinensorten, die es im Luitpold gibt.
Dazu gehören der Tagestrüffel, das knusperkrokantige Nougatinchen oder
Monte Rosa, ein kompaktes Miniaturwunder aus Buttercanache.

Baumkuchen

Der Baumkuchen ist der König aller Kuchen. Und das, wo man ihn am Spieß dreht wie ein Spanferkel. Das heißt, man gießt mit dem Schöpflöffel immer wieder neue Teigschichten auf den sich drehenden Spieß. Die backen dann vor sich hin, sodass – wie bei einem Baum – Jahresringe entstehen. Die lange Backzeit macht den Baumkuchen sehr haltbar und ermöglicht dadurch auch den Export nach Japan. Das ist wichtig. Denn in Japan findet man an jeder Ecke Baumkuchen. Die Japaner sind ganz verrückt danach. Einige schreiben sogar Blogs über Baumkuchen. Die kann der normale Mitteleuropäer zwar nicht lesen wegen der vielen japanischen Schriftzeichen, aber er kann sich an den schönen bunten Bildern erfreuen.

Konditormeister Albert Ziegler fing 1978 als Lehrling im Luitpold an, seit 2001 leitet er die Backstube. „Hier wird noch wie vor hundert Jahren gearbeitet", sagt er, „ohne Fertigprodukte".

Der Wiener Apfelstrudel gehört zu den Klassikern der
Feinbäckerei. Albert Ziegler erfindet aber auch immer wieder
Neues, zum Beispiel das Elyséetörtchen mit Himbeermousse
oder die Wiggerlpraline mit Knallbrause.

Dressiersack

Wer wird hier dressiert? Und wer ist der Sack? Hund und Herr, um mit Thomas Mann zu sprechen? Nein, der Dressiersack ist dazu da, geschlagene Sahne, Buttercreme oder Plätzchenteig in Form zu bringen. Also kleine Kringel und elegante Tüpfelchen auf die Torte oder das Backblech zu malen. Dazu füllt man den Sack zum Beispiel mit Teig und presst ihn durch eine Spritztülle. Eine Hand führt die Tülle, während die andere den Beutel verschlossen hält und gleichzeitig zusammendrückt, sodass die Masse in der passenden Menge und in der gewünschten Form austritt. Fertig ist der dressierte Teig.

Bombieren

Dahingehauchte Hippenblätter, filigran geformte Marzipanknospen, ein liebevoll positioniertes Brautpaar – das Konditorhandwerk verlangt künstlerisches Feingefühl. Da stellt man sich zartbesaitete Virtuosen der Teigbehandlung vor, die mit viel Hingabe und vor allem friedlich vor sich hin werkeln. Und dann das: bombieren, dressieren. Die Sprache der Konditorei ist derart martialisch, da kann man es mit der Angst kriegen. Warum muss man eine Bombe bemühen, um zu beschreiben, dass man eine süße Masse in eine Halbkugel füllt? Warum wird Buttercreme dressiert statt hübsch in Form gebracht? Auch dem Teig tut es am Ende weh, wenn man ihn schlägt. Der Sahne geht es da nicht besser.

Wenn Albert Ziegler sich an das Komponieren einer neuen Praline macht, rührt er in seinem Topf 100 Gramm Zucker, 1000 Gramm Sahne und zwei Kilogramm Kuvertüre an – und experimentiert dann mit Zutaten wie Kardamom, Chilipulver, Champagner, Mandarinenzesten, Fondantzucker, Kakaobohnengranulat und Kakaobutter. Dabei entstehen kleine Wunderwerke, die jede Sünde wert sind.

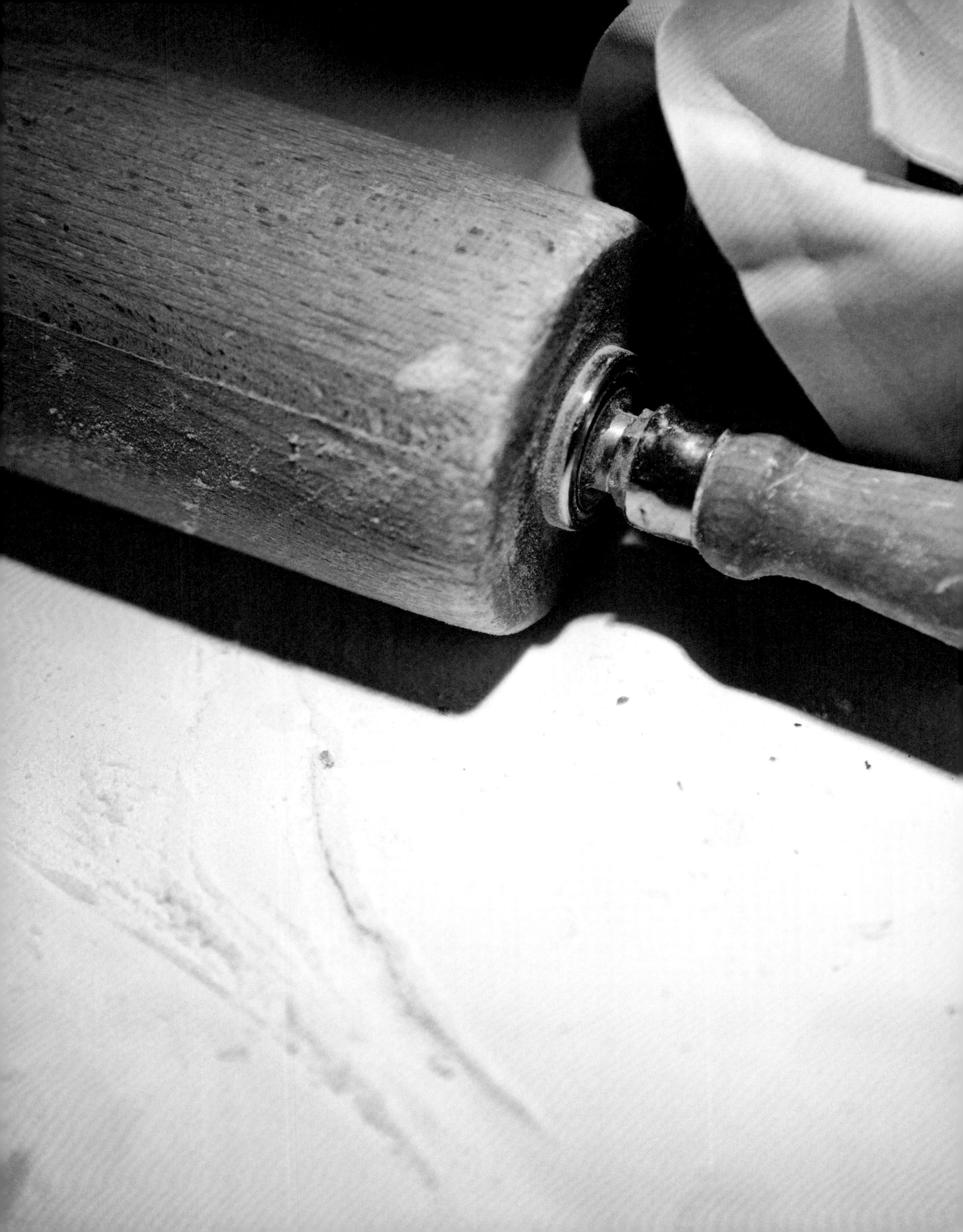

Erlesene Rezepte · einfach

Sahnebrezeln

ZUTATEN
für ca. 40 Stück

Für den Teig:
100 g weiche Butter
60 g Puderzucker
1 Eigelb
ausgekratztes Mark
von ¼ Vanilleschote
Salz
45 g Sahne
150 g Mehl

Für die Glasur:
350 g Puderzucker
75 ml Wasser

Die weiche Butter, den Puderzucker, das Eigelb, das Vanillemark und 1 Prise Salz leicht schaumig schlagen. Die Sahne dazugeben und das Mehl untermischen und alles zu einem glatten Teig verrühren.

Die fertige Masse in einen Spritzbeutel mit kleiner Lochtülle füllen und damit Brezeln auf mit Backpapier belegte Bleche setzen. Die Brezeln auf der mittleren Schiene im vorgeheizten Ofen bei 180 °C (Umluft 160 °C) 10–15 Minuten backen.

Für die Glasur den Puderzucker mit etwa 75 ml Wasser anrühren. (Die große Menge benötigt man, damit die Brezeln komplett in die Glasur getaucht werden können.) Nach dem Backen die Brezeln noch warm in die angerührte Glasur tauchen und auf ein Ofengitter setzen. Die glasierten Meisterwerke über Nacht trocknen lassen und dann vorsichtig vom Gitter lösen.

TIPP: Das Aufspritzen der Brezeln ist nicht einfach und sollte vorher geübt werden. Wer es einfacher mag, formt kleine Ringe oder eine liegende Acht.

Café de Paris
— Schnitten

Für den Biskuit das Marzipan in kleine Stücke zerpflücken und mit den Eiern und dem Vanillemark aufschlagen. Das Eiweiß mit Zucker und Salz zu cremigem Eischnee schlagen. Die flüssige Butter nach und nach zur Eier-Marzipan-Masse geben und weiterschlagen. Den cremigen Eischnee mit der Masse vermengen und zum Schluss die Speisestärke unterheben. Den Teig auf zwei mit Backpapier belegten Blechen jeweils zu einer Platte von 32 × 40 cm Größe ausstreichen. Die Biskuits im vorgeheizten Ofen bei 260 °C (Umluft 240 °C) etwa 10 Minuten backen, herausnehmen und abkühlen lassen. Die abgekühlten Teigplatten jeweils halbieren, sodass vier gleich große Biskuitplatten entstehen.

Für die Füllung die drei Nougatsorten zerkleinern und in einer Schüssel im heißen Wasserbad zusammen auflösen. Die Hippenbrösel untermischen. Für die Tränke den Espresso mit dem Mocca-Likör und dem Läuterzucker verrühren.

Für die Mocca-Buttercreme die Eier und den Zucker in einer Metallschüssel im heißen Wasserbad erwärmen, dann vom Wasserbad nehmen und ohne Hitze weiterrühren, bis die Masse steif ist. Inzwischen die Butter mit dem Puderzucker schaumig schlagen und nach und nach die Eimasse unterziehen. Die Buttercreme mit löslichem Espressopulver und Mocca-Likör abschmecken und glatt rühren.

Die Schnitte zusammensetzen, dafür die erste Biskuitplatte auf eine Platte legen und mit der Kaffeetränke beträufeln, danach ein Drittel der Füllung aufstreichen. Die zweite Biskuitplatte auflegen, ebenfalls tränken und mit einem weiteren Drittel der Füllung bestreichen. Die dritte Biskuitplatte auflegen, tränken und das letzte Drittel der Füllung aufstreichen. Die letzte und vierte Biskuitplatte auflegen und mit Kaffeetränke beträufeln. Die fertige Café de Paris-Schnitte etwa 1 Stunde kühl stellen. Danach die Mocca-Buttercreme auf die gekühlte Schnitte streichen und diese wieder kalt stellen.

Inzwischen für die Glasur die Gelatine in kaltem Wasser einweichen. Die Kuvertüre zerkleinern und mit Sahne und braunem Zucker vorsichtig erhitzen. Das Kakaopulver einrühren, zum Schluss die ausgedrückte Gelatine untermischen. Die Glasur über die Schnitte ziehen und die Köstlichkeit anschließend in 10 gleich große Stücke schneiden.

TIPP: Nach Belieben können Sie diese feinen Schnitten zusätzlich mit Blattgold verzieren.

ZUTATEN
für 10 Stück

Für den Biskuit „Joconde":
430 g Marzipanrohmasse
6 Eier
ausgekratztes Mark von
1 Vanilleschote
215 g Eiweiß
50 g Zucker
1 Prise Salz
50 g flüssige Butter
65 g Speisestärke

Für die Füllung:
225 g dunkler Mandelnougat
225 g heller Nussnougat
135 g dunkler Nussnougat
120 g Pailleté feuilletine (Hippenbrösel)

Für die Kaffeetränke:
6 cl Espresso
6 cl Mocca-Likör
60 g Läuterzucker (2 Teile Zucker in 1 Teil Wasser bei 100 °C auflösen)

Für die Mocca-Buttercreme:
2 Eier
50 g Zucker
150 g Süßrahmbutter
15 g Puderzucker
1 EL lösliches Espressopulver
2 cl Mocca-Likör

Für die Glasur:
4,5 Blatt Gelatine
150 g Zartbitterkuvertüre
125 g Sahne
180 g brauner Zucker
60 g Kakaopulver

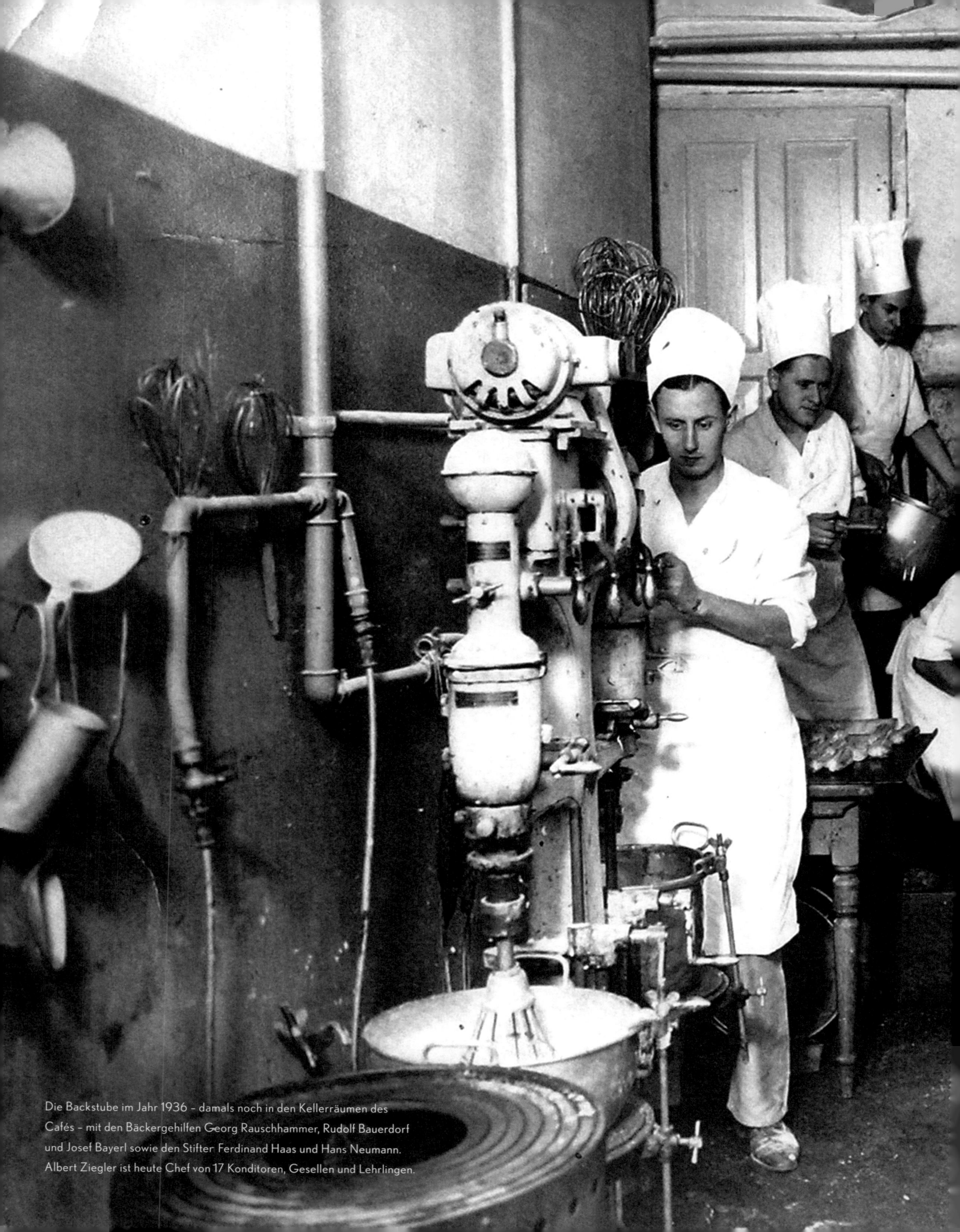

Die Backstube im Jahr 1936 – damals noch in den Kellerräumen des Cafés – mit den Bäckergehilfen Georg Rauschhammer, Rudolf Bauerdorf und Josef Bayerl sowie den Stifter Ferdinand Haas und Hans Neumann. Albert Ziegler ist heute Chef von 17 Konditoren, Gesellen und Lehrlingen.

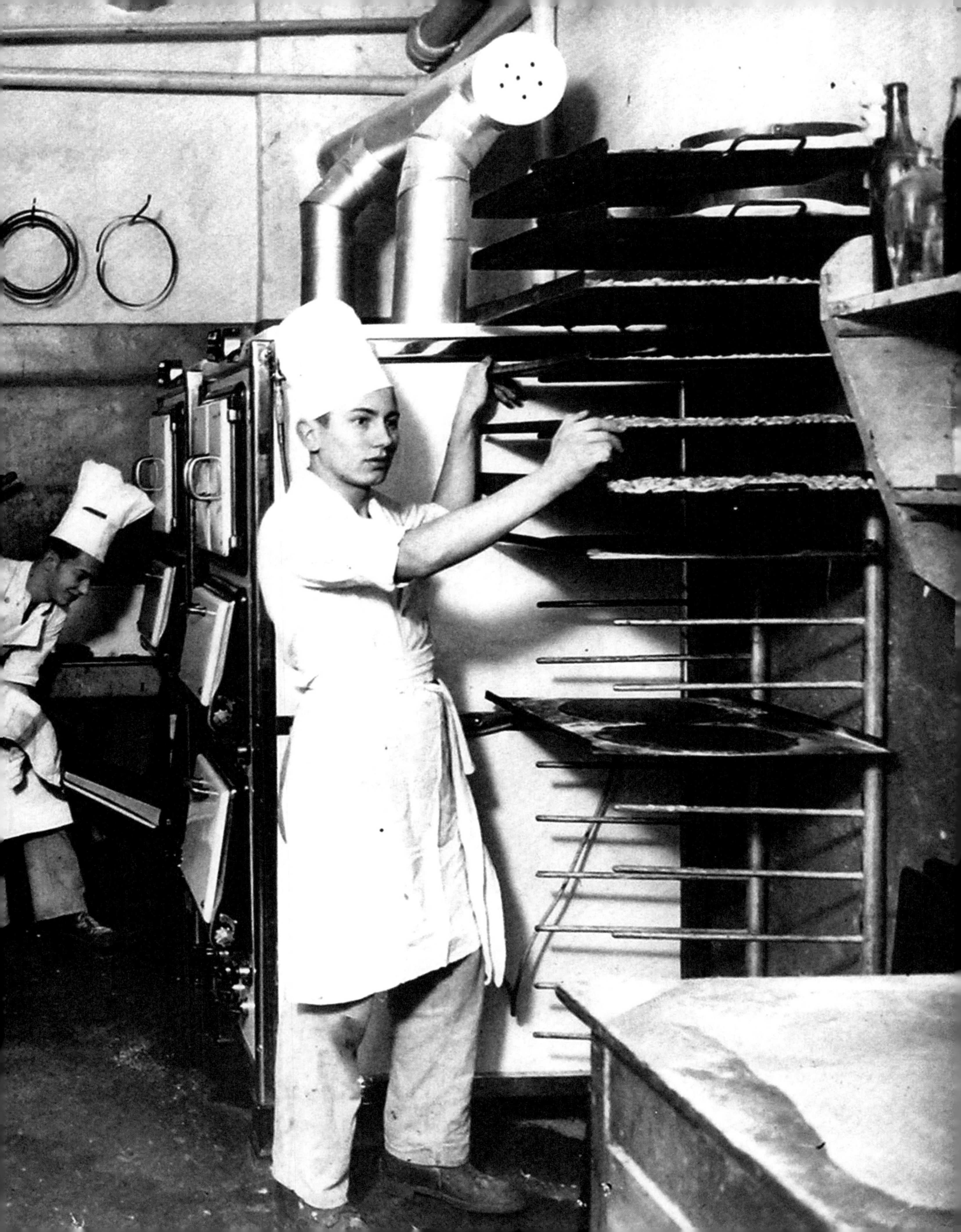

KINDER BACKEN

Einmal im Monat lässt Chefkonditor Albert Ziegler die Kinder an die Macht, wenigstens ein bisschen. Bis zu zwölf Zauberlehrlinge stürmen dann die Backstube des Cafe Luitpold, um Teig zu rühren oder die große Schokoüberzugsmaschine anzuwerfen. Zu Beginn lässt Ziegler jedes Kind einen kleinen Kuchen backen, ein Apfeltörtchen zum Beispiel. Das bringt ein schnelles Erfolgserlebnis und motiviert für schwierigere Aufgaben wie die Herstellung von Marzipanpralinen mit Schokolade. Da dürfen die Kinder dann Maikäfer oder Schneemänner modellieren, je nach Jahreszeit. Anna macht sich gut.

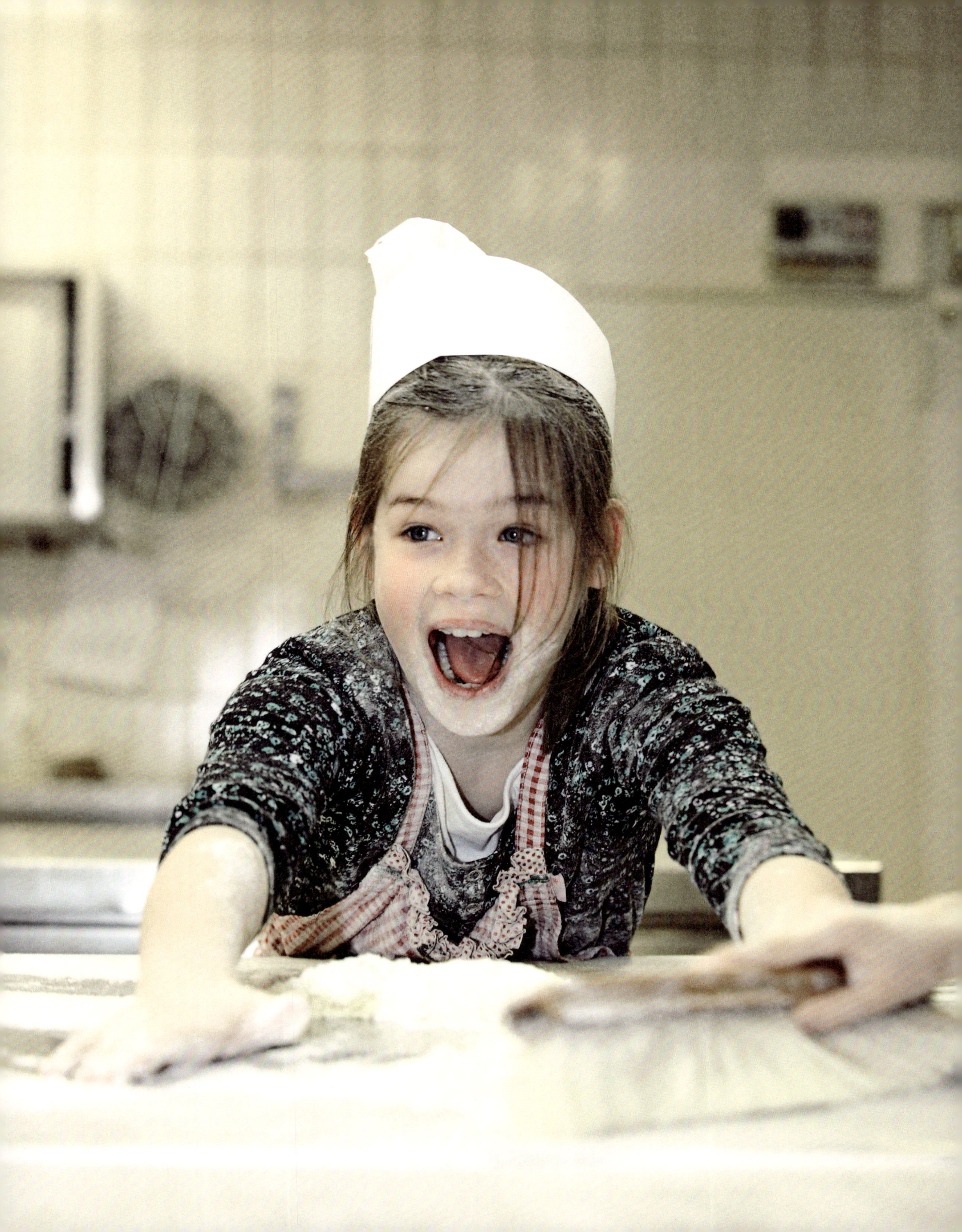

Vor den Verzehr des ersten eigenen Apfeltörtchens hat der Konditormeister das Aufschlagen von Eiern gesetzt. Den Dotter vom Eiweiß trennen: Das ist neu für Marie Madeleine, Anna und Dionne.

Daniel und Dionne bereiten die Zutaten für ihren Nusskuchen vor. Zucker, Nüsse und Mehl werden sorgfältig abgewogen.

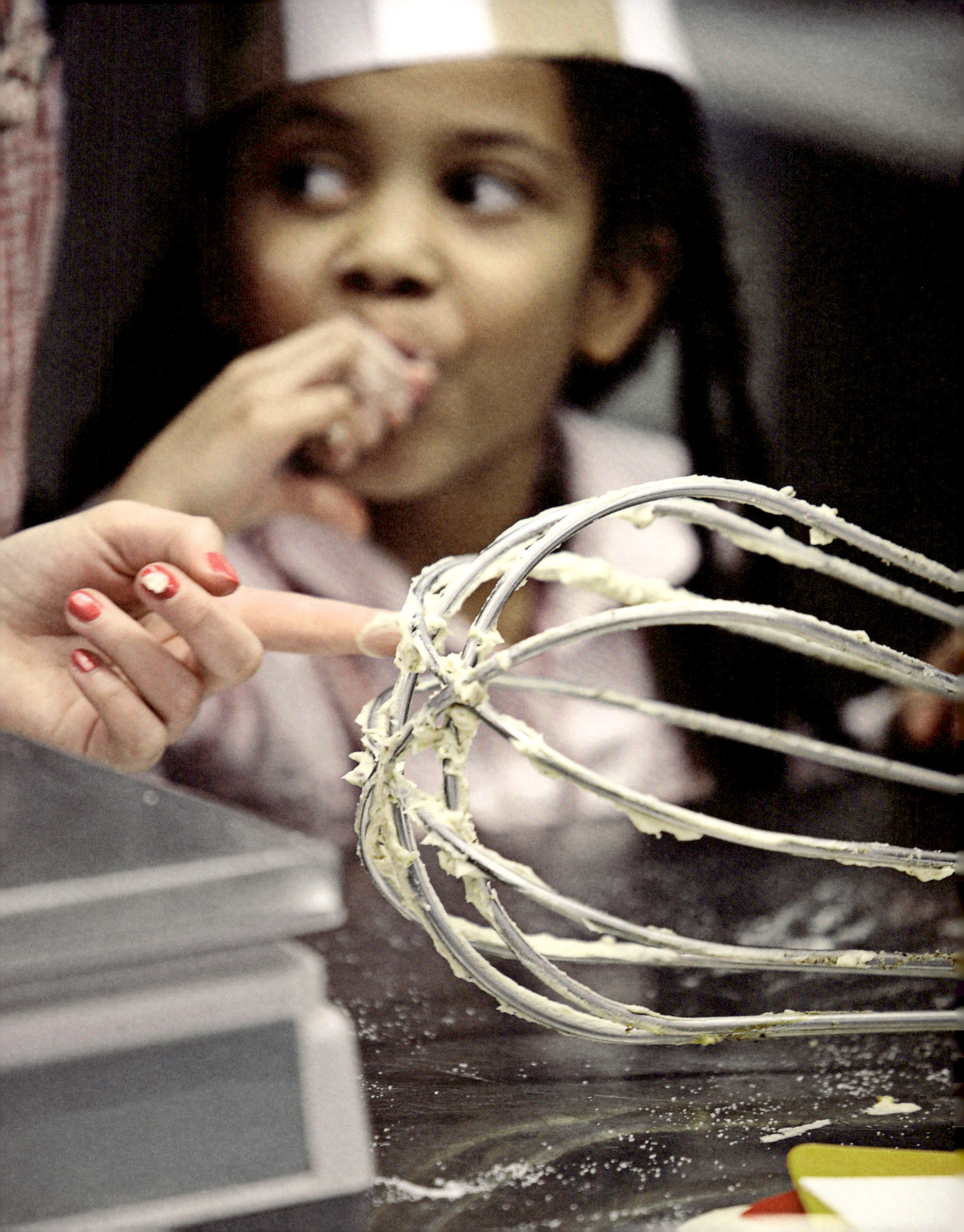

Fudge

Und immer wieder die Literatur: Wer John Steinbecks „Jenseits von Eden" gelesen hat, wird sich daran erinnern, dass Millionen amerikanischer Hausfrauen in der Zeit des Ersten Weltkriegs Zucker, Butter und Milch eingekocht haben, um Karamellbonbons herzustellen, Fudge. Und wer Joanne K. Rowlings „Harry Potter" gelesen hat, wird sich an den dicken Zaubereiminister mit Nadelstreifenumhang und leuchtend grüner Melone erinnern, Cornelius Fudge. Was der magische Minister mit Karamellbonbons zu tun hat? Essen kann man ihn definitiv nicht, er ist ein eher ungenießbarer Zeitgenosse. Aber ziemlich klebrig.

Herzlichen Glückwunsch zu selbst gebackenen Apfeltörtchen, Nusskuchen und Enten aus Marzipan. Anna, Sophie, Daniel, Dionne, Marie Madeleine und Cäcilia dürfen ihre Gesellenstücke mit nach Hause nehmen.

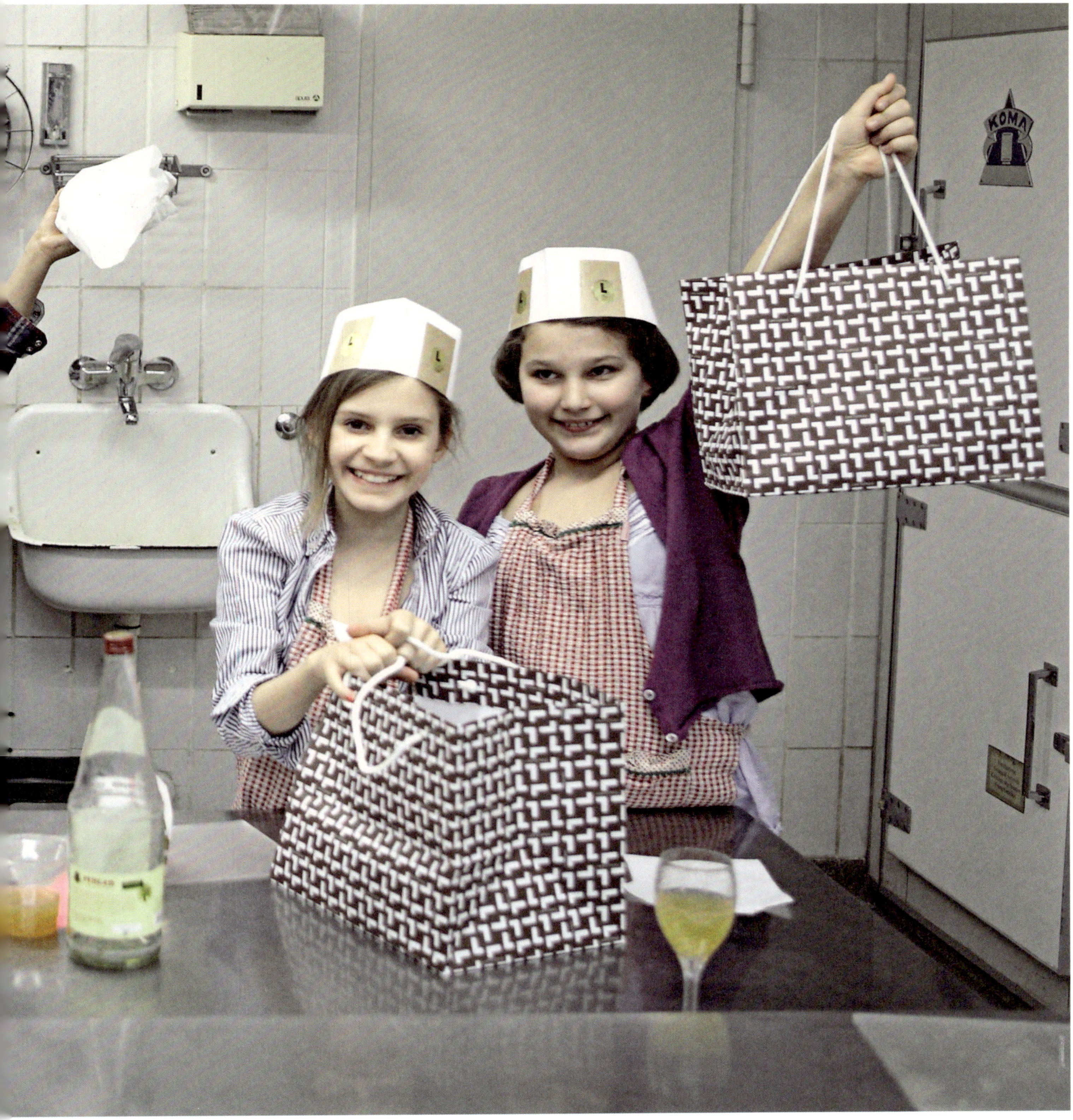
KOMA

Wiener Apfelstrudel

MIT VANILLE-SAUCE

Für den Strudelteig alle Zutaten zu einem glatten Teig verarbeiten, in Folie wickeln und etwa 1 Stunde ruhen lassen. Den Teig auf einer bemehlten Arbeitsfläche mit einem Rollholz ausrollen und auf einem bemehlten Küchentuch zu einem Rechteck von etwa 40 × 60 cm Größe ausziehen. Den Strudelteig mit flüssiger Butter bestreichen und mit Biskuitbröseln und Zimtzucker bestreuen.

Für die Füllung die Äpfel schälen, vierteln und entkernen, dann in gleichmäßige dünne Scheiben schneiden. Die restlichen Zutaten für die Füllung dazugeben und alles gut vermengen. Die Füllung auf dem Strudel verteilen und den Strudelteig mithilfe des Küchentuchs aufrollen. Auf ein gefettetes Backblech oder in eine gefettete Reine legen. Die Oberfläche mit flüssiger Butter bestreichen und den Strudel im vorgeheizten Ofen bei 220 °C (Umluft 200 °C) 30–40 Minuten backen.

Für die Vanillesauce die Vanilleschote längs aufschlitzen, das Mark herauskratzen und beides mit der Milch aufkochen. Die Vanilleschote wieder entfernen. Das Eigelb mit dem Puderzucker und dem Salz cremig aufschlagen. Die Schüssel ins warme Wasserbad stellen und die heiße Vanillemilch unter ständigem Rühren langsam dazugießen. Wichtig: Das Wasser im Topf unter der Eigelbmasse sollte nicht kochen – ist die Temperatur zu hoch, stockt das Eigelb, und die Masse wird nicht cremig.

Zum Servieren den Apfelstrudel in Stücke schneiden und mit Puderzucker gut bestäuben. Die Vanillesauce dazureichen.

ZUTATEN
für 1 Strudel

Für den Strudelteig:
200 g Mehl
85 g Wasser
13 ml Öl
30 g Eigelb
2 g Salz
Mehl für die Arbeitsfläche
flüssige Butter zum Bestreichen und für die Form
Biskuitbrösel und Zimtzucker zum Bestreuen

Für die Füllung:
1,2 kg Äpfel
70 g Zucker
8 g Vanillezucker
25 ml Zitronensaft
50 g Rum-Sultaninen
90 g saure Sahne

Für die Vanillesauce:
½ Vanilleschote
½ l Milch
3 Eigelb
50 g Puderzucker
1 Prise Salz

Zimtsterne

ZUTATEN
für ca. 40 Stück

100 g fein gemahlene Haselnüsse
2 Eiweiß (Größe M)
Salz
1 TL Zitronensaft
125 g Puderzucker
1 Päckchen Vanillezucker
1 TL Zimtpulver
125 g gemahlene Mandeln
Puderzucker für die Arbeitsfläche
Zimtpulver zum Bestäuben

Die Haselnüsse in einer Pfanne ohne Fett leicht rösten. Das Eiweiß mit 1 Prise Salz und dem Zitronensaft steif schlagen. Den Puderzucker langsam einstreuen und den Eischnee schlagen, bis sich der Puderzucker komplett aufgelöst hat. Einige Esslöffel vom Eischnee abnehmen und für die Glasur beiseitestellen. Unter den restlichen Eischnee Vanillezucker, Zimt, Haselnüsse und Mandeln rühren. Den Teig zugedeckt im Kühlschrank 2 Stunden kühl stellen.

Den Teig auf einer gezuckerten Arbeitsfläche 3–4 cm dick ausrollen. Mit einer Sternenform Sterne ausstechen und auf ein mit Backpapier belegtes Blech setzen. Den beiseitegestellten Zuckereischnee mit einigen Tropfen Wasser anrühren und die Sterne damit mit einem Pinsel bestreichen.

Die Zimtsterne auf der untersten Schiene im vorgeheizten Ofen bei 170 °C (Umluft 150 °C) 15–18 Minuten backen. Dann das Blech herausnehmen, das Backpapier mit den Plätzchen auf ein Ofengitter ziehen und die Zimtsterne abkühlen lassen.

TIPP: Wer mag, kann die fertigen Zimtsterne noch mit etwas Zimtpulver bestäuben.

Crème Brûlée

Die Vanilleschote längs aufschlitzen, das Mark herauskratzen und mit etwas Zucker in einem Mörser vermischen. Die Sahne, die Milch, den Vanillezucker und den restlichen Zucker in eine Schüssel geben und so lange rühren, bis der Zucker sich aufgelöst hat. Die Eigelbe dazugeben und alles kurz mit dem Stabmixer durchrühren. Die Masse einige Stunden (oder am besten über Nacht) kühl stehen lassen.

Die Masse nochmals gut durchmischen (ohne zu schäumen!) und in ofenfeste Förmchen füllen. Die Förmchen in das tiefe Blech des Backofens setzen, in den auf 110 °C vorgeheizten Backofen schieben und 110 Minuten backen. Das Backblech dabei so hoch mit heißem Wasser füllen, dass die Förmchen gut zur Hälfte im Wasser stehen. Am besten ein Küchentuch auf das Blech legen, damit die Förmchen nicht rutschen. Wenn die Crème Blasen wirft, die Hitze etwas herunterschalten.

Das Backblech vorsichtig aus dem Ofen nehmen und die Förmchen mit der Crème abkühlen lassen. Vor dem Servieren mit braunem Zucker leicht überstreuen und unter dem sehr heißen Backofengrill karamellisieren lassen. Falls man einen Bunsenbrenner zur Hand hat, gelingt das Karamellisieren noch leichter.

TIPP: Die Förmchen für die Crème Brûlée sollten nicht höher als 2,5–3 cm sein und nicht mehr als 12 cm Durchmesser haben.

ZUTATEN
für 4 Personen

1 Vanilleschote
60 g Zucker
270 g Sahne
130 ml Milch
3 Eigelb (Größe S)
brauner Zucker zum Bestreuen

Wiener Schnitzel

MIT POMMES FRITES UND KETCHUP

Die Schnitzel halbieren und mit dem Fleischklopfer schön flach klopfen. Auf drei Teller jeweils das Mehl, das Ei und die Weißbrotbrösel verteilen. Das Ei mit einer Gabel verquirlen und mit Salz und Pfeffer würzen. Die Schnitzel von beiden Seiten mit der Gabel erst in Mehl, dann in Ei und zum Schluss in den Weißbrotbröseln wenden. Die Butter und das Öl in einer Pfanne vorsichtig erhitzen und die Schnitzelchen darin etwa 6–8 Minuten von beiden Seiten goldbraun braten.

Für die Pommes Frites die Kartoffeln waschen und schälen. Zuerst in dicke Scheiben schneiden, dann die Scheiben wie richtige Pommes Frites in schmale Streifen schneiden. Ein Backblech mit Backpapier belegen und die Pommes darauf verteilen. Mit etwas Öl beträufeln und gut salzen. Die Pommes im vorgeheizten Ofen bei 200 °C (Umluft 180 °C) etwa 30 Minuten backen, dann aus dem Ofen holen.

Für das Ketchup die Tomaten in einem kleinen Topf aufkochen. Mit etwas Akazienhonig, Sojasauce und Orangensaft abschmecken. Mit Salz und Pfeffer würzen und das Ketchup in ein sauberes Einmachglas füllen.

Die Wiener Schnitzelchen mit den knusprigen Pommes Frites und dem selbst gemachten Ketchup servieren.

ZUTATEN
für 4 Kinder

Für 8 kleine Schnitzel:
4 dünne Kalbsschnitzel
4 EL Mehl
1 Ei
4 Handvoll Weißbrotbrösel
Salz, Pfeffer aus der Mühle
2 EL Butter
4 EL Rapsöl

Für die Pommes Frites:
8 große festkochende Kartoffeln
Rapsöl
Salz

Für das Ketchup:
200 g passierte Tomaten
Akazienhonig, Sojasauce und Orangensaft nach Geschmack
Salz, Pfeffer aus der Mühle

Mini Beeren Küchlein

Die Eier trennen und das Eiweiß steif schlagen. Das Mehl mit dem Backpulver, 1 Prise Salz und der Milch zu den Eigelben geben und alles gut verquirlen. Den Eischnee unterheben. Die Beeren verlesen und ggf. waschen.

Wenig Öl in einer beschichteten Pfanne erhitzen. Etwas Teig hineingießen und bei mittlerer Hitze einige Minuten backen, bis die gebackene Seite goldgelb ist. Einige Beeren auf die noch nicht gebackene Seite geben. Danach das Küchlein wenden und so lange backen, bis beide Seiten goldgelb sind. Einfach lecker!

ZUTATEN
für 6 Kinder

3 Eier
150 g Mehl
1 TL Backpulver
Salz
ca. 150 ml Milch
1 Handvoll gemischte Beeren
Öl zum Ausbacken

ERDBEER LYCHEE KONFITÜRE

MIT KÖRNERBROT
AUS DER BACKSTUBE

Für die Konfitüre die frischen Lychees schälen und entkernen (Früchte aus der Dose abtropfen lassen, den Saft anderweitig verwenden). Die Erdbeeren waschen, putzen und vierteln. Lychees, Erdbeeren, Ingwer und Zitronensaft in einem Topf mit dem Gelierzucker mischen und 2–3 Stunden ziehen lassen. Dann die Fruchtmasse in dem Topf einmal aufkochen, dabei ständig rühren, damit nichts anbrennt. Die noch heiße Konfitüre in sterile Gläser füllen, mit etwas Rum bedecken und anzünden. Sofort mit einem Deckel verschließen. Kühl gelagert hält sich die Konfitüre mehrere Monate.

Für das Körnerbrot zuerst einen Vorteig herstellen: Das Roggenvollkornmehl mit Sonnenblumenkernen, Haferflocken, Leinsamen und Salz in eine Schüssel geben. 300 ml lauwarmes Wasser dazugeben und alles gut verrühren. Den Teig zugedeckt bei Raumtemperatur mindestens 12 Stunden, höchstens 20 Stunden gehen lassen.

Dann den Roggenvollkorn-Sauerteig, das Weizenmehl, Salz, die zerbröckelte Hefe, Weißbrotbrösel und den Vorteig in eine Schüssel geben und mit den Händen verkneten, bis alle Zutaten gut vermischt sind (alternativ mit den Knethaken des Handrührgeräts verrühren). Den Teig zugedeckt etwa 2 Stunden gehen lassen. Den Teig in eine gefettete Backform geben und glatt streichen. Mit Folie abdecken und bei Raumtemperatur noch etwa 1 Stunde gehen lassen.

Den Brotlaib vor dem Backen mit einem Pinsel gut mit Wasser bestreichen. Das Brot auf der mittleren Schiene im vorgeheizten Ofen bei 260 °C (Umluft 240 °C) etwa 45 Minuten backen. Mit einem Holzstäbchen in das Brot stechen, um zu prüfen, ob das Brot in der Mitte noch teigig ist. Sollte Teig am Holzstäbchen kleben, das Brot noch einige Zeit nachbacken lassen. Nach dem Backen das Brot sofort aus der Form stürzen und nochmals mit Wasser bestreichen.

Das Körnerbrot in Scheiben schneiden und mit der Erdbeer-Lychee-Konfitüre und Butter servieren.

TIPP: Das Brot nicht im heißen Zustand aufschneiden, es ist erst im kalten Zustand schnittfähig.

ZUTATEN
für 4 Personen

Für die Konfitüre:
1 kg Lychees (frisch oder aus der Dose)
150 g Erdbeeren
45 g geriebener Ingwer
1 EL Zitronensaft
500 g Gelierzucker (2:1)
80%-iger Rum (oder Branntwein)

Für das Körnerbrot (1 Laib von 1 kg):

Für den Vorteig:
100 g Roggenvollkornmehl
70 g Sonnenblumenkerne
70 g Haferflocken
35 g Leinsamen
5,5 g Salz

Für den Teig:
200 g Roggenvollkorn-Sauerteig (vom Bäcker)
140 g Weizenmehl (Type 1050)
5 g Salz
7 g frische Hefe
40 g Weißbrotbrösel
Fett für die Form

DER GROSSE AUFTRITT

*Das Luitpold öffnet seine Pforten,
das Publikum kommt aus
dem Staunen nicht heraus, und der
Mann von Welt spielt Billard.*

Erstaunliche Geschichten

1888. Vincent van Gogh malt seine Sonnenblumen in Arles. In London treibt Jack the Ripper sein Unwesen. Und in München? Da öffnet eines der größten und mondänsten Kaffeehäuser Europas seine Pforten: das Café Luitpold. Mit so großer Spannung ist das Ereignis erwartet worden, dass die Leute Eintritt zahlen, um das Etablissement besichtigen zu dürfen. Ein Kaffeehaus, das „mit allerhöchster Genehmigung den Namen des Regenten" tragen darf, weckt hohe Erwartungen. Und tatsächlich, die Neugierigen sind schier überwältigt von den palastartigen Räumen, die sie da betreten: eine Architektur, die die Kaffeehauskultur adelt – und den Besucher gleich mit, sofern er nicht ohnehin blaublütig ist.

Den Auftakt bildet ein holzgetäfeltes Vestibül, in dem man nebst Mantel und Schirm auch sein Fahrrad abgeben kann – Kurbelvelozipede und ähnliche Fortbewegungsmittel sind bei Städtern gerade groß in Mode. Das Entrée geht in einen imposanten Kuppelbau über, gefolgt von einem mächtigen dreischiffigen Säulengang und dem Spiegelsaal. Insgesamt sind die drei Säle von 38 Säulen getragen und durch 42 Pilaster gegliedert. Alles ist reich geschmückt mit allegorischen Darstellungen zart geflügelter Elfen, antiker Götter und pausbäckiger Putten. „Da stand in goldgerahmtem Schneefeld splitternackt ein geflügeltes Kind. Von Raben umkrächzt, das Gesichtchen zum Weinen verzogen. Anderswo ruhten zwei Liebende auf Wolken. Eine Hand hob über sie den grünen Kranz des Ruhmes, als hätten sie durch ihr Glück den größten Sieg errungen", erinnert sich der Schriftsteller Hans Carossa. Skulpturen und Stuckaturen wachsen aus der Architektur heraus, vergoldete Holzschnitzereien schimmern kostbar, Brunnen plätschern. Riesige

Spiegelflächen vervielfältigen den traumhaften Raumeindruck. Der Münchner Architekt Otto Lasne hatte einen ganzen Trupp von Malern und Bildhauern engagiert, um diese Kulisse für einen gelungenen Auftritt der großstädtischen Gesellschaft zu schaffen.

Damit nicht genug. Zwanzig weitere opulent ausgestattete Salons und Festsäle laden zu Privatdiners und anderen geschlossenen Gesellschaften ein: die Rokoko-Säle mit dem Großen Kramersaal oder die Prinzensäle mit dem Bacchuszimmer, der Schlachten-, Gemälde- oder Silbersaal, der Fürstensaal und das pompös im Louis-Seize-Stil eingerichtete Weinrestaurant Français mit drei Salons. Dazu kommen ein Palmengarten und – für den Mann von Welt – das Rauchzimmer, eine American Bar und ein Billardsaal mit 15 Tischen. Mehr Möglichkeiten zum Kugelstoßen gibt es nirgends sonst in München.

Schon bald nach seiner Eröffnung wird das neue Palastcafé in einem Atemzug mit den Grands Cafés in Europa genannt, dem Café de la Paix in Paris, dem Berliner Kranzler und dem Sacher in Wien. Es soll diese Häuser sogar übertreffen. „Käseberg's Führer durch Süddeutschland und die Rheinprovinz" berichtet jedenfalls begeistert: „Dieses gewaltige Etablissement ... dürfte auf dem Continent als Unicum dastehen und zwar nicht blos seiner räumlichen Ausdehnung, sondern auch hauptsächlich seiner künstlerischen Ausschmückung halber, die alles bisher Dagewesene in den Schatten stellt."

In München bürgert sich das öffentliche Kaffeetrinken zu Beginn des 18. Jahrhunderts ein. Die Kaffeesieder haben die Erlaubnis, Billardtische aufzustellen. Doch so viele Spielmöglichkeiten wie im Café Luitpold gibt es sonst nirgends: Im Billardsaal stehen 15 Tische.

Palastcafé. Die dreischiffige Große Säulenhalle ist das Herzstück des Luitpold von 1888 bis 1944.

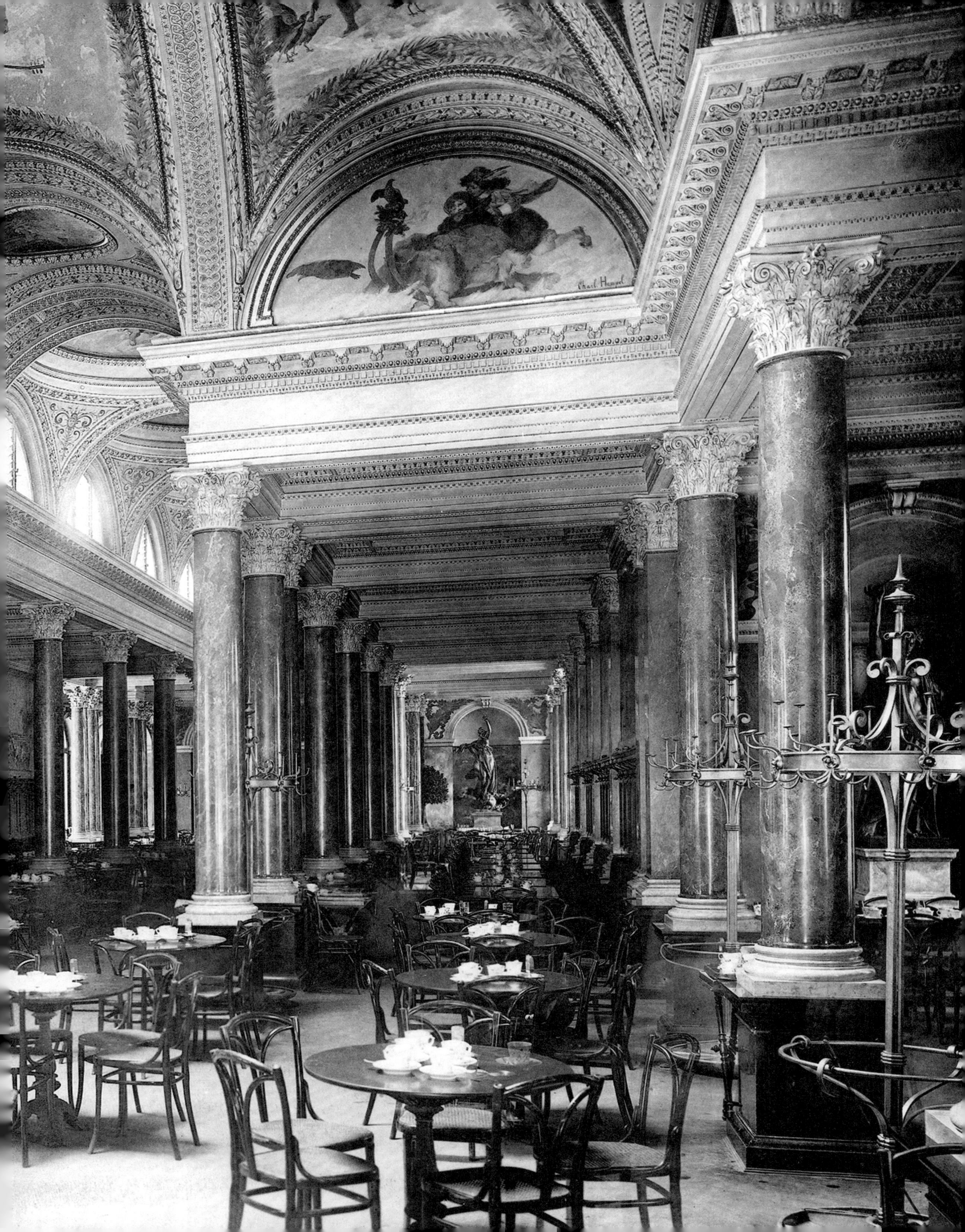
Charl. Hempel

Egg Benedict

MIT SAUCE HOLLANDAISE

Für die Sauce Hollandaise die Butter in einem Topf zerlassen, aber nicht erhitzen. Das Eigelb mit dem Zitronensaft, 3 EL Wasser und etwas Salz in einen Topf geben und diesen ins heiße Wasserbad stellen. Alles mit einem Schneebesen oder Handrührgerät so lange rühren, bis die Masse cremig ist. Den Topf aus dem Wasserbad nehmen und die flüssige Butter nach und nach unter Rühren dazugeben. Die fertige Sauce mit Salz und Cayennepfeffer abschmecken.

Für das Egg Benedict in einem Topf 1 l Wasser mit dem Weißweinessig und etwas Salz zum leichten Sprudeln bringen. Die Eier jeweils einzeln in eine Tasse aufschlagen (das Eigelb soll dabei geschlossen bleiben) und aus der Tasse in das sprudelnde Essigwasser hineingleiten lassen. Nacheinander die Eier jeweils 3–4 Minuten pochieren, das Eigelb bleibt dabei noch flüssig. Die fertigen Eier jeweils mit einem Schaumlöffel herausheben.

Die Schinkenscheiben in einer Pfanne mit etwas Butter knusprig rösten und beiseite stellen. Die Brioche ebenfalls rösten und aufschneiden, die Unterseite jeweils mit 2 Scheiben Schinken und 2 Eiern belegen. Die erwärmte Sauce Hollandaise darüber verteilen und die Brioche-Oberseite auflegen.

ZUTATEN
für 4 Personen

Für die Sauce Hollandaise:
250 g Butter
3 Eigelb
1 EL Zitronensaft
Salz
Cayennepfeffer

Für das Egg Benedict:
3 EL Weißweinessig
Salz
8 Eier
8 Scheiben gekochter Schinken
4 Brioches
Butter zum Braten

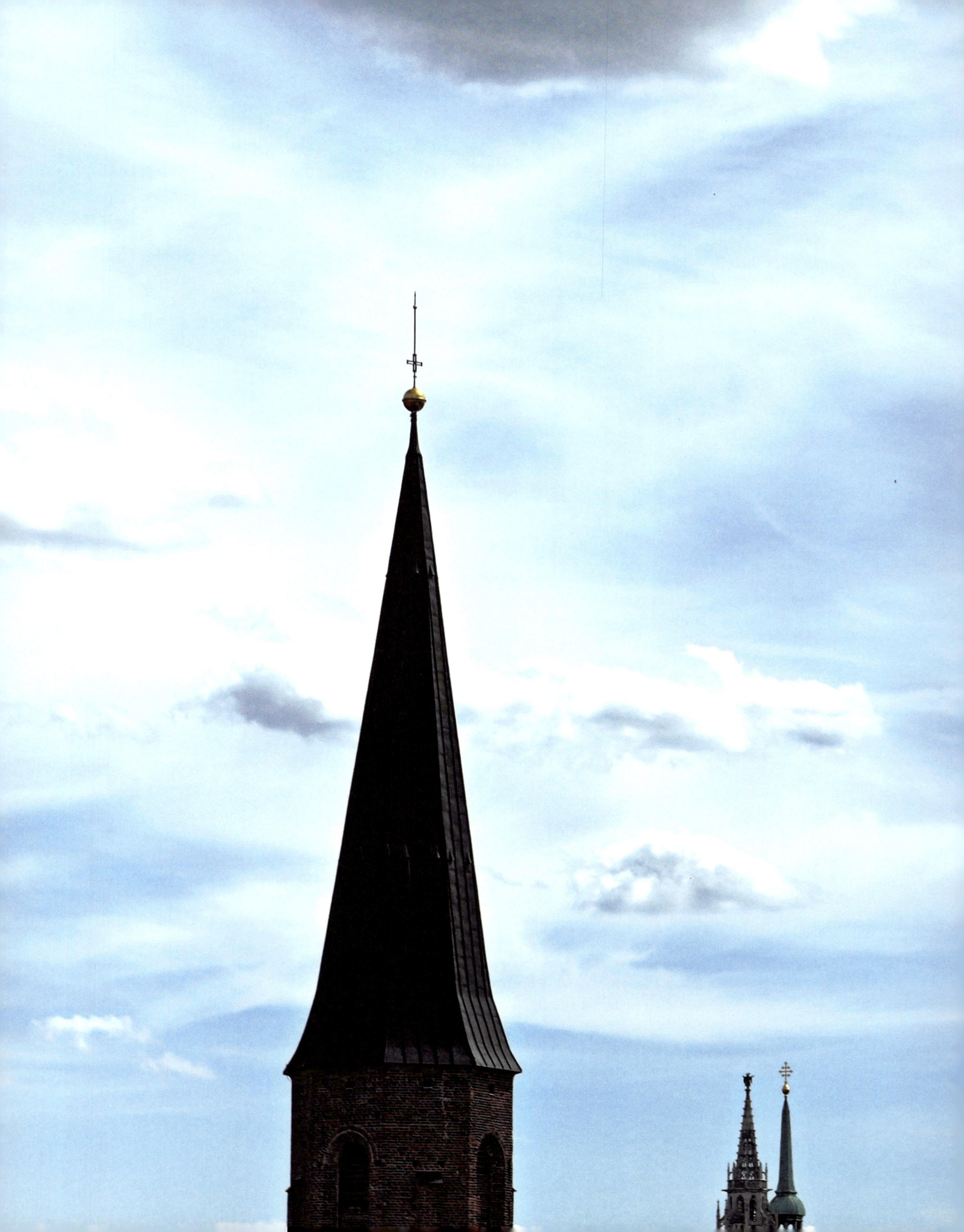

Erstaunliche Geschichten

WIE ALLES ANFING

Geheimrat Joseph von Utzschneider baut noch eine Brauerei, die adeligen Nachbarn rümpfen die Nase, und Wagemut kommt vor dem Fall.

Es ist der Entrepreneur, Emporkömmling und Grundstücksspekulant Heinrich Theodor Hoech, der sich mit dem Prachtcafé an der Brienner Straße schmückt. Hoech ist einer, der in großem Maßstab denkt. 1885 hatte er den Gebäudekomplex erworben, in den das Café einziehen wird. Die Geschichte des Luitpoldblocks aber beginnt lange vorher, im Jahr 1810, als Geheimrat Joseph von Utzschneider das Gebäude im damals noch dünn besiedelten Gebiet außerhalb der alten Stadtmauer errichten lässt. Als Architekten heuert er den Hofmaurermeister Joseph Deigelmayr an, der im selben Jahr auch das Aujägermeisterhaus am Nordende des Englischen Gartens, besser bekannt als Aumeister, erbaut. In seinem 3000 Quadratmeter großen Grundriss entspricht der Utzschneider-Bau – mit eigenem Brunnenhaus – schon ungefähr dem des heutigen Luitpoldblocks. Der viergeschossige klassizistische Haupttrakt hat zwanzig Fensterachsen und ist dem Fürstenweg zugewandt, der von der Residenz direkt nach Schloss Nymphenburg führt. 1826 wird der Weg in Brienner Straße umbenannt – eine Verbeugung vor dem Beitrag bayerischer Soldaten am Sieg über Napoleon in einer Schlacht nahe Brienne-le-Chateau im Jahr 1814. Im Zuge der Planungen zur neuen Maxvorstadt bauen Friedrich Ludwig von Sckell und Karl von Fischer den Fürstenweg zur ersten Prachtstraße Münchens aus.

JOSEPH VON UTZSCHNEIDER (1763-1840) ist der Erbauer des Luitpoldblocks, ein echter Tausendsassa. Unter anderem war er Hofkammerrat und Administrator der bayerischen Salinen. In dem Gebäude an der Brienner Straße, das er zwischen 1810 und 1812 errichten ließ, brachte er die mechanisch-optische Werkstatt unter, in der Joseph Fraunhofer später seine weltberühmten Präzisionsmessinstrumente herstellte.

Utzschneider, zwischen 1818 und 1823 zweiter Bürgermeister der Stadt, Generaladministrator der bayerischen Salinen, „Geheimer Referendär" im Finanzministerium und Vorsitzender der Steuerkataster-Kommission, beschreitet mit seinem Bauprojekt neue Wege. Er bringt ganz verschiedene Nutzer in dem Gebäudekomplex unter: die mechanische Werkstätte von Liebherr und Werner, eine Tabakfabrik, eine lithografische Anstalt und eine Manufaktur für Glasmalerei. 1819 zieht das optische Institut von Joseph Fraunhofer ein, das Ferngläser und Mikroskope in alle Welt liefert. Den größten Teil der Utzschneider-Realitäten aber nimmt eine riesige Brauerei ein, die 1,6 Millionen Maß Bier im Jahr produziert. Zum Betrieb gehören auch eine Essigsiederei sowie eine Branntwein- und Likörfabrik. Die Brauerei betreibt einen Gassen- und Gartenausschank, der bei Ausflüglern sehr beliebt ist, die es sonntags – noch über Krautäcker und Wiesen – raus nach Schwabing zieht. Gerne kehrt man zur Stärkung in die „Wirtschaft zum Utzschneidergarten" ein.

Ziemlich gewagt, die Sache mit der Brauerei. Erstens gibt es in München mit seinen seinerzeit knapp 50 000 Einwohnern bereits 55 „Bürgerliche Braustätten". Und zweitens plagen die unangenehmen Geräusche und Gerüche, die beim Brauen, Essigsieden und Schnapsbrennen entstehen, die Nachbarschaft. Es sind nicht nur Handwerker wie Hofsattler und Schneidermeister, die dort leben und arbeiten, nicht nur Kaufleute, Weinhändler, Bäcker, Juweliere und Bankiers. Vor allem die vielen Hochwohlgeborenen, die sich in Stadtpalästen rund um die Residenz niedergelassen haben, fühlen sich von Lärm und Gestank belästigt. Es hagelt Beschwerden, die Utzschneider aber nicht weiter stören. Dabei wächst der Druck: Im 19. Jahrhundert entsteht eine ganze Reihe neuer Adelspaläste gleich gegenüber der Brauerei auf der anderen Seite der Brienner Straße und zur Theatinerkirche hin. Allein Leo von Klenze baut dort zwischen 1818 und 1825 Stadthäuser für die Familien Eichthal, Arco, Moy und den prinzlichen Stadtpalast Ludwig Ferdinand, heute Sitz der Siemens-Hauptverwaltung.

Doch Mitte des Jahrhunderts entspannt sich die Lage. Bankier Ludwig Knorr, mittlerweile Eigentümer des Anwesens, gibt 1851 den Brauereibetrieb auf. Und so stellt sich für den jungen englischen Schriftsteller Edward Wilberforce, der ein paar Jahre später im

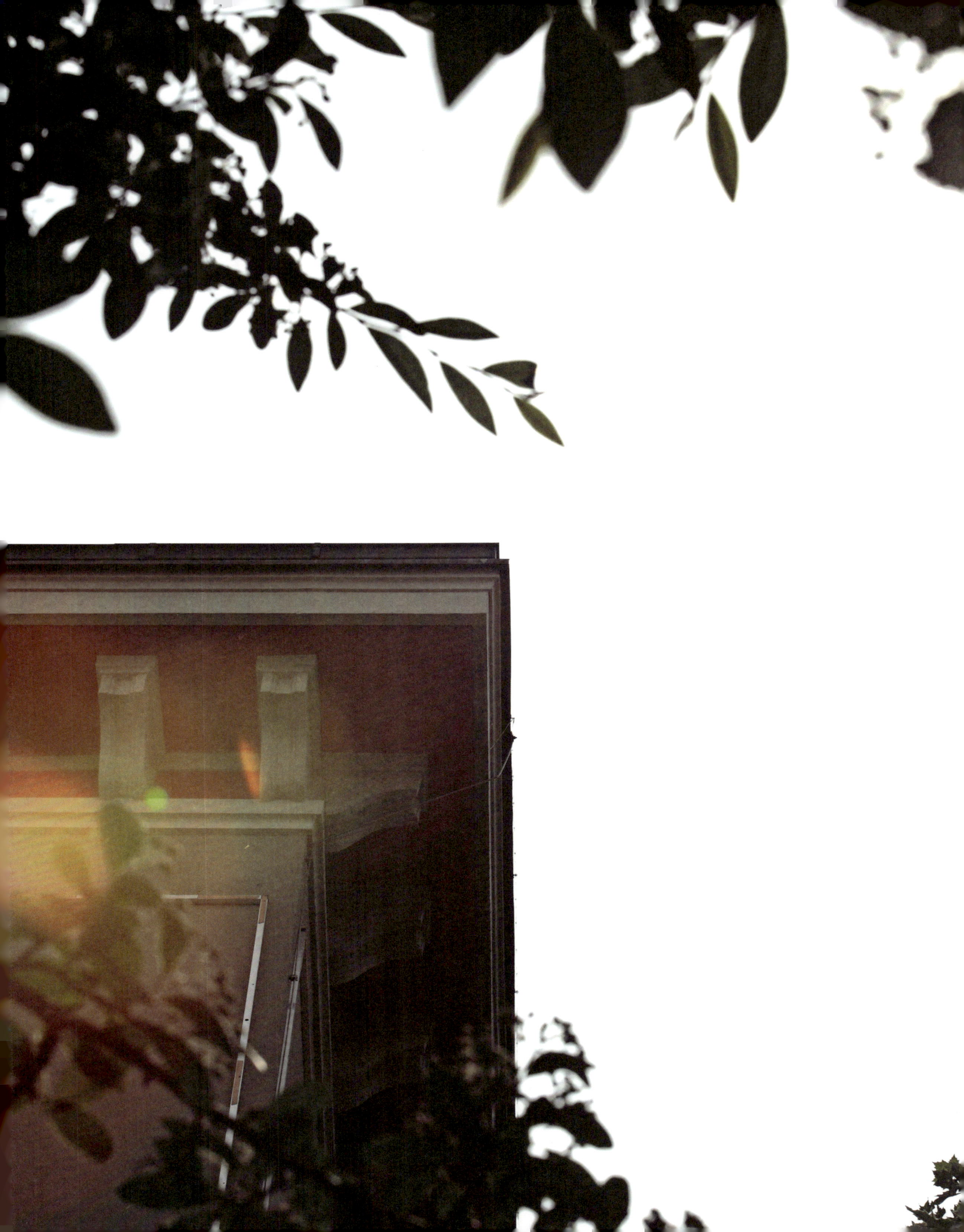

Prinzenpalais logiert, das Leben im Viertel geradezu idyllisch dar: „Einer der Reize der neuen Stadtteile Münchens, besonders jenen Viertels, in dem die Kunstgalerien liegen, sind das Grün der Bäume und die kleinen Vorgärten. Der Saum von Bäumen, der die Glyptothek umgibt, und der sich fächerartig zum Stadttor hin ausbreitet, hat eine sehr erfrischende Wirkung und erhöht die Schönheit des Gebäudes. Die ganze Brienner Straße hinab stehen Flieder- und Goldregenbüsche."

Die Brauerei ist weg. Der Ausschank bleibt, bis das Palastcafé einzieht. Aus den Utzschneider-Realitäten sind die Knorr-Häuser geworden. Sie werden diesen Namen trotz zahlreicher Eigentümerwechsel noch für lange Zeit behalten. Erst um 1920 wird sich „Luitpoldblock" für das Anwesen an der Brienner Straße einbürgern. Da ist auch der Eigentümer Hoech längst Geschichte, der um die Jahrhundertwende einen grandiosen Bankrott hinlegt und völlig verarmt stirbt. Wagemut kommt vor dem Fall: Noch 1890 hatte er mit dem „Volksgarten" in Nymphenburg ein weiteres ambitioniertes Projekt in Angriff genommen – die größte Amüsiermeile im Deutschen Kaiserreich mit 34 gastronomischen Betrieben und etlichen Attraktionen.

Zwischen 1810 und 1812 entsteht der Luitpoldblock, damals Utzschneider-Realitäten, im noch dünn besiedelten Gebiet außerhalb der alten Stadtmauer, nahe der Residenz und der Theatinerkirche. Die Hauptfassade ist dem Fürstenweg zugewandt, der von der Residenz direkt nach Schloss Nymphenburg führt. 1826 wird der Weg in Brienner Straße umbenannt – eine Verbeugung vor dem Beitrag bayerischer Soldaten am Sieg über Napoleon in einer Schlacht nahe Brienne-le-Chateau im Jahr 1814. Im Zuge der Planungen zur neuen Maxvorstadt bauen Friedrich Ludwig von Sckell und Karl von Fischer den Fürstenweg zur ersten Prachtstraße Münchens aus.

Soufflierter Hirschrücken

MIT WALDPILZEN

Das Putenfleisch in kleine Würfel schneiden. Etwas Öl in einer Pfanne erhitzen und die Putenwürfel darin durchbraten. Das Fleisch danach im Blitzhacker zerkleinern, die Sahne dazugeben und alles zu einer Farce mixen. Für eine schöne grüne Farbe nach Belieben einige Blätter glatte Petersilie und Kerbel waschen, trocken schütteln und mitpürieren. Die Farce mit Salz, Pfeffer und Muskat abschmecken und 1 Stunde in den Kühlschrank stellen.

Inzwischen die Champignons oder Egerlinge säubern und trocken abreiben. Etwas Butter in einer Pfanne erhitzen und die Pilze darin farblos anbraten. Auf Küchenkrepp abtropfen lassen und mit Salz und Pfeffer würzen, warm halten.

Den Hirschrücken rundherum mit Salz und Pfeffer würzen. Das Schweinenetz auslegen und die vorbereitete Farce etwa 2 cm dick darauf ausstreichen. Den Hirschrücken darauflegen und ebenfalls mit Farce bestreichen. Das Netz auf der Oberseite des Fleisches zusammenfassen und den Hirschrücken auf ein mit Backpapier ausgelegtes Blech legen. Im vorgeheizten Ofen bei 180 °C (Umluft 160 °C) etwa 25 Minuten braten.

Den fertigen Hirschrücken aus dem Ofen nehmen und in gleich große Stücke schneiden. Auf Tellern mit den Pilzen anrichten und kalt gerührte Preiselbeeren dazureichen.

ZUTATEN
für 4 Personen

400 g Putenfleisch
Öl
400 g Sahne
Salz, Pfeffer aus der Mühle
Muskatnuss
300 g Champignons oder Egerlinge
1 ausgelöster Hirschrücken (ca. 500 g)
1 Schweinenetz (vom Metzger)
Butter zum Braten
kalt gerührte Preiselbeeren zum Servieren

Lauwarmer Schokokuchen

MIT
FLÜSSIGEM
KERN

einfach   Erlesene Rezepte   91

Die Butter mit der Hälfte des Zuckers schaumig rühren. Eier, Eiweiß und den restlichen Zucker separat aufschlagen. Die Zartbitterkuvertüre im heißen Wasserbad auflösen. Anschließend die Eimasse unter die Buttermasse mischen und zuletzt die Stärke sowie die flüssige Schokolade unterheben.

4 Souffléförmchen buttern und mit Grieß ausstreuen. Die Formen zu zwei Dritteln mit Teig füllen und im vorgeheizten Ofen bei 230 °C (Umluft 210 °C) etwa 20 Minuten backen. Die fertigen Kuchen aus den Förmchen lösen, auf Teller setzen und mit Puderzucker bestreut servieren.

ZUTATEN
für 4 Personen

250 g Butter
130 g Zucker
5 Eier
5 Eiweiß
250 g Zartbitterkuvertüre
25 g Speisestärke
etwas Butter und Grieß für die Formen
Puderzucker zum Bestreuen

Das Café Luitpold ist reich geschmückt mit allegorischen Darstellungen zart geflügelter Wesen, antiker Götter und pausbäckiger Putten. Diese üppige Elfe hat einst die Spieler im Billardsaal abgelenkt.

ES WERDE LICHT

Große Gefühle brauchen eine Bühne, der Feenpalast verzaubert seine Besucher, und der Hochadel löffelt lieber Känguruh-Schweif-Suppe, als an einer Breze zu knabbern.

B

Bombastisch, imperial, großspurig: So ist der Baustil der Gründerzeit. Er zitiert die Herrschaftsarchitektur vergangener Jahrhunderte und steigert sie noch einmal ins Monumentale. Dem Münchner Stadtbild, bisher geprägt von den klassischen Bauten aus der Ära König Ludwigs I., die ausschließlich dem Schönen, Wahren und Guten zu dienen hatten, werden im 19. Jahrhundert pompöse Geschäftshäuser und Konsumtempel hinzugefügt. Banken, Versicherungen, Kauf- und Brauhäuser und auch Gebäude, die die Obrigkeit repräsentieren, finden bald zur neuen Form. Man denke nur an den Justiz-„Palast" am Stachus, den Stararchitekt Friedrich von Thiersch neobarock inszeniert. Traditionalisten sind die neuen Paläste entschieden zu opulent. Sie monieren, dass die protzige Form einen schnöden Inhalt überhöhe. Ludwig Thoma etwa lässt in seinem Romanfragment „Münchnerinnen" einen pensionierten Major granteln: „Universität, Bibliothek, für Kunstsammlungen die Glyptothek, die Pinakotheken, net wahr, die haben unserm München den bestimmten Charakter geben sollen: Kunststadt … Das hat alles höhere Zwecke verfolgt, ist ins Große gangen. Was baut man denn jetzt? Kaffeetempel, Bierpaläste …"

Der Luitpoldblock ist einer der Vorreiter dieser Architektur: Otto Lasne stockt das schlichte klassizistische Bauwerk, das er vorgefunden hat, auf. Er versieht es mit vier gedrungenen Ecktürmen, auf deren Spitze er kupferne Figuren postiert – Allegorien von Wissenschaft und Kunst, Handel und Industrie, Gewerbe und Landwirtschaft – und verkleidet das Ganze dann mit einer plastischen Neorenaissancefassade. Den offenen Innenhof überdacht er und schafft dadurch zusätzlichen Raum für den Kuppelsaal und den Säulengang des Cafés. Nach zwei Jahren Bauzeit ist es so weit. Die viel gelesene „Illustrierte Zeitung", Mutter aller bunten Blätter in Deutschland, kann jubeln: „Im Verein mit einer Anzahl hervorragender Maler und Bildhauer wurde ein Raum geschaffen, wie ihn kein anderes öffentliches Etablissement besitzt … Prächtiger plastischer und malerischer Schmuck verleihen demselben, besonders bei imposanter elektrischer Beleuchtung, einen wahrhaft edlen Charakter."

Ja, das elektrische Licht war für die Zeitgenossen besonders beeindruckend. Schließlich wird erst hier und da die elektrische Straßenbeleuchtung eingeführt, und in Privathaushalten sind Glühlampen, damals Edison-Leuchten genannt, noch so rar, dass Simon Bäumler, der erste Pächter des Café Luitpold, seine Eröffnungsannonce voller Stolz und zugkräftig in der Ankündigung gipfeln lässt: „Sämmtliche Räume werden electrisch beleuchtet." Noch 1897, als Schriftsteller Hans Carossa das Café zum ersten Mal betritt, imponiert das Lichtspiel. „Alles war hier danach angetan, dem Neuling vorzuspiegeln, er habe ein Heiligtum betreten. In gläsernen Lilien glühten Fäden elektrischen Lichts; das leuchtete weiter in schwarzen Marmorsäulen", schreibt er. Einigermaßen eingeschüchtert durch so viel strahlende Schönheit, muss er sich sehr anstrengen, „für Arme und Beine die Haltung zu finden, die dem tempelhaften Raum gemäß wäre."

2000 Menschen finden hier Platz – eine monumentale Bühne für die einzigartige Melange aus Adeligen und Großbürgern, aus Künstlern, Studenten und einfachen Leuten, die das Café in den kommenden Jahrzehnten zu einem Mittelpunkt des gesellschaftlichen Lebens in München machen. Es ist die Zeit der großen Gefühle und des Pathos. Auf der Opernbühne stirbt Verdis Traviata ihren tragischen Lungentod, und Puccinis Manon Lescaut verdurstet qualvoll in der Wüste, begleitet vom tiefen Mitleid des Publikums. Die Damen der Münchner Gesellschaft geraten außer Rand und Band auf Vernissagen, wo süßliche Gemälde den ekstatischen Märtyrertod heiliger Frauengestalten zeigen. Die Bürgersfrauen machen die Geplagten zur Projektionsfläche für ihre eigenen

> *Aber hier verkehrt ohnehin jeder, der eppas hat und eppas vorstellt.*

unterdrückten Gefühle. Da man so viel Aufgestautes unmöglich im wirklichen Leben herauslassen kann – schließlich gilt es, die Contenance zu wahren –, genießt man doch wenigstens seine kleinen Auftritte dort, wo es erlaubt ist: im Kaffeehaus. Das Leben ist Theater, das Kaffeehaus ist die Bühne, auf der es spielt. Und seine Akteure, gleich welchen Geschlechts und welchen Standes, üben sich gerne in den selbstdarstellenden Künsten.

Bald bürgert sich der Name „Feenpalast" für das illustre Luitpold ein, was möglicherweise einen theatralen Hintergrund hat. Im Juni 1888, ein halbes Jahr nach Eröffnung des Cafés und fünf Jahre nach dem Tod des Komponisten, wird Richard Wagners Oper „Die Feen" mit spektakulärem Erfolg am königlichen Hof- und Nationaltheater in München uraufgeführt. In dem romantischen Erstlingswerk, das heute in Vergessenheit geraten ist, tummeln sich Feen in einem prächtigen Palast. In der Aufführungskritik von Theodor Helm heißt es, „daß uns die Schlußapotheose der Feen in München als das Schönste, Bezauberndste erschien, was wir in diesem Genre jemals gesehen hatten, und dass namentlich die berückende Wirkung der in schwindelnder Höhe aufsteigenden plastischen Gruppen, der sich allerwärts öffnenden phantastischen Blumenkelche, Meermuscheln, Edelsteinkristalle sowie des massenhaft verwendeten elektrischen Glühlichts gar nicht zu beschreiben wäre." Frank Wedekind lässt noch 1901 seinen betrügerischen Investor Marquis von Keith gutgläubigen Anlegern vorgaukeln, er wolle einen Vergnügungstempel in München bauen, einen „Feenpalast" – eine Anspielung aufs Luitpold, zu dessen Inventar der Dramatiker gehört.

Aber hier verkehrt ohnehin „jeder, der eppas hat und eppas vorstellt", wie Ludwig Thoma bemerkt. Prinz Ludwig Ferdinand, der regelmäßig seinen Tee in den eleganten Räumen an der Brienner Straße nimmt, gehört zu den Stammgästen. Auch Prinz Heinrich

Das Stillleben von Ludwig Adam Kunz (1847–1929) ziert das Titelblatt der Menükarte des Luitpold von 1888 bis Anfang des 20. Jahrhunderts.

Salonlöwe

Der Löwe ist bekanntlich der König der Tiere. Und Tiere hat das Cafe Luitpold in seiner langen Geschichte schon viele gesehen. Da wären ein roter Hund zu nennen, ein blaues Pferd samt dazugehörigem Reiter sowie die schwarzen Fliegen der Kellner. Ein besonders großes Tier war der Prinz Ludwig Ferdinand, nachmittags Stammgast im Kaffeehaus an der Brienner Straße. Ein eher kleines, das Wassermadl Aennchen, hat der Dichter Morgenstern besungen: „Drum sag ich es grad heraus, gelegentlich will ich es begründen: die allerliebste kleine Maus, das Aennchen, ist auch schön von hinten!" Eine großartige Menagerie. Wer aber darf als Salonlöwe des Luitpold gelten: Wedekind, Ibsen, Loriot?

zählt dazu. Und der Prinzregent selbst, eher ein Freund des einfachen Lebens, feiert hier 1911 sogar seinen 90. Geburtstag. Wenn die feine Gesellschaft es sich munden lässt, steht Erlesenes auf seidenbezogenen Karten, „Englische Langousten", „Norweger Hummer", „Japanische Kackis" – und „Känguruh-Schweif-Suppe".

Die meisten anderen Gäste bleiben schon aus Kostengründen lieber bei Bier und Brezen. Rasch bilden sich Stammtische. Das Café Luitpold ist von Beginn an Treffpunkt von Vereinigungen und Interessensvertretern. Hier tagen Wissenschaftler und Politiker, Schriftsteller und Künstler, Handwerkszünfte und Ärztevereinigungen, Burschenschaften und Damenkränzchen.

Der zeitgenössische Nationalökonom und Wirtschaftshistoriker Moritz Julius Bonn, Gründer und Leiter der Münchner Handelshochschule, sieht München in der Prinzregentenzeit als „eine Stadt ohne Klassenbewusstsein. ... Die Arbeiterschaft war weder in ihrem Empfinden noch in ihrer Lebensführung von anderen Schichten abgesondert. Ebensowenig trat ein gehobener Mittelstand in Erscheinung." Es gibt erheblich geringere Einkommensunterschiede als anderswo, weniger Luxus und weniger Bettelarmut. Die Folge ist eine geringere gegenseitige Abgrenzung, und die friedliche Koexistenz von Adeligen und Anarchisten, Künstlern und Kutschern in einem Palastcafé finden alle selbstverständlich. Das unterscheidet die gemütliche Residenzstadt von anderen europäischen Metropolen, in denen sich die Folgen der Industrialisierung drastischer bemerkbar machen. Eines jedoch eint die urbane Bevölkerung von Paris, Berlin und München: Sie erlebt ein rasches Wachstum. Die Zahl der Menschen nimmt zu, der Verkehr auch. München hat 1861 für 140 000 Einwohner Stadtomnibusse; das sind Pferdewagen, die drei Linien bedienen und die nachts farbig beleuchtet sind. Durch die Brienner Straße führen etwa zwanzig Jahre später schon zwei richtige Trambahnlinien: Die Linie Grün fährt von Schwabing über die Ludwigstraße, die Brienner Straße, am Café Luitpold vorbei, weiter über den Maximiliansplatz zum Stachus. Für die Dampftrambahn der Linie Weiß wird im Juli 1883 in der Brienner Straße zwischen Augustenstraße und Stiglmaierplatz eine „Anfangshaltestelle mit großem Wartesalon" eröffnet, von wo aus die Tram nach Nymphenburg startet. Ein beliebtes Verkehrsmittel: Seit der Eröffnung von Theodor Hoechs „Volksgarten" 1890 verkehren die Züge sogar sonntags alle zwanzig Minuten. Die Lokomotiven, die mit schwefelfreiem Koks befeuert werden, sind blauweiß angestrichen. In einer Chronik heißt es: „Die Erstürmung der Dampfbahn in der Brienner Straße ist kaum zu schildern. Da gab es zerbrochene Schirme, gequetschte Hüte und zerrissene Roben bei jeder Fahrt."

1890 kommt es zu einem folgenschweren Unfall: Eine Dampftrambahn stößt mit der Hofkutsche des Prinzregenten zusammen. Ein Hinterrad löst sich, der Wagen kippt um, der Landesvater und sein Begleiter werden hinausgeschleudert. Gott sei Dank wird niemand ernsthaft verletzt. „Dem Edelmut des Regenten war es zu danken, dass den beiden Fahrzeugführern jede Strafe erlassen blieb."

Trotz dieses Vorfalls zeigt Luitpold sich modernen Transportmitteln gegenüber aufgeschlossen. Er setzt sich vehement für die neue „Elektrische" ein. Doch auch die macht

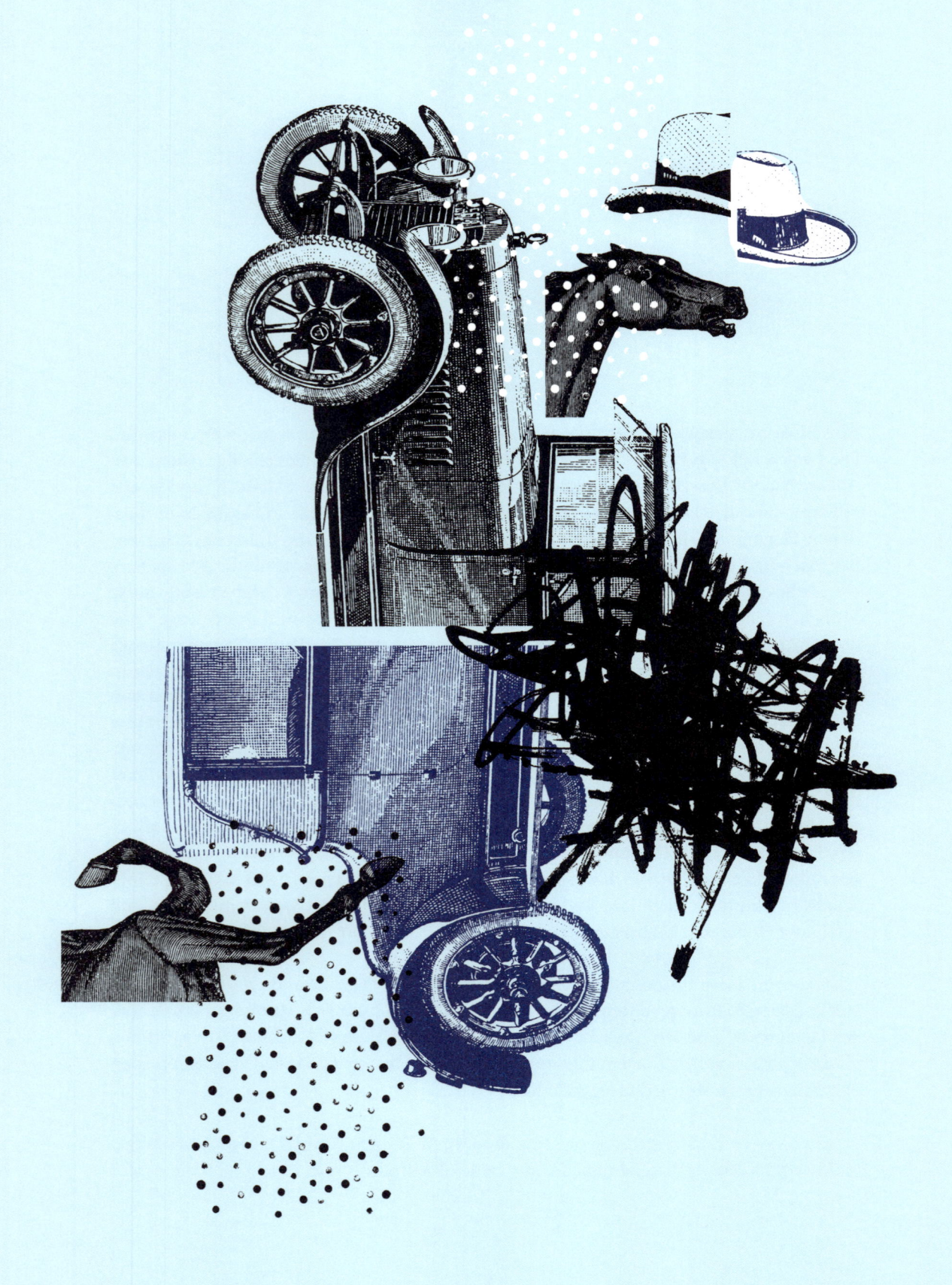

Ärger. Der „Drahtverhau" der Oberleitungen zwischen den Prachtvillen am Odeonsplatz und entlang der Brienner Straße stört prominente Bürger wie den Maler Franz von Lenbach oder den Architekten Friedrich von Thiersch – und auch den Prinzregenten, dessen Privathaus dort steht. Der Versuch, die Fahrleitungen unter die Erde zu verlegen, scheitert daran, dass etliche Pferde Stromschläge erleiden und getötet werden müssen. Ab 1900 schließlich dürfen zwischen dem Bazargebäude am Hofgarten und der Brienner Straße nur noch batteriebetriebene Wagen fahren; am Schillerdenkmal, dem heutigen Platz der Opfer des Nationalsozialismus, wird umgekuppelt, weshalb dort extra ein kleiner Rangierbahnhof angelegt wird. Eine umständliche Angelegenheit für die Passagiere, ein vortreffliches Vergnügen für die Beobachter der Szene. Schriftsteller Ludwig Thoma, der den Bahnverkehr vom Café Luitpold aus im Blick hat, amüsiert sich jedenfalls in einem Brief prächtig: „Sehr lebhaft. Mein Freund, der Bürgermeister, sagt, das Muster hätte er nirgendwo gesehen. Ist original." Weniger amüsant: Die Batterien sind mit einer übel riechenden Säure gefüllt. 1906 wird der Betrieb der „Briennerbahn" eingestellt. Die Straße erhält in 6,50 Metern Höhe eine ordentliche Oberleitung, und die Tram kann ohne lästige Zwischenstopps zwecks Umkuppeln rollen.

Bereits im Jahr 1900 hat die Stadt knapp 500 000 Einwohner und elektrifizierte Trambahnstrecken von insgesamt 93 Kilometern Länge. Mit dem Autoverkehr sieht es noch mau aus: 1903 fahren kaum mehr als zwei Dutzend Automobile durch München. Der erste Verkehrsunfall mit einem Auto, der polizeilich aufgenommen wird, ereignet sich 1902. Verursacher ist eine „in rasender Geschwindigkeit von 12 Stundenkilometern fahrende Autodroschke". Im Protokoll heißt es: „Bei diesem rasenden Tempo, in welchem der Automobilist fuhr, konnte er sein Gefährt erst etliche 4–5 Häuser nach der Unfallstelle zum Halten bringen."

Man sieht, das Leben beschleunigt sich. Auch die Halbwertszeit des Wissens wird kürzer. Die Telegrafie erlaubt die weltweite Verbreitung von immer mehr Nachrichten, die nun unverzüglich überprüft und bewertet werden können. Und das Kaffeehaus ist der Ort, an dem darüber debattiert wird.

TOMATEN PAPRIKA SUPPE

MIT MARINIERTER GARNELE

Die Zwiebelhälfte und die Knoblauchzehe schälen und fein würfeln. Die Paprika halbieren, Stiel, Kerne und weiße Rippen entfernen, die Hälften waschen und ebenfalls würfeln. Die Tomaten waschen und in große Würfel schneiden.

In einem Topf 2 EL Olivenöl erhitzen und Zwiebeln und Knoblauch darin farblos anschwitzen. Die Paprikawürfel dazugeben, danach die Tomatenwürfel mit dem Tomatenmark, 1 EL Zucker und 1 kräftigen Prise Pfeffer unterheben.

Das Gemüse mit dem Geflügelfond aufgießen und kurz aufkochen. Die Hitze reduzieren und alles etwa 30 Minuten sanft köcheln lassen, bis Paprika und Tomaten weich sind. Die Suppe durch ein Sieb passieren und mit Zucker, Salz und Pfeffer abschmecken.

Die Garnelen kalt abbrausen und trocken tupfen, am Rücken einschneiden und den Darm entfernen. In einer Pfanne 1 EL Olivenöl erhitzen und die Garnelen darin goldbraun anbraten. Anschließend mit Weißweinessig und Traubenkernöl ablöschen.

Die Tomaten-Paprika-Suppe in tiefe Teller füllen und die Riesengarnelen darauf anrichten. Nach Belieben mit frischem Basilikum, Thymian oder Rosmarin garnieren.

TIPP: An heißen Sommertagen lässt sich die Suppe auch kalt als erfrischende Gazpacho servieren.

ZUTATEN
für 4 Personen

½ Zwiebel
1 Knoblauchzehe
1 rote Paprika
5 Fleischtomaten
3 EL Olivenöl
1 EL Tomatenmark
Zucker
Pfeffer aus der Mühle
1–1,5 l Geflügelfond
Salz
4 Riesengarnelen (geschält)
1 EL Weißweinessig
1 EL Traubenkernöl
frische Thymian-, Rosmarin- oder Basilikumzweige

Kräuter Omelett

IN DÄNISCHER SEMMEL

Für das Kräuter-Omelette die Eier mit der Sahne und dem Salz verquirlen. Jeweils etwas Butter in einer beschichteten Pfanne erhitzen und pro Omelette ein Viertel der Eimasse hineingeben. Die Masse dünn verteilen und goldbraun backen.

Zum Servieren jedes Omelette in der Mitte falten, mit den Kräutern bestreuen, mit Pfeffer aus der Mühle übermahlen und in eine Dänische Semmel setzen.

TIPP: Wer mag, kann noch frische, klein gehackte Tomaten und Pilze unter die Eimasse für das Omelette mischen.

ZUTATEN
für 4 Personen

4 Eier
20 g Sahne
1 TL Salz
2 EL Butter
1 Bund Schnittlauch
2 EL gehackte glatte Petersilie
Pfeffer aus der Mühle
4 Dänische Blätterteig-Semmeln

SCHAU
LIST &
NEU
GIER
*

Die Münchner besuchen spiritistische Sitzungen, Prinzessin Therese hält eine Horde Affen, und der Prinzregent sorgt für gute Stimmung.

Der Fortschrittsglaube der Städter kennt keine Grenzen. Und ihre Neugier auch nicht. Schauen, staunen und darüber sprechen. Die Bürger des 19. Jahrhunderts sind schaulustig. Sie ergötzen sich nicht nur am prächtigen Ambiente eines neuen Cafés, sondern bewundern auch die exotischen Mitbringsel der Forschungsreisenden in Museen und inspizieren die Spezereien aus Übersee in den Auslagen der Kolonialwarenläden. Und sie machen sich selber auf, um einzigartige Blicke einzufangen. Sogar Berge erklimmen sie jetzt. Nicht von ungefähr wird der Deutsche Alpenverein 1869 gegründet. Wem der Aufstieg auf Watzmann oder Wilder Kaiser zu beschwerlich ist, der besucht einfach ein Panorama, ein fest installiertes Gebäude mit monumentalen Rundgemälden, in denen man sich auf eine 360-Grad-Reise mit den Augen machen kann. In München gibt es um die Jahrhundertwende drei davon: 20 Pfennig Eintritt zahlen, und schon sieht man im „Weltpanorama" in der Neuhauser Straße das „Wildromantische Kaisertal".

JUSTUS VON LIEBIG (1803-1873) setzte schon als Lehrling mit Knallsilber einen Dachstuhl in Brand. Auch später, als Chemieprofessor in München, ließ er es krachen: Bei der öffentlichen Vorführung des Experiments „Bellender Hund" kam es zu einer Explosion, bei der Mitglieder des Königshauses verletzt wurden. Zum Glück nur leicht. Der Erfinder des Backpulvers starb 1873 hochverehrt. Er ist auf dem Münchner Waldfriedhof begraben.

Großes Interesse besteht auch an wissenschaftlichen Schauexperimenten. Eine öffentliche Abendvorlesung des Chemikers Justus von Liebig im Jahre 1853 erlangt besondere Berühmtheit: Liebig führt den Versuch „Bellender Hund" vor, bei dem durch die chemische Reaktion von Lachgas und Schwefelkohlenstoff in einer Glasröhre ein blauer Lichtblitz und ein bellendes Geräusch entstehen. Doch das Experiment misslingt, zwei königliche Zuschauer werden von Glassplittern getroffen. Liebig schreibt später: „Als ich mich nach der furchtbaren Explosion in dem Raum, wo die Zuhörer saßen, umschaute und das Blut von dem Angesicht der Königin und des Prinzen Luitpold rinnen sah, da war mein Entsetzen unbeschreiblich; ich war halb tot." Mitglieder des Königshauses leben gefährlich, ob auf Kutschfahrt oder im Vorlesungssaal. Glücklicherweise sind die Verletzungen auch diesmal nicht ernst.

Im September 1882 organisiert Oskar von Miller, der spätere Gründer des Deutschen Museums, eine „Electricitäts-Ausstellung" in München. Das Publikum bestaunt dort einen Wasserfall, dessen Pumpe mit Strom angetrieben wird, der im 57 Kilometer entfernten Miesbach von einer 1,5 PS-Dynamomaschine erzeugt und über eine Telegrafenleitung nach München übertragen wird. Ein Wunder. Strom wird seinerzeit allerorten in aufwendigen Welt- und Elektrizitätsausstellungen als große Entdeckung inszeniert, mit spektakulären und märchenhaften Arrangements wie einem Lichtermeer aus tausend Edison-Leuchten, deren besonders warmes Licht daher rührt, dass die Glühfäden noch nicht aus Metall, sondern aus verkohlten japanischen Bambusfasern sind. Der Bevölkerung ist elektrischer Strom noch recht unheimlich, der praktische Nutzen völlig unklar. Erst nach dem Ersten Weltkrieg wird er sich flächendeckend in deutschen Haushalten durchsetzen.

In Panoptiken erschauern die Besucher voller Wonne angesichts der Monstrositäten, die dort gezeigt werden: zweiköpfige Schlangen, furchterregende Schrumpfköpfe. Lehrreiche Exponate aus „Zeillers Panoptikum" sind 1893 in den Räumen des Café Luitpold zu bestaunen, wo sie für viel Aufsehen sorgen: „Die erste Abteilung enthält den Menschen in seinen Urformen, seiner Fortbildung und Verwandlung bis zum gegenwärtigen Grade körperlicher Vollkommenheit. Repräsentiert durch eine große Sammlung Statuen, Büsten und Schädel über Menschenwesen; bei vergleichender Ausstellung

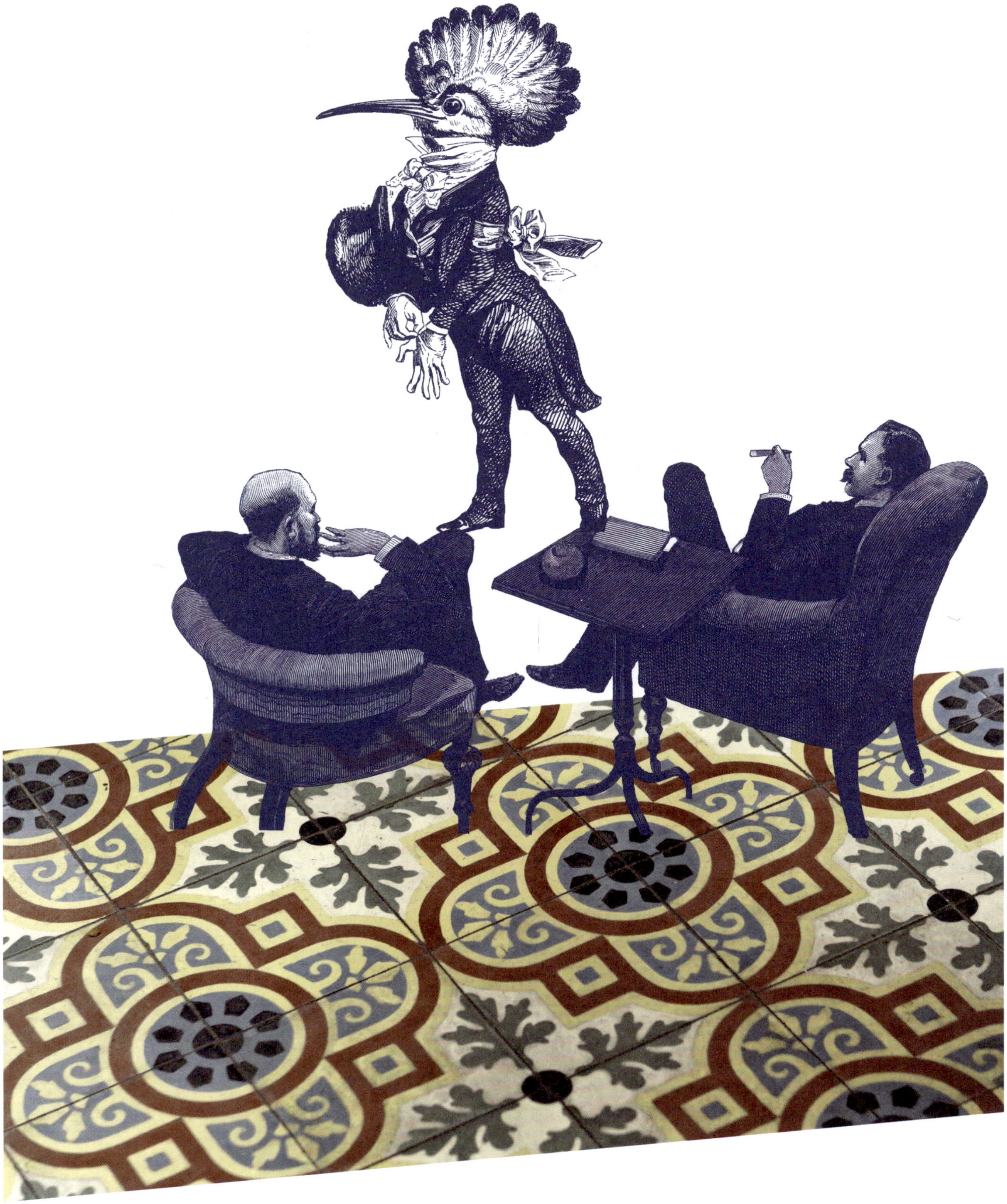

WISSEN SAMMELN, ORDNEN, VERANSCHAULICHEN

der edelsten Thiergattungen mit den auf der tiefsten Stufe stehenden Urmenschen". Das Wissen der Welt zu sammeln, zu ordnen und zu veranschaulichen war das große Projekt der Enzyklopädisten der Aufklärung. Ein Jahrhundert später sammelt und sortiert auch der interessierte Bürger. Der hoch angesehene Künstler und Akademieprofessor Gabriel von Max etwa hat daheim in der Schwanthalerstraße eine riesige naturkundliche Sammlung, die mehr als 60 000 Objekte umfasst – vom Schimpansenschädel bis zur Schamanentrommel. Außerdem beherbergt er eine höchst lebendige, 14-köpfige Makakenfamilie. Das Halten von Primaten ist seinerzeit nicht ganz so ungewöhnlich, wie man denkt. Selbst Prinzessin Therese, die 1850 geborene Tochter des Prinzregenten und begeisterte Naturforscherin, kümmert sich um eine Horde Affen, um ihr Verhalten zu studieren. Die Menagerie ist im Palais Leuchtenberg untergebracht, dem privaten Wohnsitz der Familie, einen Häuserblock vom Café Luitpold entfernt.

Der Bildungshunger der Großstädter ist unersättlich. Man ist fasziniert von den evolutionstheoretischen Schriften Darwins und nimmt teil an spiritistischen Sitzungen – Ende der 1870er-Jahre sind solche Séancen in München gang und gäbe. Als „Beweis" für eine gelungene Kontaktaufnahme mit jenseitigem Leben dienen Rußabdrücke, „physikalische Materialisationen" von Geistererscheinungen – die dann wieder zu Sammlerstücken werden. Darwinismus und Spiritismus sind im Zeitalter der Industrialisierung und Spezialisierung der Naturwissenschaften kein Widerspruch. Séancen gelten als wissenschaftliche Versuchsanordnung. Nach der Entdeckung der Röntgenstrahlen Ende der 1890er-Jahre lassen besonders Gewitzte sich und ihre Familien aus reinem Vergnügen durchleuchten. Wie gesagt, das Vertrauen in Fortschritt, Technik und Wissenschaft ist noch ungebrochen.

Getragen und befördert wird die offene Atmosphäre von ganz oben, vom Prinzregenten. 1886, nur drei Tage vor dem mysteriösen Tod des verehrten Königs Ludwig II. im Starn-

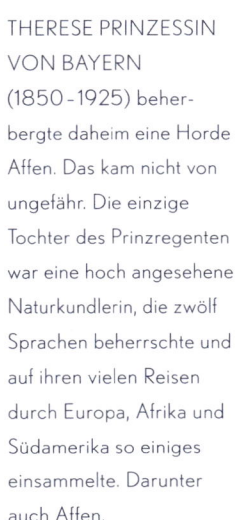

THERESE PRINZESSIN VON BAYERN (1850-1925) beherbergte daheim eine Horde Affen. Das kam nicht von ungefähr. Die einzige Tochter des Prinzregenten war eine hoch angesehene Naturkundlerin, die zwölf Sprachen beherrschte und auf ihren vielen Reisen durch Europa, Afrika und Südamerika so einiges einsammelte. Darunter auch Affen.

berger See, hatte sein Onkel Luitpold auf Drängen des Kabinetts die Amtsgeschäfte übernommen. Er wird Prinzregent in Vertretung des rechtmäßigen, aber regierungsunfähigen Thronfolgers Otto I. Denkbar ungünstige Umstände für den Amtsantritt. Die Bevölkerung murrt, die Zeitungen heizen den Unmut noch an. Doch schon fünf Jahre später, zu seinem 70. Geburtstag, ist Prinzregent Luitpold für die Bayern ein König der Herzen. Nach der verschwenderischen Prachtentfaltung des Märchenkönigs sind es die Bodenständigkeit und die Bescheidenheit Luitpolds, die großen Anklang im Bayernvolk finden. Berühmt ist er für seine „schiach'n Joppen", seine abgewetzte Jacke, die er zur Jagd trägt. Überhaupt zieht er eine kurze Lederhose und Loden einem eleganten Herrenanzug vor. In seinem Nachlassverzeichnis finden sich: „eine grüne Joppe mit Nutriafutter, stark mottig; ein schwarzer Fußsack mit Lammfellfutter, abgetragen mit Mottenfraß; ein Jagdmuff aus Otterfell, abgerieben und mottig."

Luitpold interessiert sich für die Kunst. Da er aber als Prinzregent nur einen Bruchteil des Geldes bekommt, über das ein König verfügt, fehlen ihm die Mittel, um als großzügiger Mäzen auftreten zu können. Außerdem muss er bis 1901 jährlich eine Million Reichsmark zur Tilgung der Schulden Ludwigs II. aufbringen. So greift er zu preiswerteren Fördermaßnahmen, die sich dennoch als wirkungsvoll erweisen. Wie das funktioniert? Der Bildhauer Fritz Behn erzählt: „Ich war als 22-Jähriger erst ein paar Monate selbständig, hatte ein eigenes Atelier, in dem eine steile, schmale Treppe zur Schlafkammer hinaufführte, als ich eines Morgens aus kurzem Schlaf durch den Schreckensruf der Zugeherin erwachte: ‚Jessas, der Regent kimmt!' Ich zog mir schnell über mein Nachthemd den Gehrock an und stieg barfuß und verstört die Treppe hinab. Unten stand schon im Zylinder der Regent und lachte über meine Jammergestalt. Am nächsten Tag stand in der Zeitung: ‚Seine Königliche Hoheit besuchte das Atelier des Bildhauers Behn und äußerte sich sehr befriedigt über das Gesehene'. Dadurch wurde man bekannt und das war der Zweck dieser Besuche. Der Regent fühlte sich verpflichtet, etwas für die Kunst zu tun, und dies war seine Art, uns Jungen zu helfen."

Luitpolds persönlicher Kunstgeschmack ist konservativ, dennoch unterstützt er auch junge Wilde wie die Maler des „Blauen Reiters". Max Slevogt darf ihn mehrmals porträtieren. Das liberale Vorbild des Prinzregenten schafft viel Raum für künstlerische Freiheit in der Stadt. Maler, Musiker und Schriftsteller können sich entfalten. Wassily Kandinsky, Franz Marc, Max Reger, Richard Strauss, Ludwig Thoma, Frank Wedekind und Thomas Mann lassen München leuchten. Als Luitpold im Dezember 1912 im Alter von 91 Jahren stirbt, ist die Trauer groß. Im Rückblick erscheint die Epoche als Blütezeit der Kultur und der bayerischen Lebensart.

Prinzregententorte

Luitpold Karl Joseph Wilhelm von Bayern (1821–1912) war von 1886 bis zu seinem Tod Prinzregent von Bayern.

Es ist bis heute heftig umstritten, wer die bayerischste aller Torten erfunden hat, der Hofbäcker Seidl, der Hofkonditor Erbshäuser oder der Leibkoch Rottenhöfer. Wie auch immer, gewidmet war sie dem hochverehrten Prinzregenten und Namensgeber des Café Luitpold, und sie war für ihre Zeit ausgesprochen abstrakt in der Ausführung: dünne Biskuitböden, dazwischen dunkle Buttercreme, das Ganze mit einem radikalen Schokoladenguss überzogen. Über diese frühe Abwendung vom Naturalistischen kann nur spekuliert werden. Giuseppe Arcimboldo, einst kaiserlicher Hofmaler in Prag, hätte zwei Mandeln für die Augen genommen, eine halbe Williamsbirne für die Nase, Zuckerfäden für den Rauschebart, fertig wäre der Luitpold gewesen. Vielleicht befürchtete der Erfinder der Torte, das Antlitz des Chefs nicht angemessen zu treffen. Oder er wusste lange vor Mies van der Rohe, dass weniger mehr ist.

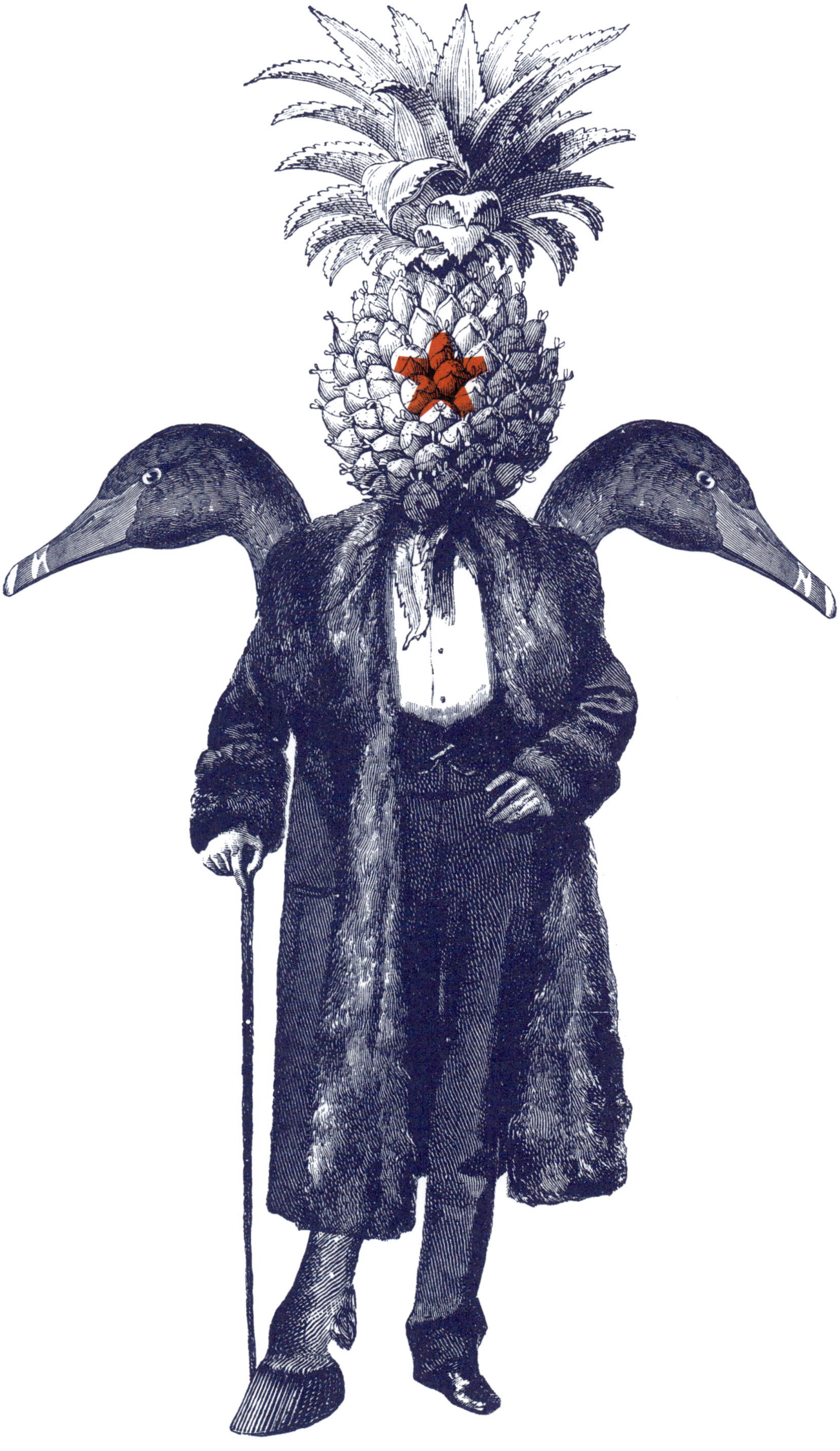

DAS GEHEIMNIS DER LUITPOLD TORTE

Klassische Architektur

Das Wahrzeichen, der Klassiker, die Luitpoldtorte. Konditormeister Paul Buchner hat sie selbst kreiert. Die klassische Herrentorte, mit einer verführerischen Mischung aus Marzipan und Weincreme veredelt, ist bis heute die beliebteste unter den mehr als 25 Torten des Hauses. Drei Mitarbeiter braucht es, um sie zuzubereiten. Leider unterliegt das eigentliche Rezept strengster Geheimhaltung. Deshalb können wir hier nur die verwendeten Materialien analysieren und über den Aufbau und die Statik der Torte sprechen. So viel aber sei verraten:

❶ Schokoladensiegel und Canache-Tupfen: Ein handgegossenes Haussiegel mit dem Luitpold-L ziert die Haustorte. Das Logo deutet an, dass es sich hier um ein Vorzeigeprodukt handelt. Der Tupfen Trüffelmasse – Canache genannt – hält das Schokosiegel, die Masse wird üblicherweise zur Füllung von Pralinen verwendet. | **❷ Kuvertüre:** Ein Überzug aus feinster belgischer Schokolade bedeckt die Torte und hält 3, 4, 5 und 6 zusammen. | **❸ Marzipan:** Unter der Kuvertüre wartet Lübecker Marzipan, das noch ganz traditionell hergestellt, also in Kupferkesseln geröstet wird. | **❹ Buttercreme:** Eine hauchdünne Schicht Buttercreme dient als „Kitt" zwischen 3 und 5. | **❺ Sandmasse:** Vergleichbar einer Baumkuchen-, im Volksmund Biskuit-, besser jedoch „Dreikesselmasse". Das heißt, Eiweiß, Eigelb und Butter werden je extra aufgeschlagen, die drei Massen in einem Kessel zusammengeführt und Mehl untergearbeitet. Eine so gleichmäßige und feine Porung findet man nur noch ganz selten. Fein, leicht, luftig eben – achten Sie darauf! Insgesamt sechs Schichten inklusive Boden. | **❻ Weincreme:** Fränkischer Weißwein wird zusammen mit Zucker und Zitronensaft aufgekocht, mit Cremepulver und Eigelb abgebunden. Dann Marzipan mit Weinbrand vermischen, dazu frische Orangenzesten unter die Creme geben. Es ist die Verbindung des Weins mit dem Mandelgeschmack des Marzipans, die für die besondere Note sorgt. Frisch und saftig! Insgesamt fünf Schichten.

FALSCHE LUITPOLD TORTE

Für die Füllung die Pilze säubern, trocken abreiben und fein hacken. Die gehackten Pilze so lange an der Luft stehen lassen, bis sie sich schwarz verfärbt haben. Das dauert ungefähr 2 Stunden.

Inzwischen für die Pfannkuchen aus Mehl, Milch, Eiern und Salz mit dem Schneebesen einen homogenen Teig anrühren. In einer Pfanne im heißen Öl aus dem Teig 8 gleichmäßige, braune Pfannkuchen ausbacken. (Die Pfanne sollte den gleichen Durchmesser wie die Springform aufweisen).

Die Zwiebeln schälen und in Würfel schneiden. Den Knoblauch schälen und fein hacken. Die Petersilie waschen, trocken schütteln und fein hacken. In einem Topf die Butter zerlassen, Zwiebeln und Knoblauch darin andünsten und die gehackten Pilze dazugeben. Zum Schluss die Petersilie unterheben und alles mit Zitronensaft, Salz und Pfeffer abschmecken.

Die Torte in der Springform aufbauen, dafür mit einem Pfannkuchen beginnen und abwechselnd Füllung und Pfannkuchen aufeinanderschichten. Den Abschluss bildet ein Pfannkuchen. Die Torte mit einem Gewicht gleichmäßig beschweren und etwa 24 Stunden pressen, dabei kalt stellen.

Am nächsten Tag für die Glace den Kalbsjus in einem Topf aufkochen und auf ein Viertel einkochen lassen. Die Gelatine kurz in kaltem Wasser einweichen, ausdrücken und unter den reduzierten Jus rühren. Die Torte aus der Kühlung nehmen, den Tortenring entfernen und die Torte mit der Glace überziehen. Die Torte nochmals mindestens 1 Stunde kühl stellen.

Zum Servieren die Torte mit den geputzten Champignonköpfen garnieren und in Stücke schneiden.

ZUTATEN
für 1 Springform
(ca. 28 cm Durchmesser)

Für den Pfannkuchenteig:
½ l Milch
250 g Mehl
4 Eier
1 Prise Salz
Öl zum Ausbacken

Für die Füllung:
2 kg gemischte Pilze
2 Zwiebeln
1 Knoblauchzehe
1 Bund Petersilie
40 g Butter
etwas Zitronensaft
Salz, Pfeffer aus der Mühle

Außerdem:
1 l Kalbsjus (braune Knochenkraftsauce; selbst gekocht oder vom Metzger)
4 Blatt Gelatine
12 schöne Champignonköpfe

PRINZREGENTEN— SCHMARRN

MIT SCHATTEN-MORELLEN

Die Kirschen auf einem Sieb abtropfen lassen, den Saft dabei auffangen.
3 EL Kirschsaft mit der Stärke glatt rühren. Den restlichen Saft in einem
Topf aufkochen, die angerührte Stärke untermischen und alles einige
Minuten unter Rühren kochen. Dann die Kirschen dazugeben und das
Kompott abkühlen lassen.

Die Eier trennen, die Vanilleschote längs aufschlitzen und das Mark herauskratzen, die gegarten Maronen pürieren. 150 ml Milch mit dem Eigelb,
1 Prise Salz und dem Vanillemark verquirlen. Das Mehl nach und nach in
die Eigelbmilch einrühren. Die pürierten Maronen untermischen und
den Teig so lange rühren, bis er gleichmäßig glatt ist. Noch etwas Milch
dazugeben, wenn er nicht flüssig genug ist. Das Eiweiß mit dem Zucker
steif schlagen und den Eischnee unter den Teig heben.

Die Rosinen im Rum einweichen. Die Mandelblättchen in einer Pfanne
ohne Fett rösten. 2 EL Butter in einer großen beschichteten, ofenfesten
Pfanne bei mittlerer Hitze zerlassen. Den Teig in die Pfanne gießen und bei
niedriger Hitze einige Minuten stocken lassen. Die Pfanne in den vorgeheizten Ofen stellen und alles bei 180 °C (Umluft 160 °C) so lange backen,
bis der Teig eine goldbraune Oberfläche hat.

Die Pfanne aus dem Ofen nehmen und den Prinzregenten-Schmarrn mit
zwei Holzschabern in mundgerechte Stücke zerteilen. Diese in der Pfanne
mit der restlichen Butter nochmals anbraten, bis der Schmarrn von allen
Seiten schön goldgelb und gar ist. Zum Schluss die Rosinen und die Mandelblättchen darübergeben und die Pfanne mehrmals durchschwenken.
Zum Servieren den Prinzregenten-Schmarrn mit Puderzucker bestreuen
und das Kirschkompott dazureichen.

ZUTATEN
für 4 Personen

1 großes Glas Schattenmorellen (350 g Abtropfgewicht)
1 TL Speisestärke

Für den Teig:
4 Eier
1 Vanilleschote
150 g Esskastanien/
Maronen (vakuumverpackt,
gekocht und geschält
oder fertig püriert)
150–200 ml Milch
Salz
100 g Mehl
70 g Zucker
3 EL Rosinen
10 ml Rum
3 EL Mandelblättchen
4 EL Butter
2 EL Puderzucker zum
Bestreuen

FRISCH AUF DEN
TISCH

Einkaufen mit Chefkoch Michael Hausberger

Küchenchef Michael Hausberger, seit 2010 im Luitpoldteam, überrascht seine Gäste mit saisonal wechselnden Gerichten vom Sesam-Lachs mit Ingwer-Bohnen bis zu Lammbratwürstchen mit Linsen. „Mir liegt die Verarbeitung von regionalen Produkten sehr am Herzen", sagt er. Seine wichtigsten Münchner Stationen vor dem Luitpold waren das Acquarello, der Königshof und Geisels Vinothek sowie die Käferschänke. Wer mag, kann ihm und seinen Köchen bei der Zubereitung der Speisen über die Schulter schauen; die Küche des Cafe Luitpold ist offen gestaltet. Wie er das findet? „Sehr gut. Auf diese Weise bin ich nah am Gast und spüre die Atmosphäre."

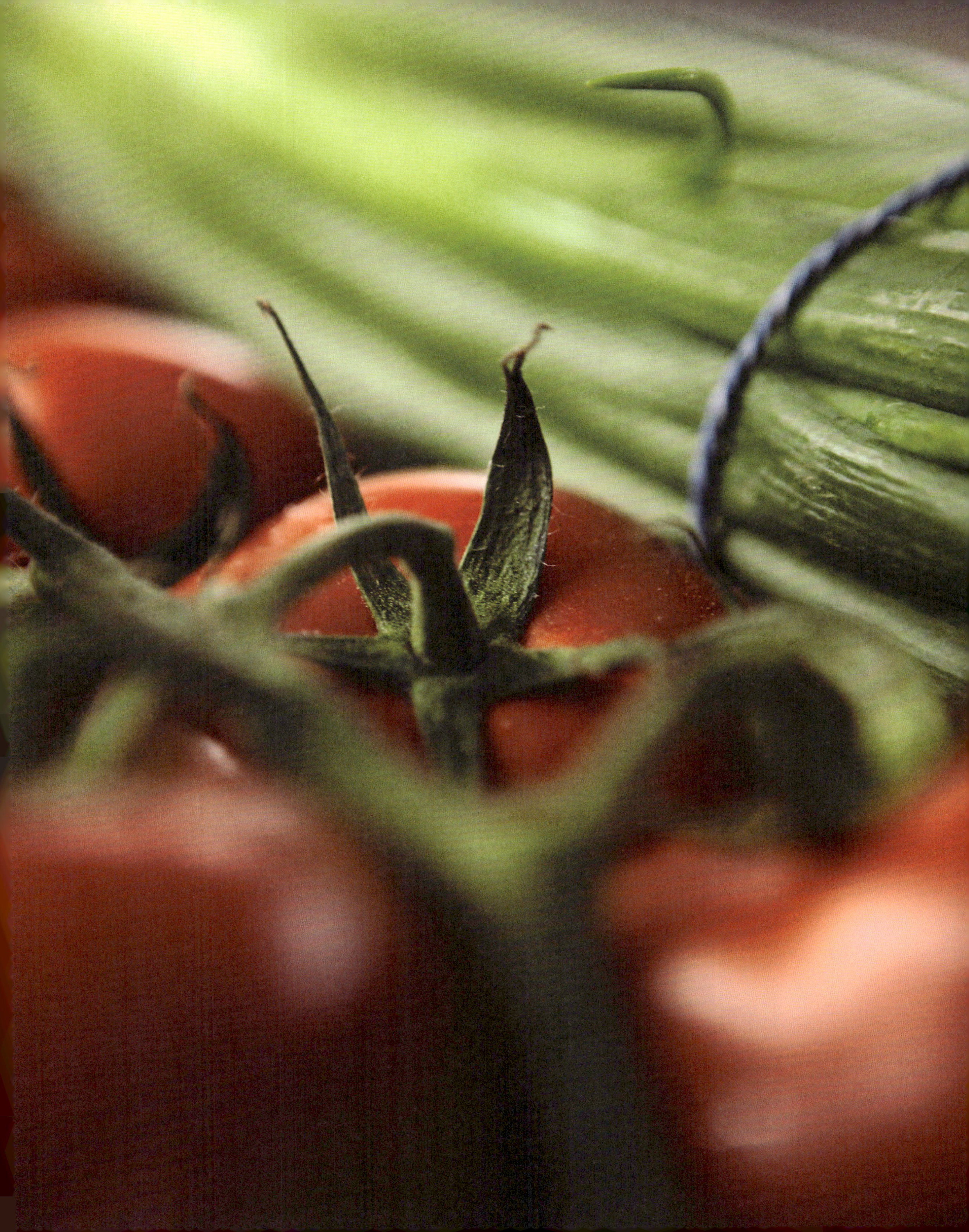

Alle zwei Wochen, morgens um sieben, besucht Michael Hausberger den Großmarkt im Münchner Schlachthofviertel. „Ich überprüfe regelmäßig die Qualität und halte auch nach neuen Produkten Ausschau. Da ich alle unsere Lieferanten kenne, bestellen wir dann direkt und werden beliefert", sagt er.

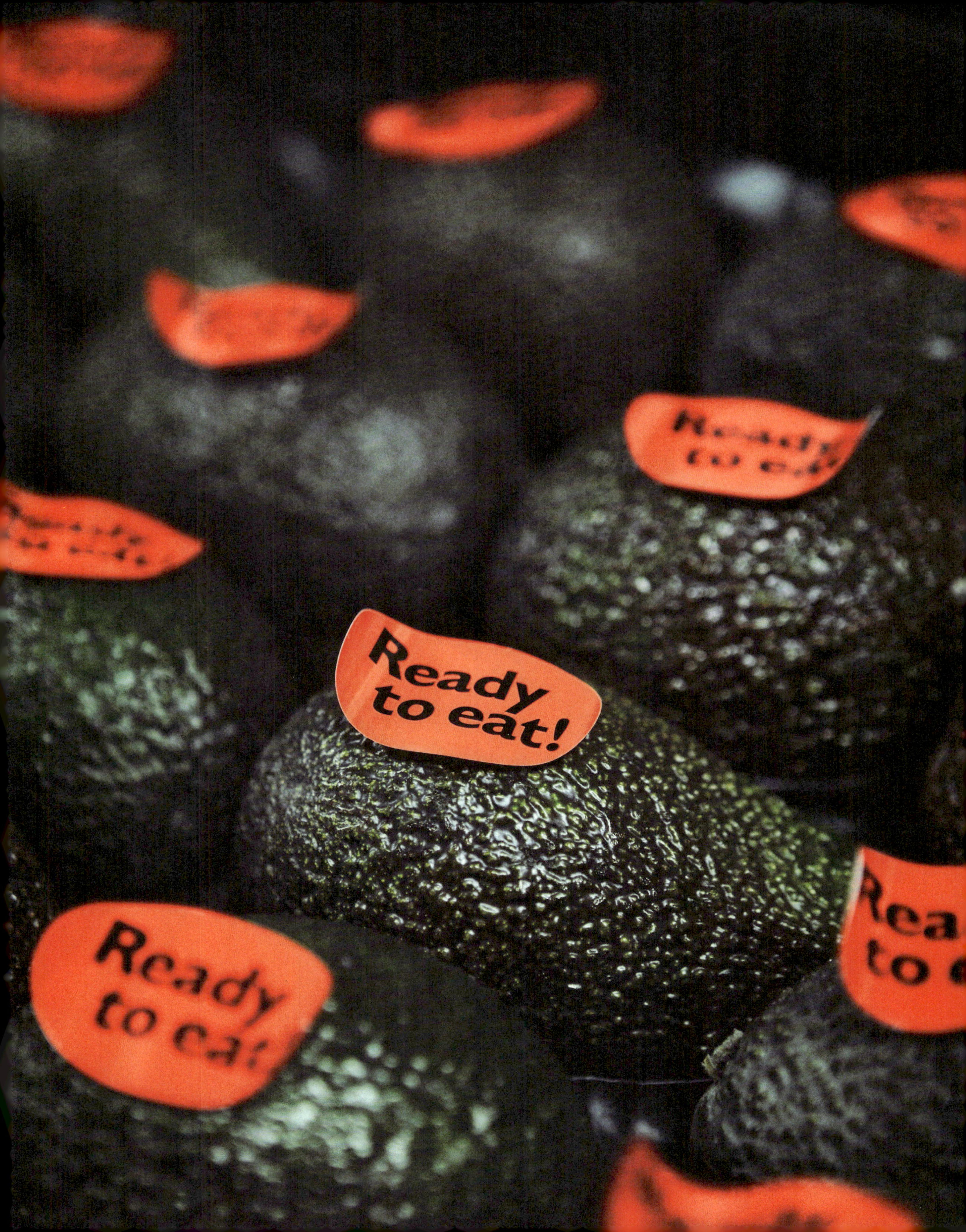
Ready to eat!

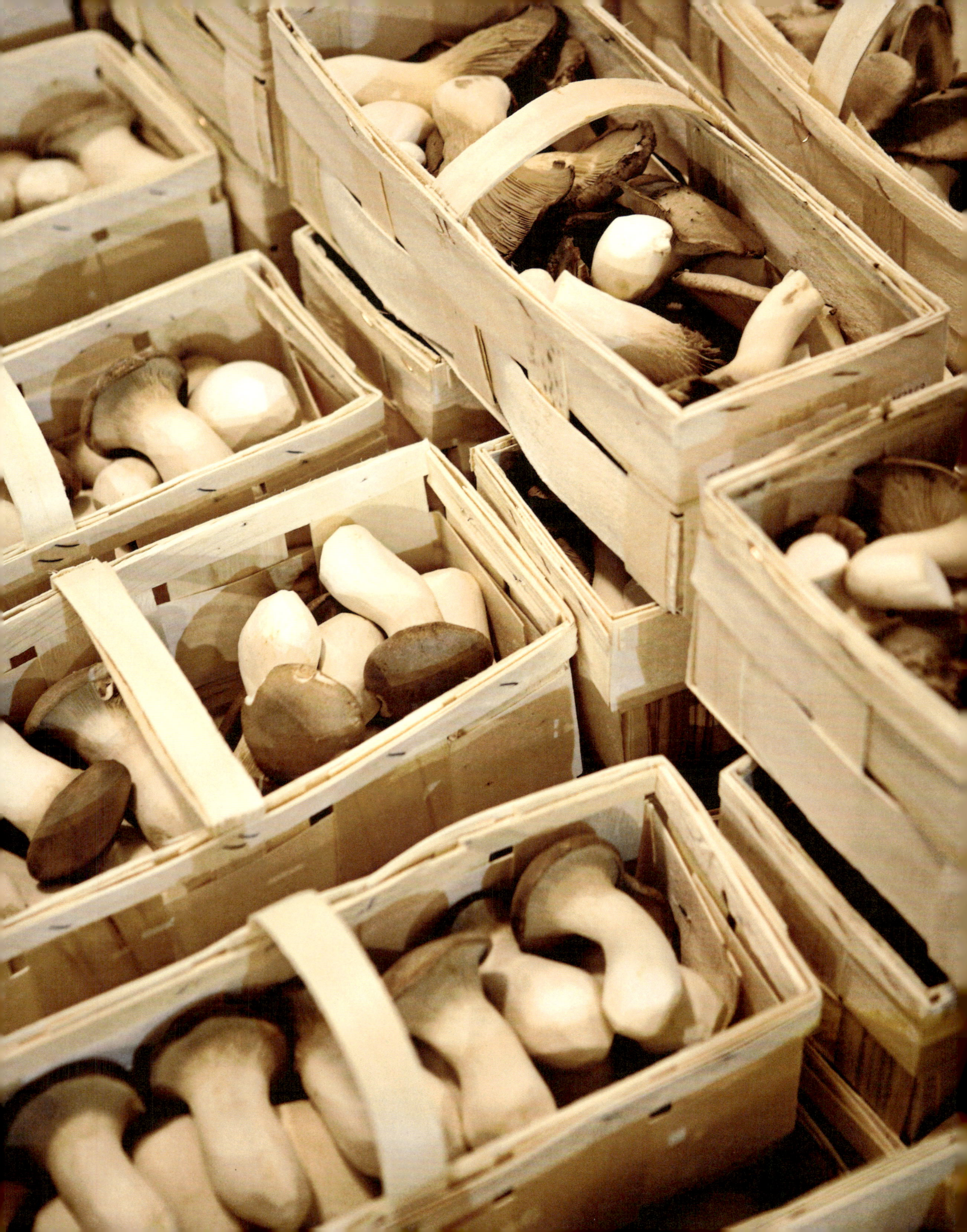

Was kommt ins Körbchen?
Steinpilz, Semmelstoppelpilz, Shiitake

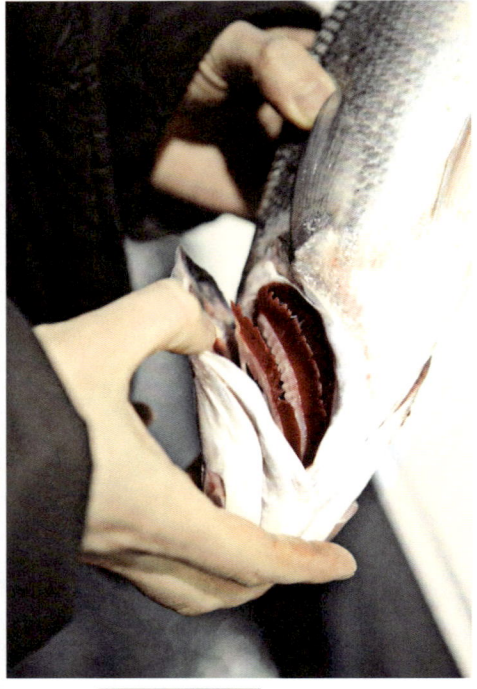

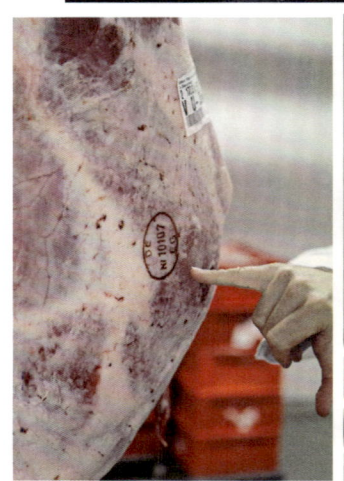

Ist dieser Loup de mer frisch? „Das wichtigste Kriterium ist der Geruch, frischer Fisch darf nicht riechen. Zudem kontrolliere ich die Kiemen und die Augen. Die Kiemen müssen rot sein und die Augen klar", sagt Hausberger. Alles frisch.

Wie lange dauert ein Besuch auf dem Großmarkt?
„Wenn ich nach neuen Produkten Ausschau halte, bis zu drei Stunden."
Wie geht der Tag danach weiter?
„Mit der Vorbereitung für das Mittagsgeschäft, und ab zwölf Uhr voller Einsatz in der Küche."
Wie viele Leute arbeiten in der Küche?
„Das variiert nach Tag und Tageszeit. Fünf bis sechs Köche sind aber die Regel."
Und wann ist abends Schluss?
„Mein Arbeitstag endet meist gegen 23 Uhr."

Kasnocken

MIT SAUERKRAUT

ZUTATEN
für 4 Personen

Für ca. 8 Kasnocken:
400 g Knödelbrot (in Würfeln)
1 Zwiebel
400 g frischer Blattspinat
200 g gemischter Käse (z. B. Brie, Bergkäse, Taleggio)
30 g Butter
¼ l Milch
4 Eier
Salz, Pfeffer aus der Mühle
evtl. etwas Mehl
100 g Weißbrotbrösel

Für das Sauerkraut:
400 g Weißkraut
1 Zwiebel
100 g Butter
4 EL Essig
500 ml Brühe
2 Wacholderbeeren
2 Lorbeerblätter
Salz, Pfeffer aus der Mühle
1 TL Zucker
1 EL Mehl
50 g geschlagene Sahne

Außerdem:
2 Birnen (ersatzweise aus der Dose)
Butter zum Braten
10 g gehackte Petersilie

Für das Sauerkraut das Weißkraut putzen und in feine Streifen schneiden, die Zwiebel schälen und in Würfel schneiden. In einem Topf 1 EL Butter zerlassen und die Zwiebeln und das Weißkraut darin glasig anschwitzen. Mit Essig und Brühe ablöschen, die Wacholderbeeren und die Lorbeerblätter dazugeben und das Weißkraut unter ständigem Rühren gar kochen. Zum Schluss mit Salz, Pfeffer und ggf. 1 Schuss Essig abschmecken.

Den Zucker in einem Topf karamellisieren, mit Mehl bestäuben und etwas Fond (vom Sauerkraut) dazugießen. Die restliche Butter dazugeben und alles einkochen, dann das gekochte Sauerkraut dazugeben. Das Sauerkraut zum Schluss mit der geschlagenen Sahne mischen, dadurch erhält es eine leicht cremige, gebundene Konsistenz.

Für die Kasnocken das Knödelbrot in eine Schüssel geben. Die Zwiebel schälen und in Würfel schneiden. Den Spinat waschen, in kochendem Wasser kurz blanchieren und kalt abschrecken, damit er seine leuchtend grüne Farbe behält. Dann gut abtropfen lassen und in feine Streifen schneiden. Den Käse in kleine Würfel schneiden.

Die Zwiebelstückchen in einer Pfanne in der heißen Butter glasig anschwitzen. Die Milch dazugeben, alles aufkochen und über das Knödelbrot gießen. Die Eier, den Blattspinat und den Käse mit in die Masse geben und alles mit Salz und Pfeffer würzen. Die Zutaten zu einer homogenen Masse verarbeiten, ggf. etwas Mehl zur Bindung hinzufügen.

Aus dem Knödelteig mit angefeuchteten Händen 8 etwa 40–50 g schwere Nocken formen und in den Weißbrotbröseln wenden. Die fertigen Nocken auf ein mit Backpapier belegtes Blech setzen und im vorgeheizten Ofen bei 180 °C (Umluft 160 °C) etwa 25 Minuten garen.

Die Birnen waschen, halbieren, entkernen und in Spalten schneiden. In einer Pfanne in etwas Butter goldbraun anbraten und die gehackte Petersilie dazugeben. Das Sauerkraut auf Teller verteilen und die Kasnocken mit den Birnen darauf anrichten.

Wiener Backhendl

MIT VOGERLSALAT

Das Maishendl in Streifen schneiden, salzen und pfeffern. Die Eier verquirlen und leicht salzen. Zum Panieren die Fleischstücke zunächst in Mehl wälzen und dann durch die Eimasse ziehen. Anschließend von allen Seiten in die Weißbrotbrösel drücken.

In einer Pfanne Öl und Butterschmalz erhitzen und die Hendlstreifen darin auf jeder Seite etwa 5 Minuten goldbraun braten. Herausnehmen und auf Küchenkrepp abtropfen lassen.

Den Vogerlsalat waschen und trocken schleudern. Aus den Zutaten eine Kernölmarinade anrühren. Zum Servieren den Vogerlsalat mit der Kernölmarinade mischen und in tiefe Schüsseln oder Teller geben. Obenauf die Backhendlstreifen setzen.

ZUTATEN
für 4 Personen

500 g Maishähnchenbrustfilet
Salz, Pfeffer aus der Mühle
2 Eier
150 g Mehl
150 g Weißbrotbrösel
150 g Vogerlsalat (Feldsalat)
Öl und Butterschmalz zum Ausbacken

Für die Kernölmarinade:
50 ml Weißweinessig
50 ml Geflügelfond
1 TL Zucker
1–2 EL geröstete Kürbiskerne
100 ml Kürbiskernöl
Salz, Pfeffer aus der Mühle

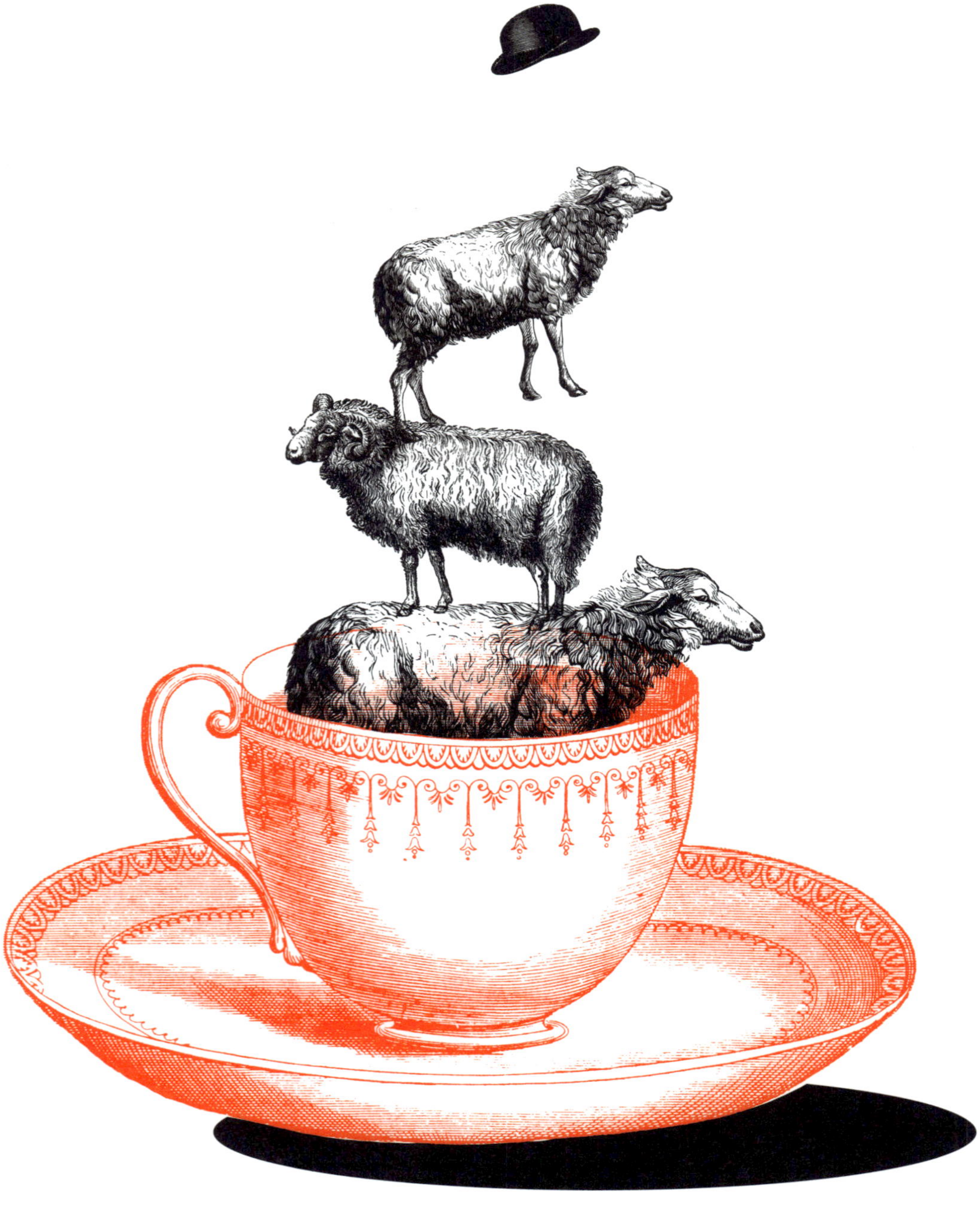

ES GEHT EINE BOHNE AUF REISEN

Im äthiopischen Hochland weiden verhaltensauffällige Schafe, diebische Niederländer schmuggeln Kaffeebohnen nach Amsterdam, und die Geistlichkeit wettert gegen den schwarzen Höllensaft.

Kaffeestrauch – Coffea arabica L.

A Zweig mit Blüthen und unreifen Früchten; **1** ausgebreitete Krone; **2** Staubgefäße; **3** Stempel mit Kelch; **4** Fruchtknoten im Längsschnitt; **5** und **6** Kaffeebohne von der Rücken- und Bauchseite; **7** Frucht im Querschnitt; **8** Bohne im Querschnitt; **9** dieselbe zerschnitten, um das Würzelchen zu zeigen; **10** Würzelchen. Aus: *Köhler's Medizinal-Pflanzen in naturgetreuen Abbildungen mit kurz erläuterndem Texte*, 1883

"
DAS LEBEN IST EINE BEGLEIT-ERSCHEINUNG ZUM CAFÉHAUS.
"

„Das Leben ist eine Begleiterscheinung zum Caféhaus." Erich Mühsam, Schriftsteller und Schwabinger Bohémien, hat dem Luitpold diesen Satz ins Gästebuch geschrieben. So weit war es also gekommen mit der Kaffeehauskultur, dass sie das Leben selbst in den Schatten stellte. Dabei hatte die ganze Geschichte in einer sonnigen Gegend ihren Anfang genommen, vor langer Zeit, irgendwo im äthiopischen Hochland. Dort hatten sich Hirten bei den ortsansässigen Mönchen über ihre hyperaktiven Schafe beklagt. Die frommen Brüder stellten fest, dass die Tiere regelmäßig von den kirschenartigen Früchten einer dunkelgrünen Pflanze naschten, und beschlossen, es ihnen im Selbstversuch gleichzutun. Sie bereiteten einen Aufguss aus den Früchten, tranken ihn, und siehe da: Sie waren genauso schlaflos wie die Schafe, wobei sie die gewonnene Zeit für erbauliche Gespräche und Meditationen nutzten, wie es sich für Mönche gehört. So jedenfalls will es eine der Legenden, die sich um die Herkunft des Kaffees und seiner berauschenden Wirkung ranken.

Tatsächlich belegt ist, dass die Araber seit dem 15. Jahrhundert Kaffee trinken. So leitet sich das Wort Kaffee aus dem altarabischen „Qahwa" ab, das für Lebenskraft steht. Die Erfolgsgeschichte des Getränks beginnt mit dem Rösten der Kaffeesamen. Denn so erst kommt zu der anregenden Wirkung auch der gute Geschmack hinzu. Man zerstößt die gerösteten Bohnen im Mörser und kocht sie dann in Wasser auf. Auf diese Weise lösen sich die Inhaltsstoffe, und das erhöht die Geschmacksintensität. Dieses Verfahren, nach dem bis heute der türkische Mokka hergestellt wird, ist vier Jahrhunderte lang die einzige Zubereitungsart für Kaffee, dessen Siegeszug nicht mehr aufzuhalten ist. In öffentlichen Kaffeehäusern wird der Genuss des Getränks zelebriert. Die Zeremonien beeindrucken auch Arabienreisende aus Europa wie den Gelehrten Jean de Thévenot: „An diesen Or-

ERICH MÜHSAM (1878-1934) Schriftsteller, eifriger Kaffeehausgänger und zentrale Figur der Schwabinger Bohème. 1919, als die Münchner Räterepublik ausgerufen wurde, stand er in der ersten Reihe. Dafür erhielt er eine Gefängnisstrafe von 15 Jahren, von denen er fünf absitzen musste. 1934 wurde er von den Nazis verhaftet und im KZ Oranienburg ermordet.

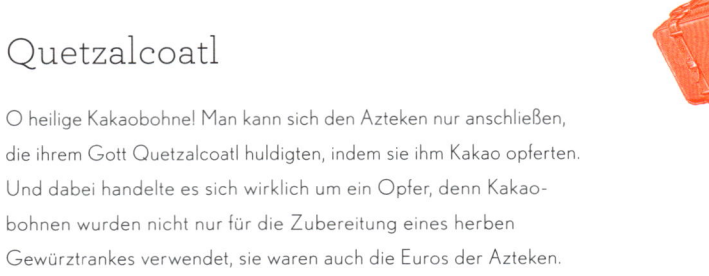

Quetzalcoatl

O heilige Kakaobohne! Man kann sich den Azteken nur anschließen, die ihrem Gott Quetzalcoatl huldigten, indem sie ihm Kakao opferten. Und dabei handelte es sich wirklich um ein Opfer, denn Kakaobohnen wurden nicht nur für die Zubereitung eines herben Gewürztrankes verwendet, sie waren auch die Euros der Azteken. In der Schatzkammer von Montezuma II., ihrem letzten König, fanden die Spanier 25 000 Zentner Kakao, der Erlös einer Steuereintreibung. Es ist kaum anzunehmen, dass der Metromensch des 21. Jahrhunderts dem alten Aztekentrank aus Wasser, Kakao, Mais und Pfeffer huldigen würde. Mit seiner modernen Veredelung verhält es sich anders. Da opfert er gerne ein paar Euros.

ten können sich, ohne Unterschiede des Standes oder des Glaubensbekenntnisses, alle Menschen als Gäste treffen; es ist keine Schande, dort einzutreten, man geht hinein, um sich zu unterhalten. Draußen vor den Kaffeehäusern stehen Bänke mit Strohmatten, wo diejenigen Platz nehmen, die an der frischen Luft sein möchten und Passanten betrachten wollen. Zuweilen hat der Schenkenbesitzer Flöten- und Violinspieler für seine Gäste aufgenommen, auch Sänger, um Leute anzulocken." In gemischter Gesellschaft Kaffee trinken, Leute beobachten, Musik hören – die Grundzutaten der späteren verfeinerten Kaffeehauskultur sind von Beginn an unverzichtbar.

Bald wird der Kaffeeanbau systematisch kultiviert, wobei die arabischen Länder, allen voran Jemen, das Geschäft dominieren. Um zu verhindern, dass Handelspartner aus anderen Ländern das braune Gold anbauen, lässt man die rohen Bohnen mit heißem Wasser überbrühen. So werden sie keimunfähig. Doch im 17. Jahrhundert fällt das arabische Kaffeemonopol. Zunächst sind es wohl Inder, die keimfähige Bohnen in ihre Heimat schmuggeln und erfolgreich Kaffeepflanzen züchten. Im Jahr 1616 stehlen dann Niederländer einige Setzlinge, die sie in den Gewächshäusern des Botanischen Gartens von Amsterdam großziehen, um sie später in ihren Kolonien anzupflanzen, auf Java, Timor, Sumatra, Bali und Ceylon. Innerhalb weniger Jahre wird die Vereenigde Oostindische Compagnie zum bedeutendsten Kaffeelieferanten Europas mit Amsterdam als Hauptumschlagplatz. Von da an ziehen auch andere Kolonialstaaten wie Frankreich und Groß-

C - a - f - f - e - e, trink nicht so viel Caf - fee!
Nicht für Kin - der ist der Tür - ken - trank, schwächt die Ner - ven, macht dich blass und krank.
Sei doch kein Mu - sel - mann, der ihn nicht las - sen kann!

Noten und Text von C. G. Hering (1766-1853)

britannien nach, und der Kaffeeanbau expandiert gewaltig. Zugleich entstehen überall in Europa und Nordamerika Kaffeehäuser. Der erste deutsche Kaffeeausschank eröffnet 1673 in Bremen. Ein Vorläufer der Kaffeehäuser im heutigen Sinne ist das 1686 in Paris etablierte Café Procope, das wie ein vornehmes Stadtpalais eingerichtet ist und sich über mehrere Räume erstreckt. Nur die Niederländer kennen keine Kaffeehäuser, ausgerechnet. Sie trinken lieber ein Tässchen in den eigenen vier Wänden. Koffie verkeerd.

Kaffeetrinken ist zunächst ein elitäres Vergnügen. Die kostbaren Bohnen gelangen nur pfundweise in den Handel, und die ersten Kaffeehausbesucher sind Adelige und wohlhabende Bürger. Erst mit der Industrialisierung wird der Kaffee ein Alltagsgetränk für jedermann. Zeitgenössische Berichte beklagen gar den übermäßigen Konsum. Die Geistlichkeit schließt sich an. Sie hält das „türquische Geträncke" für „heidnisch" und wegen seiner schwarzen Farbe für eine Art Höllensaft. Auch zögen zu viele Christenmenschen den Besuch im Kaffeehaus dem der Messe vor. Doch bleibt bei alledem die Frage offen, wie viel echter Kaffee denn da eigentlich getrunken wird, wenn etwa bei armen Leuten den ganzen Tag über eine Kaffeesuppe mit Brotbrocken auf dem Herd köchelt, die einfach nur warm halten und das Hungergefühl dämpfen soll. Es ist anzunehmen, dass in Arbeiterhaushalten stark gestreckter Bohnenkaffee oder aber ein Aufguss aus Zichorien verkostet wird. In welcher Konzentration auch immer: Um das Jahr 1850 ist Kaffee endgültig zum Volksgetränk geworden.

Macarons

MIT
DUNKLER
UND HELLER
CANACHE

Den Mandelgrieß und den Puderzucker sieben. Eiweiß und Zucker mit den Schneebesen des Handrührgeräts aufschlagen, sodass ein schöner steifer Eischnee entsteht. Danach die Mandelgrieß-Puderzucker-Mischung unterheben.

Die Masse in einen Spritzbeutel mit Lochtülle (ca. 8 mm Durchmesser) füllen und damit auf ein mit Backpapier belegtes Backblech im Abstand von etwa 5 cm kleine Tupfen spritzen. Wenn das Blech voll ist, den Spritzbeutel kühl stellen. Die Macarons auf der mittleren Schiene im vorgeheizten Ofen bei 180 °C (Umluft 160 °C) 15–20 Min. backen, dabei den Ofen nicht öffnen. Die Macarons herausnehmen, mit dem Backpapier auf ein Ofengitter ziehen und auskühlen lassen.

Nach und nach jeweils ein Blech Macarons backen, bis der Spritzbeutel leer ist, evtl. die Temperatur und die Zeit anpassen.

Die Macarons lassen sich mit vielerlei Füllungen zusammensetzen: Nougat, Marmelade, Buttercreme oder Canache eignen sich dazu perfekt.

DUNKLE CANACHE
Die Zartbitter- und Vollmilchkuvertüre klein hacken. Die Sahne aufkochen und nach und nach mit der gehackten Schokolade zu einer homogenen Masse (Canache) rühren. Mit einem Stabmixer die Canache zuletzt nochmals emulgieren, dann mit einem Küchentuch abdecken und abkühlen lassen.

Die Masse in einen Spritzbeutel füllen und damit auf die Hälfte der Macarons jeweils einen Tupfen aufspritzen. Mit einem zweiten Macaron jeweils zusammensetzen und beide Macarons ein wenig andrücken.

WEISSE CANACHE
Die weiße Schokolade klein hacken. Die Sahne mit dem Honig und der Butter aufkochen und nach und nach mit der gehackten Schokolade zu einer homogenen Masse rühren. Die weitere Zubereitung erfolgt wie oben bei der dunklen Canache.

ZUTATEN
für ca. 30 Stück

110 g Mandelgrieß (geschälte, gemahlene Mandeln)
225 g Puderzucker
120 g Eiweiß
50 g Zucker

Für die dunkle Canache:
100 g Zartbitterkuvertüre
100 g Vollmilchkuvertüre
100 g Sahne

Für die weiße Canache:
100 g weiße Schokolade
100 g Sahne
40 g Honig
20 g Butter

GEHSTEIG CAFÉ

Kuchen und Canapés unter Palmen

Am 30. Mai 1930 eröffnet das erste Boulevardcafé in München: Das Luitpold hatte die städtische Genehmigung erhalten, auf dem Bürgersteig Tische, Stühle und Palmen aufzustellen. Allerdings dauert es ein paar Monate, bis die Münchner sich daran gewöhnt haben. In den Zeitungen erscheinen Schmähartikel. Doch bald gibt es ein Straßencafé nach dem nächsten. Jetzt ist es ganz so, als sei man in Nizza oder Cannes.

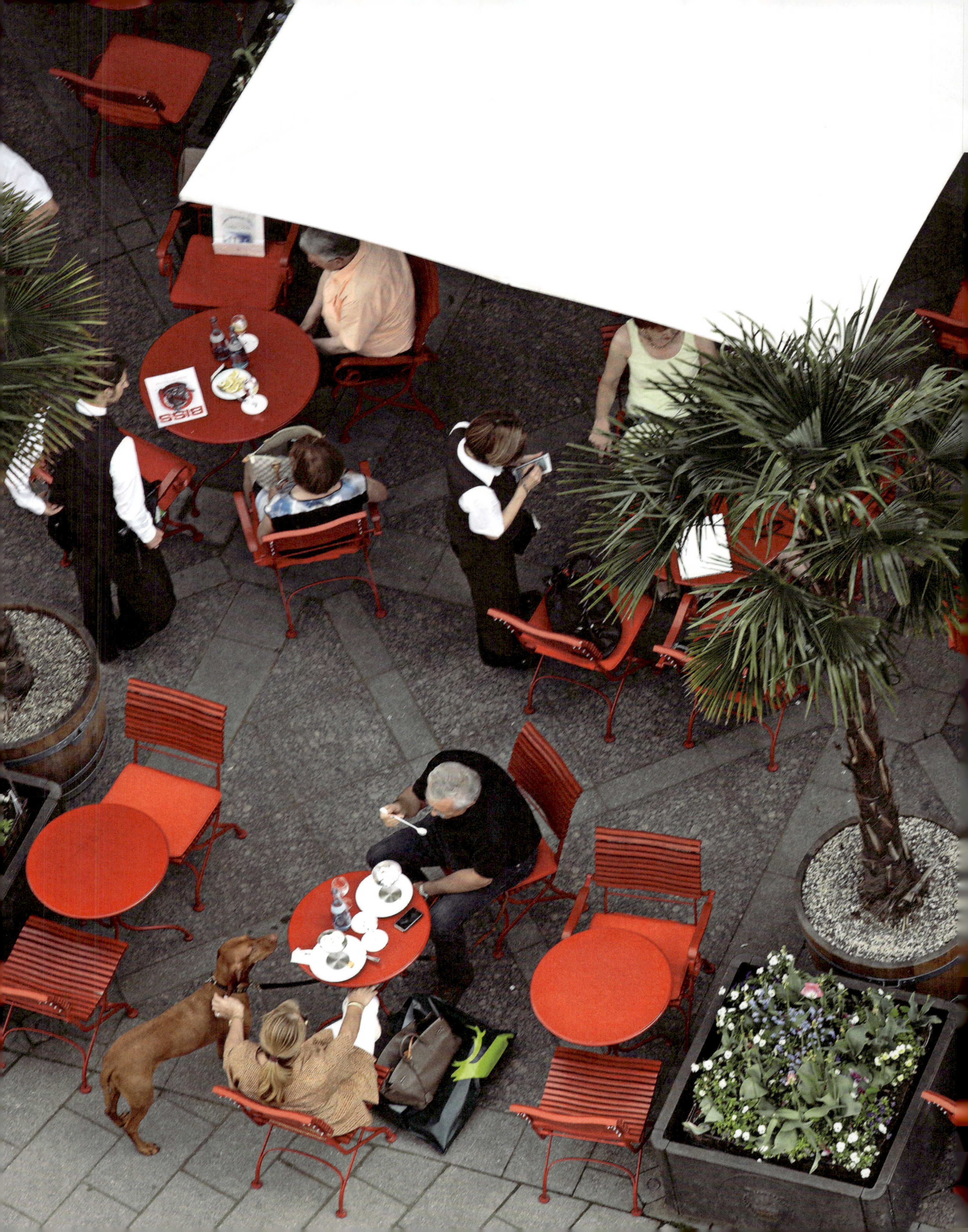
BISS

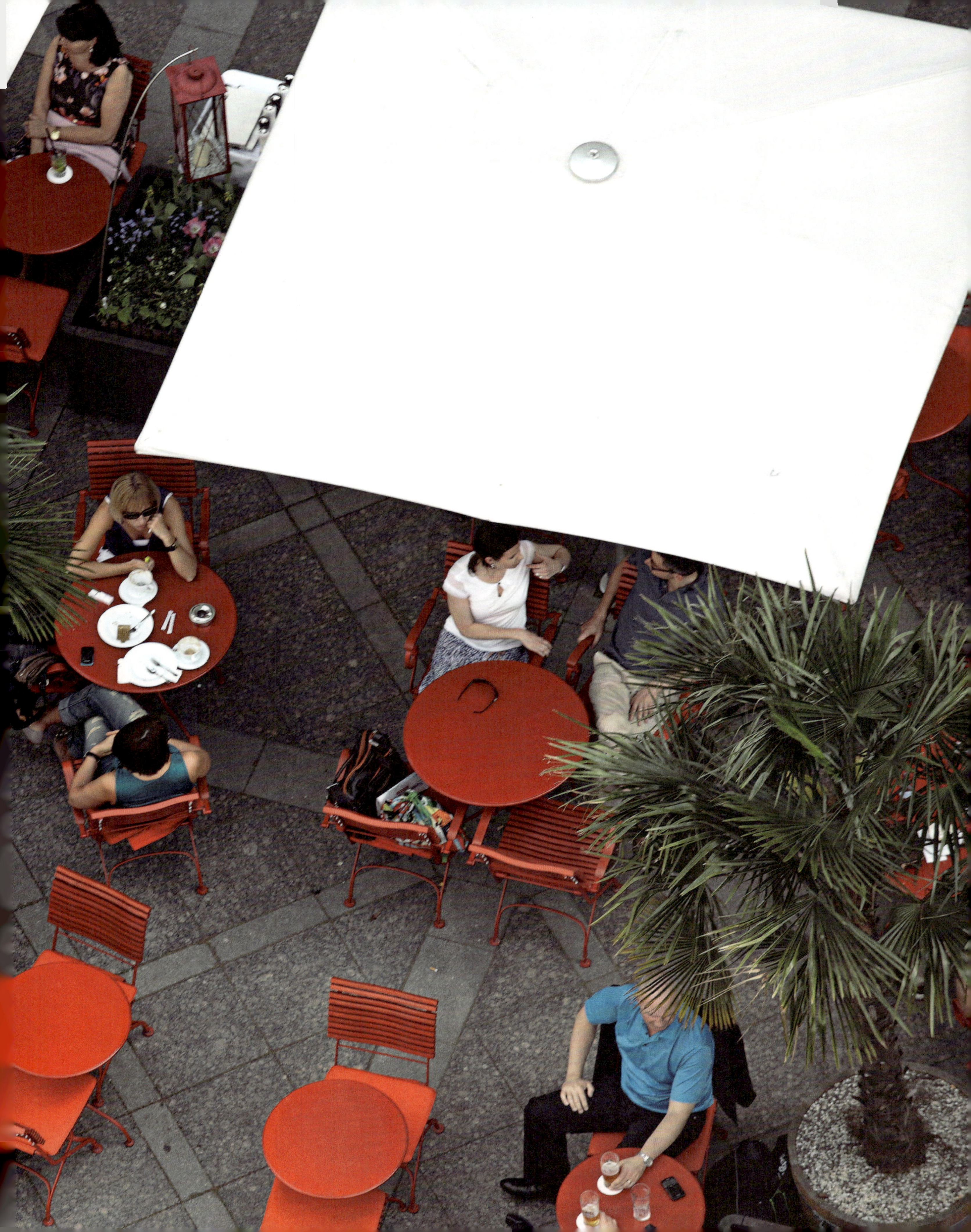

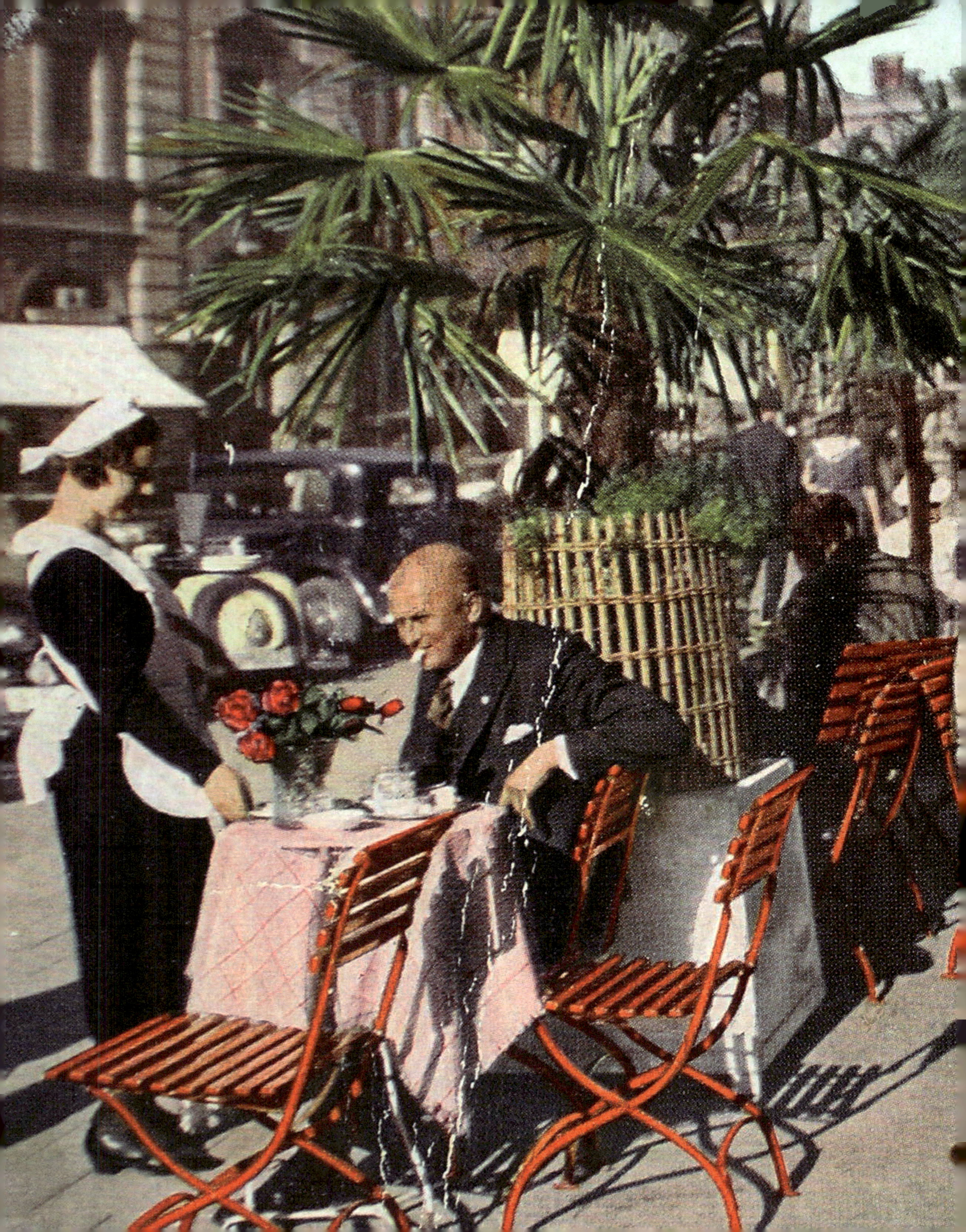

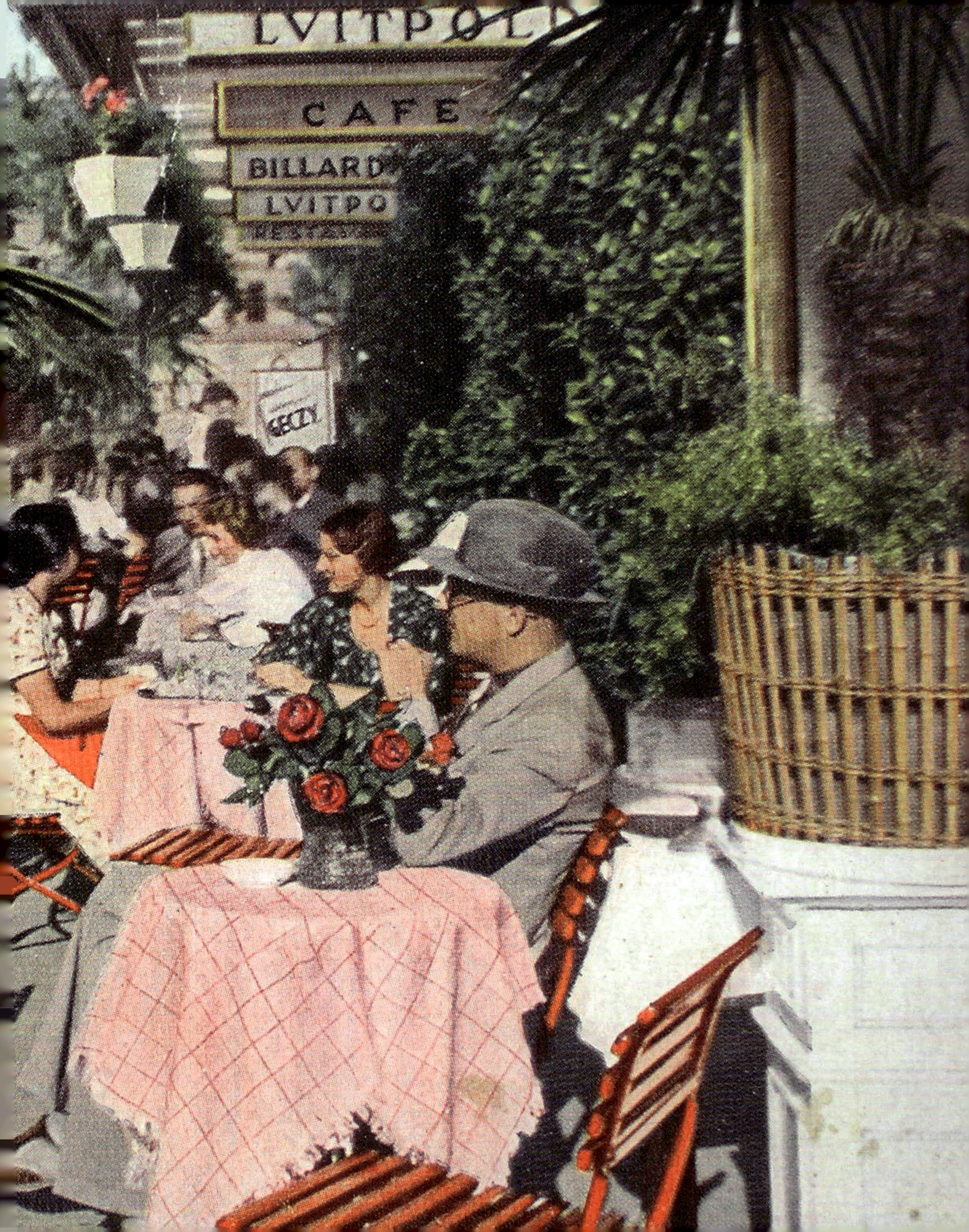
LVITPOLD
CAFE
BILLARD

„Draußen vor den Kaffeehäusern stehen Bänke mit Strohmatten, wo diejenigen Platz nehmen, die an der frischen Luft sein möchten und Passanten betrachten wollen." Das berichtet schon der französische Gelehrte Jean de Thévenot, der im 17. Jahrhundert arabische Länder bereist.

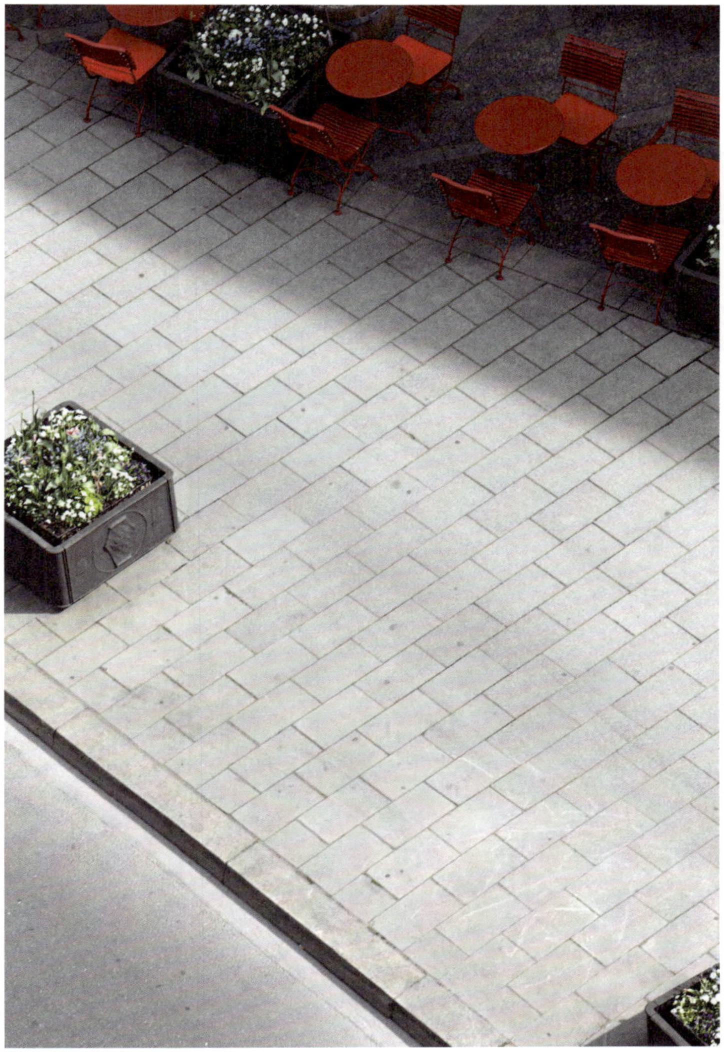

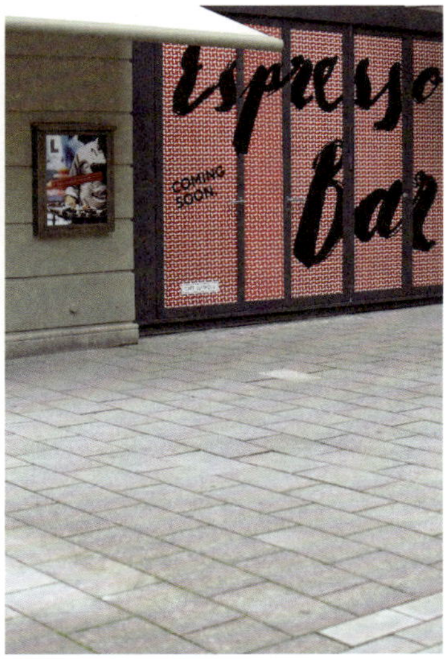
Espresso
Bar
COMING SOON.

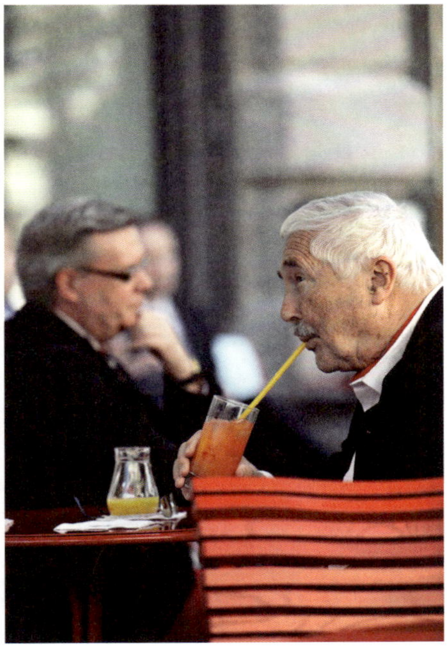

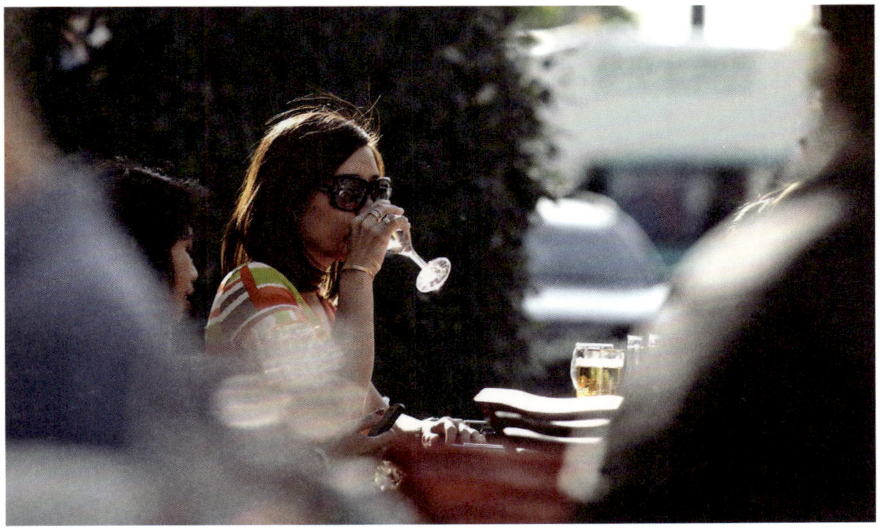

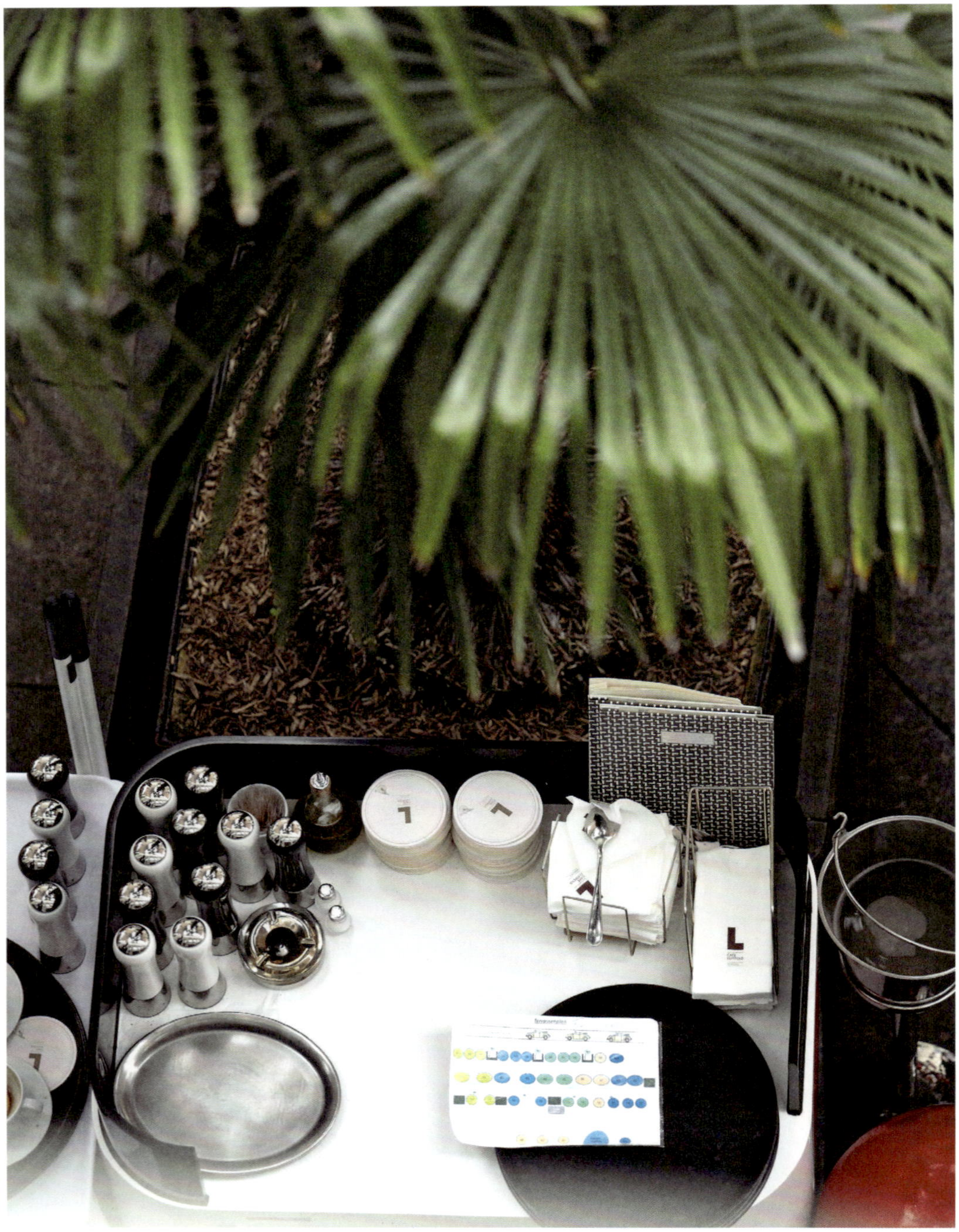

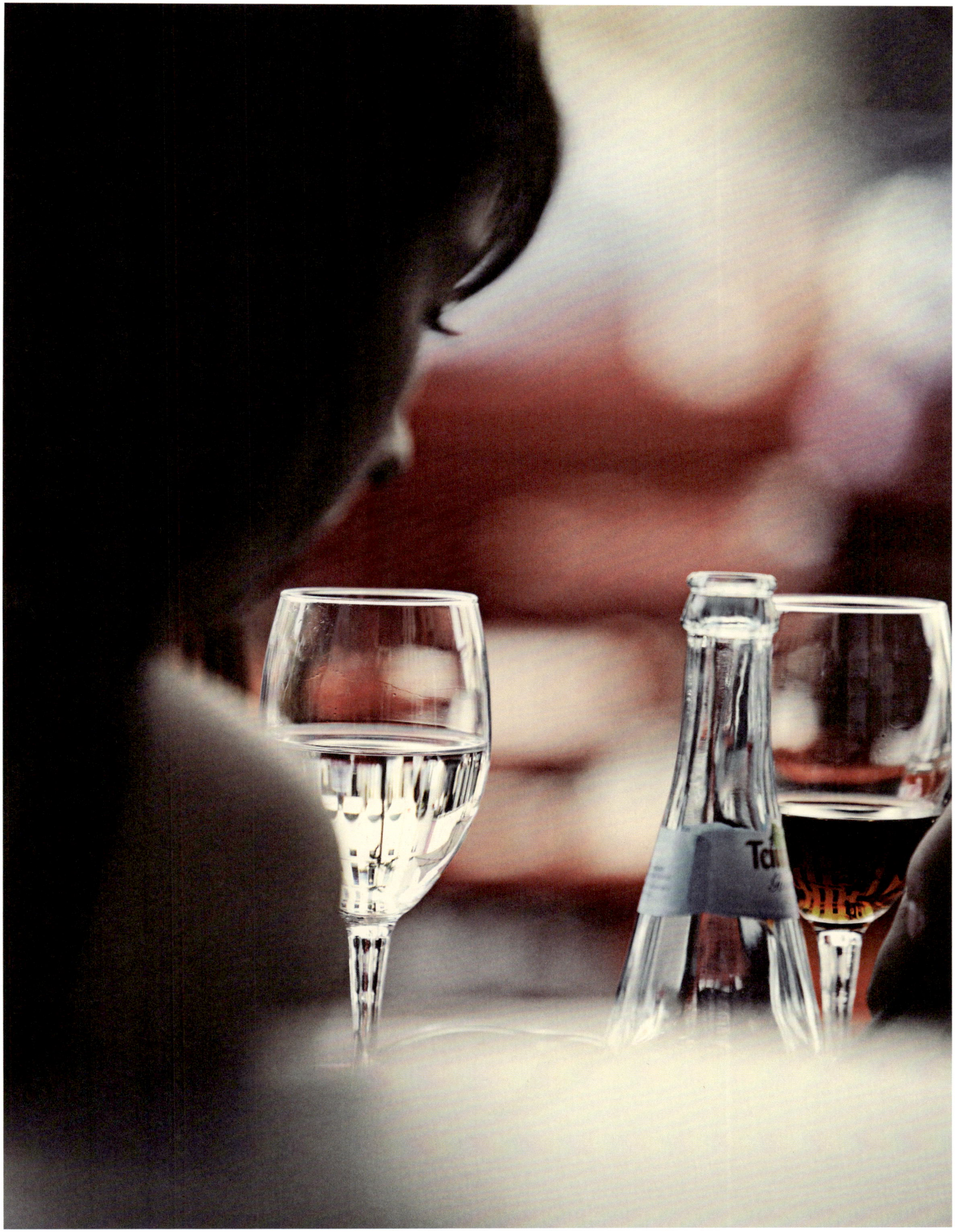

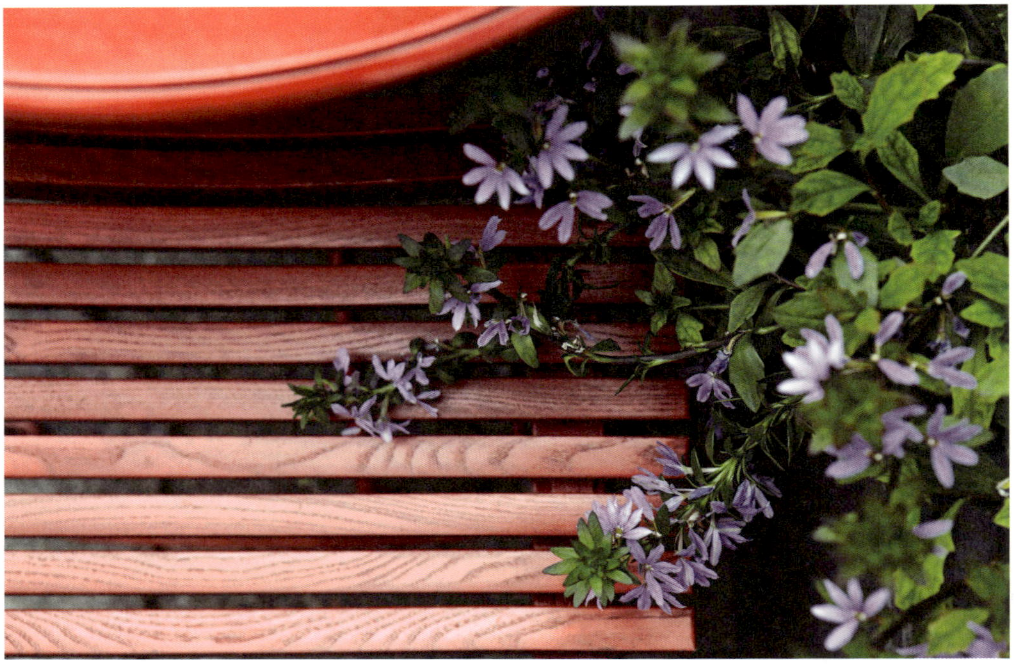

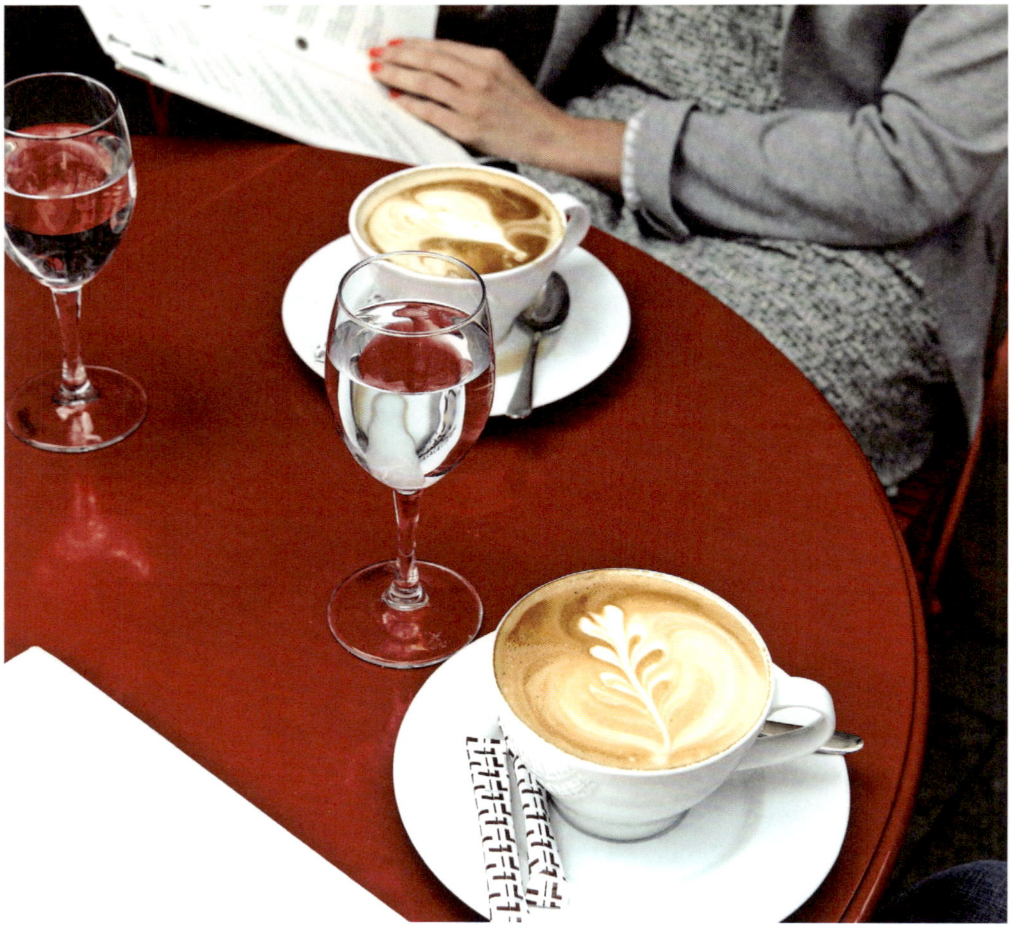

Sehen und gesehen werden. Eines der Hauptvergnügen, das ein Café zu bieten hat: Man kann in Ruhe Menschen studieren. Umso aufregender, wenn hin und wieder ein prominentes Gesicht auftaucht. Bei so viel Ablenkung fällt es schwer, sich dem Buch zu widmen, das neben der Tasse Tee liegt und darauf wartet, gelesen zu werden.

Schnelles
ERDBEER EIS

EIS

Die gefrorenen Erdbeeren mit dem durchgesiebten Puderzucker, Vanillezucker, Sahne, Milch und Zitronensaft in einen Mixer geben und alles gut durchmixen. Je länger man mixt, desto feiner wird das Erdbeereis. Das Erdbeereis mit Minzeblättern garniert servieren.

TIPP: Wenn Sie frische Erdbeeren verarbeiten möchten, diese vor dem Mixen ebenfalls einfrieren. Dazu die Beeren einzeln nebeneinander auf eine Platte setzen, damit sie nicht zusammenkleben.

ZUTATEN
für 4 Personen

700 g tiefgefrorene Erdbeeren
200 g Puderzucker
2 Pck. Vanillezucker
400 g Sahne
100 ml Milch
1 Spritzer Zitronensaft
Minzeblätter für die Garnitur

PARFAIT

Eine Kastenform mit Klarsichtfolie auslegen und in den Gefrierschrank stellen.

Die Erdbeeren waschen, putzen und vierteln. Mit 75 g Zucker bestreuen und im Küchenmixer oder mit dem Mixstab pürieren. Die Sahne steif schlagen, anschließend kühl stellen. Das Eigelb mit dem übrigen Zucker im heißen Wasserbad dickschaumig aufschlagen, dann vom Wasserbad nehmen und so lange weiterschlagen, bis die Eiermasse erkaltet ist.

Etwa drei Viertel vom Fruchtmus unter die Eigelbmasse ziehen, dann die Sahne vorsichtig unterheben. Die Hälfte der Creme in die Kastenform füllen und etwa 20 Minuten tiefkühlen. Dann das übrige Fruchtmus darauf verteilen und den Rest der Creme daraufstreichen. Bis zum Verzehr das Parfait nochmals mindestens 4 Stunden tiefkühlen.

ZUTATEN
für 4 Personen

500 g Erdbeeren
150 g Zucker
400 g Sahne
4 Eigelb

KAFFEE UND *Suchen*

Lösungen: siehe Impressum

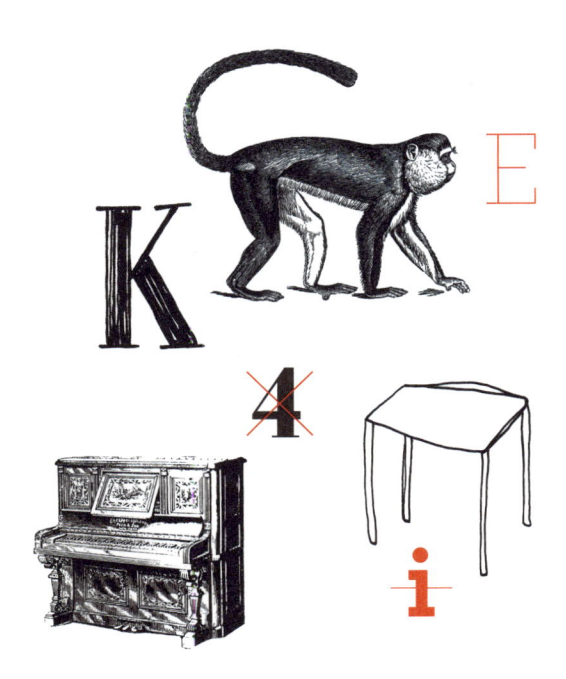

Luitpolds
Rätselecke   155

Getürmt!

Unser Akrobat hat Lampenfieber und hat sich gut versteckt.
Im Buch kommt er dreimal vor. Wo?

Croissant du Chef

MIT FOURME
D'AMBERT

einfach Erlesene 157
        Rezepte

In einer Pfanne die Schinkenscheiben mit etwas Butter knusprig rösten. Die Croissants halbieren und mit dem angebratenen Schinken belegen. Anschließend den Fourme d'Ambert darauflegen und die belegte Unterseite im vorgeheizten Ofen bei 180 °C (Umluft 160 °C) etwa 5 Minuten überbacken.

Die Croissant-Oberseiten auflegen und das Croissant du Chef nach Belieben mit Schnittlauch oder Gartenkresse garniert servieren.

ZUTATEN
für 4 Personen

4 Scheiben gekochter Schinken
Butter
4 Croissants
4 Scheiben Fourme d'Ambert (milder franz. Edelschimmelkäse)

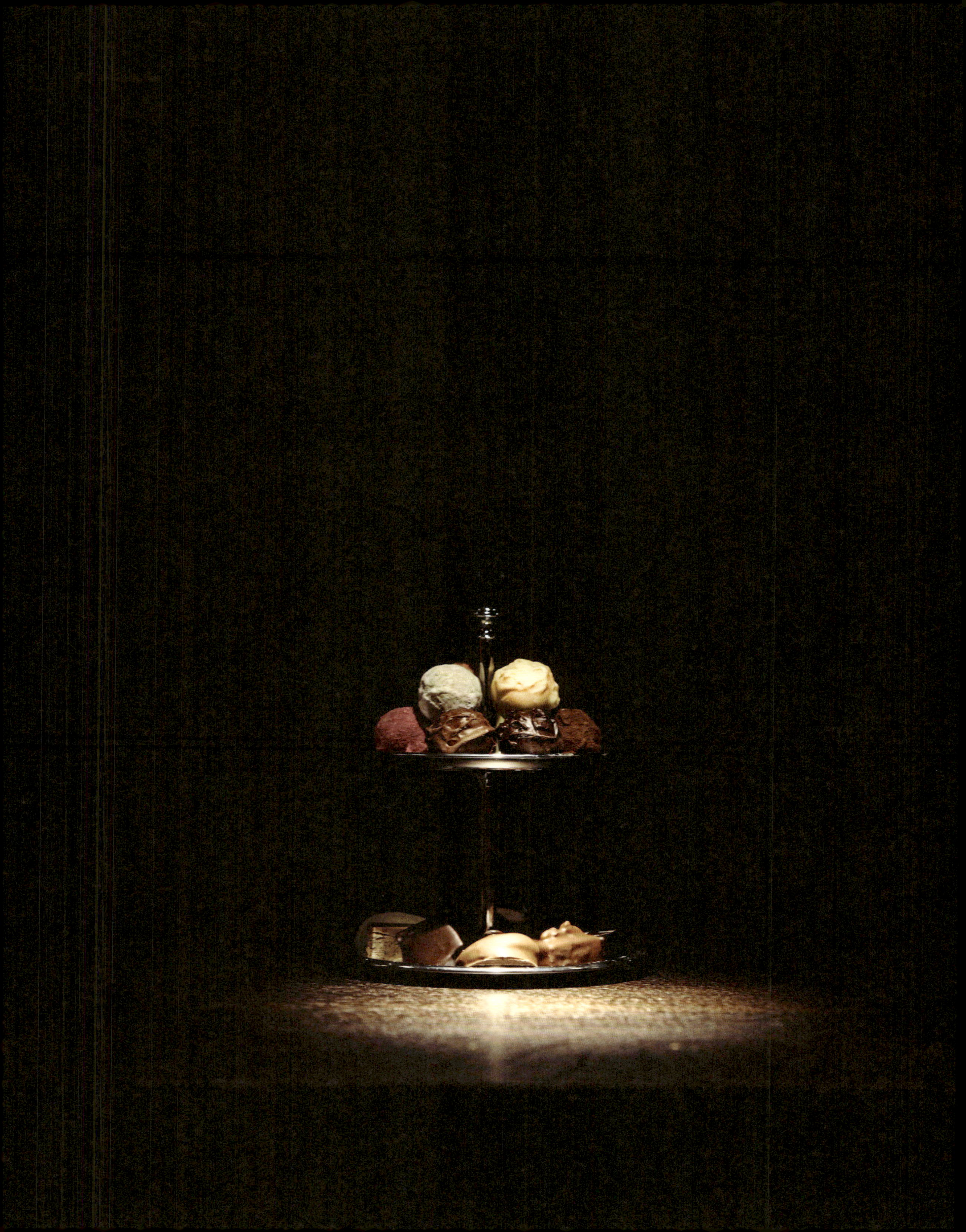

GLANZLICHT

In München übernehmen ausgediente Hofschranzen das Geschäft mit dem Kaffeeausschank, eine städtische Visitationskommission irrt durch rußgeschwärzte Hinterzimmer, und zu guter Letzt bringt das Café Luitpold Licht ins Dunkel.

In München wird der Türkentrank schon zu Beginn des 18. Jahrhunderts heimisch, wozu die kaiserlich-österreichische Besatzung in den Jahren 1705 bis 1714 beigetragen haben mag. Bald werden ausgediente Höflinge – Lakaien, Kammerdiener, Schauspieler – zwecks Altersversorgung anstelle eines „Gnadengeldes" mit einer Konzession für den Kaffeeausschank abgefunden. So erhält Giovanni Pietro Sardi aus dem Gefolge der Henriette Adelheid von Savoyen 1775 die Erlaubnis, am Hofgarten einen Kiosk zum Ausschank von Kaffee, Schokolade und Limonade aufzumachen. Das ist Münchens erstes Kaffeehaus, aus dem mit dem Erwerb durch Luigi Tambosi, einem gelernten Chocolatier und Traiteur, 1827 das „Tambosi" wird.

1804 werden die Kaffeesieder, denen es gestattet ist, Billardtische aufzustellen, und die Traiteurs, welche die Gäste mit ihren Kochkünsten verwöhnen, zu einem Gewerbe vereinigt. Dieser glückliche Zusammenschluss führt dazu, dass immer mehr Münchner das Kaffeehaus zu ihrer zweiten Heimat machen. Hier stimmt die Grundversorgung: Es gibt Speis und Trank, man darf spielen und, ganz wichtig, es liegen Zeitungen aus, die den

Zeitung

Kaffeehaustische sind wie gemacht für die kontemplative Einsamkeit. Sie sind zu klein, um auf ungebetene Mit-Gäste einladend zu wirken, und zugleich sind sie groß genug, um die Tageszeitung ausbreiten zu können. Einen Kaffeehaustisch zu ergattern, ist also ein großes Privileg. Denn es gibt sonst – vielleicht noch mit Ausnahme des heimischen Frühstückstisches – keinen Ort auf der Welt, wo man seine Zeitung komfortabel ausbreiten kann. Haben Sie es schon mal im Flugzeug versucht? Oder am Strand? Böse Blicke und zerknülltes Papier. Dabei gibt es Seiten, die ihre Wirkung nur voll entfaltet entfalten. Um die Zukunft muss einem auch nicht bange werden. Denn jedes Café ist iPad-kompatibel. Und viele Zeitungen kann man schon auf dem iPad lesen. Dafür hat Steve Jobs gesorgt.

Besucher mit den allerneuesten Nachrichten versorgen. Denn ein brauchbarer Cafetier hat nicht nur das leibliche, sondern auch das geistige Wohl seiner Gäste fest im Blick. So versteht sich der Berufsstand.

Nicht jeder Zeitungsleser ist beliebt. Ein Korrespondent der Stuttgarter Illustrierten „Ueber Land und Meer", der die Münchner Cafés gründlich untersucht hat, schreibt: „Jedes Kaffee hat seine ‚Marder'. Es sind das ältere, meist mit Brillen bewaffnete, griesgrämige Menschen, sehr oft Junggesellen, welche die Zeitungen nicht lesen, sondern geradezu verschlingen, und dabei nicht zufrieden sind, vier bis fünf vor, respektive ‚unter' sich zu haben, sondern mit finsterem Blick ihren Raubzug durch das ganze Lokal unternehmen, um jede nur zu erreichende Zeitung unter den Arm zu packen, und oft mit mehr wie einem Dutzend solcher an ihren Platz zurückkehren, jeden, der in ihre Nähe kommt, mit giftigem Blick abweisend. Ein solcher Marder gibt die zwölfte Zeitung um keinen Preis her, und wenn er erst in vier Stunden daran kommt, sie zu lesen."

Trotz der Marder entwickelt sich das Münchner Kaffeehausleben in der ersten Hälfte des 19. Jahrhunderts erfreulich, kann sich aber nicht im Entferntesten mit dem messen, was große Cafés in Wien, Berlin oder Paris, dort etwa das Café de la Paix, zu bieten haben. So stellt man 1840 fest: „Wer die Eleganz der französischen oder Wiener Lokale hier suchen wollte, irrte sich. Nur eines macht den Anspruch, in diesem Sinne *fashionable* zu

Stadtrundfahrt. 1925 lassen sich die Touristen mit dem Omnibus herumkutschieren. Und die Serviererinnen vom Luitpold posieren auf dem Trittbrett.

seyn: Tambosi unter den Arkaden am Eingange des Hofgartens." Die meisten anderen Kaffeehäuser aber sind weit davon entfernt, den Vorstellungen einer anspruchsvollen Kundschaft zu genügen. 1835 verschafft sich eine städtische Visitationskommission ein Bild der Lage. Ihr Fazit ist niederschmetternd. Um etwa in das „Café" eines gewissen Michael Muggenthaler in der Sendlinger Straße vordringen zu können, müssen die Herren durch einen „total finsteren Gang" tappen. Nur mit Mühe finden sie die Eingangstür, die in ein rauchgeschwärztes Zimmer führt. Der Kaffee ist mit einem Surrogat versetzt und „nur zur Noth trinkbar". Nachdem es noch nicht einmal Zeitungen gibt, lautet das Urteil: „Höchst schofle Anstalt!" Noch unappetitlicher präsentiert sich das Etablissement von Simon Burgholzer am Hofgraben. Hier ist der sogenannte Kaffee eine „Gelberübenbrühe", die keiner der Kommissionäre hinunterbringt. Zu allem Überfluss, so steht es im Protokoll, habe man eine Dreiviertelstunde auf das Gebräu warten müssen. Auch auf die Lektüre der ausgelegten Zeitungen habe man verzichtet. Sowohl das Tagblatt als auch der Landbote seien „von fettartigen Substanzen fast transparent" gewesen. Mondän ist anders.

Doch wer besucht die Kaffeehäuser? Dazu noch einmal der Korrespondent der Stuttgarter Illustrierten: „Die meisten Cafés sind im Sommer um fünf Uhr, im Winter um sechs Uhr geöffnet. Da sind aber auch schon gleich Gäste vorhanden. Es sind in den besseren Kaffees hauptsächlich mit der Bahn abreisende oder Ausflüge machende Leute. In den

„DA GEHT ALLES INS KAFFEE, WAS A BISSL WAS IST."

billigeren sogenannten Zwölfpfennigkaffees sind es die schon früh an die Arbeit gerufenen Gehilfen irgend eines gewerblichen Standes oder der die öffentlichen Arbeiten verrichtenden Klasse. Von sieben bis acht Uhr kommt sodann das große Heer der ledigen Beamten und Kaufleute und so weiter, welche um acht Uhr im Bureau sein müssen … Im Sommer werden die darauffolgenden Stunden, etwa bis zehn Uhr, von der ungeheuren Zahl von Fremden, welche München besuchen, benützt. Manch biederer Landbewohner, der sich natürlich die Sache auch einmal ansehen will, ist von dem Leben und der Pracht, welche da herrschen, so verwirrt, dass er sich nirgends hinzusetzen getraut und sich verdutzt wieder entfernt. Kaum ist dieser fort, erscheint eine andere Reisegesellschaft, natürlich mit Bädeker und Feldstecher bewaffnet, vier bis sechs Damen und Herren, auch Kinder …
Im Winter sind es die ‚Verschlafenen', welche diese Zeit im Kaffee zubringen; wie überhaupt im Winter, wenn die Fremden wieder fort sind, sich das eigentliche und charakteristische Münchener Kaffeehausleben abspielt; und zwar nach Tisch bis sieben Uhr abends. Da geht alles ins Kaffee, ‚was a bißl waß ist' … Beamte, Kaufleute, Studenten, Künstler jeder Gattung, Offiziere, Pensionisten, Geschäftsleute und auch viele Damen verbringen hier … ihre ‚schönsten Stunden' …
Es ist vier Uhr, das Kaffee ist jetzt beinahe überfüllt. Eine ansehnliche Zahl kräftiger, teils beleibter, hie und da etwas wild ausschauender Herren, die gerade ankam, hat das bewirkt. Es sind die ‚ochsenmordenden' Metzger und die ‚kleinen' semmelbackenden Bäcker, welche in der Mehrzahl geschäftshalber ins Kaffee gehen, aller aber gewiß, um zu viert oder sechst Billard, hauptsächlich Preference zu spielen … Erfreulich ist es, dass … keine Klassenkaffees zu finden sind. Jeder sich anständig benehmende, und anständig gekleidete Mensch kann unbehelligt in jedem Kaffee seine Zeit nach Wunsch verbringen … Abends von zehn bis ein Uhr entwickelt sich wieder ein reges Leben."

Das erste Münchner Prachtcafé, das in Dimension und Auftritt an die großen Pariser und Wiener Kaffeehäuser heranreicht, ist das „Probst" in der Neuhauser Straße, das 1856 eröffnet wird. „Ich glaube nicht, dass sich in der Stadt München ein so nobles Kaffee wird halten können", soll König Ludwig I. geunkt haben. Doch das Gegenteil tritt ein. 1892 gibt es 84 solcher Kaffeepaläste, die oft bis zwei Uhr nachts oder sogar später ihre Gäste bewirten. Unbestrittener Höhepunkt dieser Entwicklung: das Café Luitpold, das nicht nur der Stadt München ein Glanzlicht aufsetzt, sondern zu einem der vornehmsten Etablissements in Europa aufsteigt. In der Münchener Oktoberfest-Zeitung heißt es 1910: „Zu den feinsten und vornehmsten Lokalen" zählt das Café Luitpold, „das infolge seiner geradezu prunkvollen Ausstattung und exquisiten Speisen und Getränke einen bedeutenden Ruf hier und auswärts errungen hat. Es ist der Sammelplatz der höchsten Aristokratie sowie der Börsianer und besseren Gesellschaft."

Parmentier
VOM LAMMRAGOUT

MIT FRÜHLINGS-
GEMÜSE

Für das Lammragout das Fleisch in 4 cm große Würfel schneiden. Die Zwiebeln und die Karotten schälen und in feine Würfel schneiden. Die Tomaten waschen und ebenfalls würfeln. Den Sellerie waschen und in Stücke schneiden.

In einem ofenfesten Bräter das Olivenöl und die Butter erhitzen und das Fleisch darin bei starker Hitze von allen Seiten anbraten. Die Zwiebel- und Karottenwürfel dazugeben und bei leichter Hitze etwa 5 Minuten goldgelb anschwitzen. Den Topf schief halten und das überschüssige Fett mit einer Schöpfkelle abseihen.

Alles mit Mehl bestäuben und unter Rühren etwa 2 Minuten kochen. Kräuter-Bouquet, Lorbeerblätter, angedrückte Knoblauchzehen, Tomatenwürfel, Selleriestücke und pürierte Tomaten dazugeben. Das Ragout mit dem Lammfond aufgießen und aufkochen. Mit Salz und Pfeffer würzen, den Bräter in den vorgeheizten Ofen schieben und das Ragout bei 180 °C (Umluft 160 °C) zunächst etwa 1 Stunde garen. Nach 30 Minuten Garzeit die Temperatur auf 100 °C reduzieren.

Inzwischen für das Püree die Kartoffeln schälen, vierteln und in Salzwasser weich kochen. Abgießen und ausdampfen lassen, durch ein Passiersieb streichen oder mit einem Stampfer zu Püree zerkleinern. Die Milch aufkochen und unter die Kartoffelmasse rühren. Die Butter in Flocken unterheben und das Püree mit Salz und Muskatnuss abschmecken.

Die Frühlingszwiebeln putzen, waschen und das Weiße in Stücke schneiden. In etwas Butter langsam anschwitzen und mit Salz und Pfeffer sowie 1 Prise Zucker hellbraun braten. Etwas Wasser dazugeben und die Frühlingszwiebeln zugedeckt etwa 20 Minuten weich schmoren. Die Rübchen und die Karotten schälen und im Ganzen mit den Bohnen in eine Pfanne geben. Etwas Wasser dazugeben und das Gemüse bissfest garen, dabei überschüssiges Wasser abgießen.

Das fertige Lammragout aus dem Ofen nehmen und abkühlen lassen, das Kräuter-Bouquet entfernen. Das Ragout gleichmäßig auf den Boden von 4 kleinen Soufflé-förmchen oder einer großen feuerfesten Form verteilen. Die Petersilie darüberstreuen, nacheinander das geschmorte Gemüse und das Kartoffelpüree darübergeben und glatt streichen. Mit Butterflocken und Weißbrotbröseln bestreuen und das Ragout im heißen Ofen bei 180 °C (Umluft 160 °C) etwa 20 Minuten gratinieren.

Zum Servieren die Souffléförmchen jeweils auf einen Unterteller setzen oder die Portionen direkt aus der großen Auflaufform auf Teller heben. Nach Belieben mit frischen Kräutern garnieren.

ZUTATEN
für 4 Personen

Für das Lammragout:
500 g Lammschulter (küchenfertig)
250 g Lammbrust
250 g Lammnacken
200 g weiße Zwiebeln
2 mittelgroße Karotten
2 Tomaten
1 Stange Staudensellerie
2–3 EL Olivenöl
20 g Butter
1 EL Mehl
1 Kräuter-Bouquet (mit Petersilie und Thymian)
2 Lorbeerblätter
4 Knoblauchzehen
1 kleine Dose passierte Tomaten
200 ml Lammfond (oder Wasser)
Salz, Pfeffer aus der Mühle

Für das Kartoffelpüree:
200 g mehligkochende Kartoffeln
Salz
¼ l Milch
120 g Butter
1 Prise Muskatnuss

Außerdem:
12 Frühlingszwiebeln
Salz, Pfeffer aus der Mühle
Zucker
2 weiße Rübchen
12 kleine Karotten
je 1 Handvoll Dicke Bohnen (Saubohnen) und Erbsen
2 EL gehackte glatte Petersilie
30 g Weißbrotbrösel
Butter zum Braten und Überbacken

MAN SIEHT SICH

Das Kaffeehaus ist der Nährboden für das Pressewesen und die Diskussionskultur. Im Luitpold debattieren Künstler, Gelehrte und Vereinsmeier. Und die Wassermadln wollen Lulu genannt werden.

Pause, Presse, Politik – das sind drei Grundpfeiler des bürgerlichen Lebens, die ohne Kaffeehaus undenkbar sind, wenigstens im 19. Jahrhundert. Die Kaffeepause ist das Symbol für Erholung und Entspannung in der industrialisierten Arbeitswelt, in welcher der Mensch zunehmend zum Rädchen eines durchgetakteten Getriebes wird, in der Fabrik und im Büro.

Waren in langsameren Zeiten der Markt, der sonntägliche Kirchgang, die Poststation, vor allem aber die Schenke Umschlagplätze der neuesten Nachrichten, ist jetzt das Café die bedeutendste Wissensbörse und der Ort, wo Meinungen entstehen. Das liegt an der großen gesellschaftlichen Bandbreite und an der Debattierfreude des informierten Publikums, das hier verkehrt: Gelehrte, Arbeiter, Kaufleute, Schriftsteller, Künstler, Frauenrechtlerinnen, Studenten, Journalisten … Sie nutzen diesen Ort, um Ideen zu spinnen oder Diskussionen über Gott und die Welt anzuzetteln – öffentlich und doch geschützt in den Räumen des Kaffeehauses, das nicht wenige Wissenschaftler als eigentliche Geburtsstätte des Pressewesens sehen. Denn im Café werden nicht nur Zeitungen gelesen, viele werden hier erst aus der Taufe gehoben. Ganz im Gegensatz zu Bier und Branntwein, die in der Schenke serviert werden und den Geist benebeln, wirkt Kaffee anregend. Und das ist der allmählichen Verfertigung von Gedanken beim Reden und Schreiben überaus zuträglich.

Die Auflösung der Standesgrenzen, die mit der Industrialisierung einhergeht, begünstigt ein weiteres Phänomen: die Vereinsmeierei. Nie zuvor gab es so viele Vereinsgründungen wie im 19. Jahrhundert. Und wo versammeln sich Clubs, Bünde, Turnvereine, Studentenverbindungen? In ihren Stammcafés.

Im Luitpold treffen sich zum Beispiel das Kaufmannskasino, ein Club reicher Fabrikanten, die Internationale kriminalistische Vereinigung, die Versammlung der Deutschen Naturforscher und Ärzte, der Bayerische Landesverband im deutschen Flottenverein, der

Verein zur Hebung des Fremdenverkehrs in München und im bayerischen Hochlande, Freiwillige Feuerwehren, Burschenschaften, der Verein für Verbesserung der Wohnungsverhältnisse in München, der deutsch-amerikanische Männergesangsverein Arion.

Über die Generalversammlung des Vereins der bayerischen Zahnärzte am 14. März 1889 wird berichtet: „Mitglieder und Gäste waren zahlreich erschienen, um die angekündigten Vorträge zu hören und sich an der Diskussion der aufgestellten wissenschaftlichen Fragen zu beteiligen." Die Genossenschafts-Versammlung der Bayerischen Holzindustrie tagt am 11. Juli 1892 im Prinzensaal. Der Deutsche Schriftstellerverband, Bezirksverein München, veranstaltet im November 1892 „zur Eröffnung der Wintersaison einen akademischen Abend." Die vereinigten Handelsgärtner Münchens stellen zur allgemeinen Erbauung Zimmer- und Zierpflanzen aus – „von der stolzen Palme bis zum duftigen Flieder in bester Auswahl".

Im Luitpold gründet sich 1895 der Verein Deutscher Straßenbahn- und Kleinbahnverwaltungen. Vor den Mitgliedern des Bayerischen Verkehrsclubs hält der königliche Telegraphen-Bezirksingenieur Emil Bieringer einen Vortrag über „die Telephonanlagen" in Bayern, Universitätsprofessor Dr. Graetz spricht über Röntgenstrahlen. Auf Einladung des Vereins für Luftschiffahrt referiert Generalleutnant Ferdinand Graf Zeppelin 1896 in einem „1 1/2 stündigen Vortrag über sein von ihm erfundenes lenkbares Luftschiff". Im März 1896 feiern Vertreter des Gelehrten-, Künstler- und Beamtenstandes in den Prinzensälen Fürst Bismarcks 81. Geburtstag vor: „Erschienen waren die Professoren von Lenbach, Defregger, von Kaulbach, F. Stuck und Friedrich Thiersch. Der Saal zeigte reichen Festschmuck, die Wände zierten prächtige Gobelins, flankiert von Lorbeerbäumen.

Die Rückwand des Saales trug, bekränzt von goldenem Lorbeer ein Originalportrait Bismarcks von Lenbachs Meisterhand. Nach dem dritten Gange brachte Otto von Pfister einen Toast auf Seine Königliche Hoheit, den Prinzregenten, aus."

Im August 1896 findet der „III. Internationale Congress für Psychologie" in München statt. Beim Festabend in den Prinzensälen speist man „Ostender Steinbutt", „Straßburger Gänseleberpastete", „Metzer Poularden" und „Gefrorenes auf Pompadour-Art". Die Geographische Gesellschaft hält 1906 ihre Generalversammlung in den Prinzensälen ab, die Liberale Vereinigung „Frei-München" feiert dort Jubiläum. Zur „Königlichen Tafel" Fronleichnam 1911 lädt der Prinzregent auf dem Cover zu „Falscher Schildkrötensuppe und Pumpernickelpudding" ein.

Politisch geht es zu bei der Eröffnungssitzung des allgemeinen bayerischen Frauentages im Oktober 1899. Etwa 30 Jahre nach den ersten Frauenversammlungen in Berlin kommen erstmals Damen aus ganz Bayern in der Residenzstadt zusammen, „um einen Aufschwung der Frauenbewegung anzubahnen". Eingeladen hat der Münchner „Verein für Fraueninteressen", dessen Vorsitzende Ika Freudenberg das Anliegen der Tagung so formuliert: „Es ist notwendig, dass die Frauenbewegung stattlich und achtungsfordernd dasteht, ihren ganzen Ideengehalt, ihre weitverzweigten Interessen vor der Welt entfaltet, damit endlich das törichte Gerede derer verstummt, die in dieser großen und ernsten Bewegung immer noch eine unbedeutende, halb lächerliche Ausgeburt einiger überspannter Köpfe erblicken wollen." Das Interesse der Münchnerinnen ist groß. „Zu der in den Prinzensälen des Café Luitpold stattgehabten Sitzung hatte sich ein so zahlreiches Publikum eingefunden, dass eine große Zahl, die an der Sitzung teilzunehmen wünschte, keinen Eintritt finden konnte", schreiben die „Münchner Neuesten Nachrichten". Ein anderes Mal lädt die Schriftstellerin Maria Strett aus Dresden die „Frauenbewegung der oberen Zehntausend" ins Luitpold ein. In ihrer Rede fordert sie die Zulassung von Frauen zum Universitätsstudium. Jung und Alt, Arbeiter und Unternehmer, Hochadel und Wassermadln, Frauen und Männer: Sie sind die Protagonisten des historischen Lebensstils, der zurecht den Ehrentitel Kaffeehaus-Kultur führt. Das Kaffeehaus als Treffpunkt aller Bevölkerungsschichten ist der Nährboden für emanzipatorische Bewegungen. Hier wird Meinung gemacht, hier formieren sich politische Parteien, hier leisten Interessensvertreter Lobbyarbeit bei Kaffee, Kuchen oder Hummersüppchen.

Besonders oft gehen Künstler und Literaten ins Kaffeehaus. Hier ist es warm, und man trifft Gleichgesinnte. Noch wichtiger: Man stößt auf Kollegen, von denen man sich abgrenzen kann. Denn das ist neben der Malerei und der Schreiberei die Lieblingsbeschäftigung der Künstler der Moderne: Grenzen ziehen. Deshalb gründen auch sie Zeitschriften, in denen sie ihre Ideen ausbreiten können. Stilbildend sind zum Beispiel die „Jugend" (1896), „Die Kunst" (1906) oder „Die Insel" (1900). Die Redaktionen tagen, selbstverständlich, gerne im Kaffeehaus. Was sie publizieren, sind oft die Ergebnisse hitzig geführter Richtungsdebatten. Von Jugendstil über Fauvismus bis Expressionismus: Die Zeit der künstlerischen Manifeste und Ismen hat begonnen.

Im Café Luitpold liefern sich die Maler und Zeichner der 1896 gegründeten politisch-satirischen Wochenschrift „Simplicissimus" regelmäßig „turbulente, sprühende Redeschlachten", wie Korfiz Holm berichtet, seit 1898 Chefredakteur. Unter den Kombattanten sind: die Zeichner und Maler Thomas Theodor Heine, Eduard Thöny, Ferdinand Freiherr von Reznicek und Olaf Gulbransson sowie die Texter Ludwig Thoma, Frank Wedekind, Dr. Owiglass alias Hans Erich Blaich und Franziska zu Reventlow, „die tolle Gräfin", wie sie genannt wird.

Schon im Eröffnungsjahr beschreibt der Baedeker das Café Luitpold als Künstlertreff. Es gibt sogar eine „Café-Luitpold-Gruppe", Abtrünnige der Münchner Künstlergenossenschaft, die sich 1896 aus Unzufriedenheit mit „der künstlerischen Entfaltung des Ausstellungswesens" formieren. Die Münchner Künstlergenossenschaft, älteste Vereinigung freischaffender Künstler in Bayern, ist 1858 anlässlich der Deutschen allgemeinen und historischen Kunstausstellung im Glaspalast München entstanden, zehn Jahre später wird sie gar königlich privilegiert. So kommt es, dass die Abspaltung der Luitpold-Gruppe scharf von der Staatsregierung beobachtet wird. „… Wie die nächstjährige internationale Ausstellung, deren künstlerisches Ergebniß für die Kunststadt München auf Jahre hi-

FRANZISKA GRÄFIN ZU REVENTLOW (1871-1918) liebte die Freiheit. Daher floh sie aus dem elterlichen Husumer Schloss in den Süden, genauer: nach Schwabing. Dort verfasste sie Romane, schrieb Witze für den „Simplicissimus" und schockierte als Mutter eines unehelichen Sohnes. Nicht von ungefähr nannte man sie „tolle Gräfin" und „heidnische Madonna".

„Na Schatzerl, hast nit a bißl Angst?" „O mei, i war doch drei Jahr Wassermädel im Café Luitpold", antwortet sie keck.

naus folgenschwere Bedeutung haben kann, sich gestalten wird, welche Krisen eventuell der Künstlergenossenschaft selbst bevorstehen, das sind in der That Fragen, an denen die Regierung lebhaftes Interesse nehmen muß", heißt es 1896 in einer amtlichen Mitteilung. Zu den Konvertiten gehören zum Beispiel Georg Dehn, Franz von Defregger, Ernst Ludwig Plass, Ernst Liebermann, Walter Geffcken und Eduard Gabelsberger, Künstler in bester akademischer Tradition und revolutionärer Bestrebungen unverdächtig. Da warten auf München und die Staatsregierung in Zukunft ganz andere Kaliber: Künstler, die radikal mit der Tradition brechen, wie etwa Marcel Duchamp, der 1913 in seinem Pariser Atelier ein Rad auf einen Schemel montiert, das Ganze zum Kunststück erklärt und es auf 1912 zurückdatiert, als Reminiszenz an seine Münchner Zeit. Dort hat er die „völlige Befreiung" seines künstlerischen Schaffens erlebt, sagt er später. Und Lenin, der in München lebt und unter dem Schutzmantel der prinzregentlichen Libertas in der Bayerischen Staatsbibliothek 1901 „Was tun?" schreibt, von der Revolution und der Räterepublik ganz zu schweigen. Aber das ist zu weit vorgegriffen. Wie lange die Café-Luitpold-Gruppe, die regelmäßig im Schlachtensaal tagt, aktiv bleibt, ist nicht bekannt. Die Angaben über die Zahl ihrer Mitglieder schwanken zwischen 30 und 135.

Der Schriftsteller Karl Wolfskehl lernt 1893 im Luitpold den charismatischen Lyriker Stefan George kennen, den er verehrt und den er – wie alle anderen Mitglieder des sogenannten George-Kreises – fürderhin respektvoll mit „Meister" anredet. Und Ludwig Ganghofer trifft hier mit dem Schauspieler Hans Neuert zusammen, es entsteht die Idee zum „Herrgottsschnitzer von Ammergau". Die literarische Vereinigung Orion, zu der Gerhart Hauptmann, Hermann Sudermann, Otto Julius Bierbaum und Detlev von Liliencron gehören, laden zu ihren Vortrags- und Rezitationsabenden ins Luitpold. Der norwegische Dramatiker Henrik Ibsen hat einen Stammplatz am Fenster. Frank Wedekind, seinerzeit einer der meistgespielten Theaterschriftsteller, sitzt oft nächtelang mit Freunden bei Kerzenschein in einer Nische, die man von der Straße aus nicht einsehen kann – es gilt, die Polizeistunde auszuhebeln. „Im Café Luitpold", schreibt er in seinen Erinnerungen, „fühlte ich mich am wohlsten. Das Menschengewoge, das feenhafte Oberlicht, das Regiment der Kellnerinnen."

Die Kellnerinnen. Das sind gestandene Frauen, die so manchem mittellosen Studenten mit Speis, Trank oder gar Barem unter die Arme greifen. Und es sind die vierzehn-, fünfzehnjährigen „Wassermadln", die zwischen den Tischen herumlaufen und den Gästen das Wasser reichen. Hans Carossa huldigt den „wahren Walterinnen" des Hauses: „Ihr leichter Gang, die Sicherheit, mit der sie aus hohen, silbernen Kannen erwünschte Getränke in Porzellanschalen gossen, dies alles atmete den Geist vornehmer Gastlichkeit, einzig würdig der glanzvollen Stätte, die den Namen des Prinzregenten trug." Eine Karikatur von Paul Rieth – einem Mitglied der Café-Luitpold-Gruppe – in der Zeitschrift „Jugend" vom 17. Juni 1903 zeigt, dass die Madln nicht nur würdig, sondern auch mit allen Wassern gewaschen sind: Ein Galan führt eine junge Dame in den Segelsport ein und fragt: „Na Schatzerl, hast nit a bißl Angst?" – „O mei, i war doch drei Jahr Wassermädel im Café Luitpold", antwortet sie keck. Und im Simplicissimus-Kalender von 1906 wird ein Wassermadl gefragt, woher sie denn ihre ausgeprägte Handmuskulatur habe „– vom Klavierspielen? – Ach na, vom Gläserspül'n."

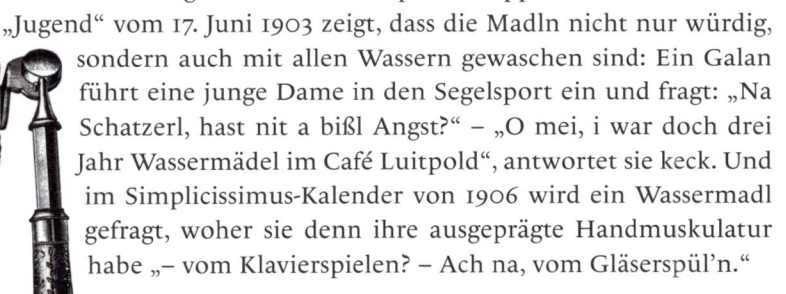

Nachdem Wedekinds „Erdgeist" 1898 erstmals in München aufgeführt worden ist, laufen die Wassermadln des Luitpold zur Höchstform auf. Der Schauspieler Ernst Hoferichter, damals Schüler von Artur Kutscher, dem Begründer der Theaterwissenschaft, erinnert sich an tumultartige Szenen: „Die Kritik feierte Orgien an sittlicher Entrüstung ... Die Gestalt der Lulu fand im cholerischen Münchner das widersprüchlichste Echo ... Den Kellnerinnen des Hofbräuhauses war, gleich fünf vollen Maßkrügen, kein Wort zu schwer, um für oder gegen dieses Weibsbild Lulu kritisch Stellung zu nehmen." Dabei seien die Wertungen von verführerisch, verwegen, imponierend bis zu verworfen, schamlos, teuflisch und verbrecherisch gegangen. Aber: „Nahezu einstimmige positive Reaktionen gab es im Café Luitpold. Wassermädel und Büffetfräulein, die bisher Anneliese, Josefine und Kreszentia hießen, wollten nur mehr ‚Lulu' gerufen werden."

Obwohl viele Schriftsteller ein und aus gehen, ist das Luitpold kein typisches Literatencafé wie das Café Stefanie an der Ecke Amalien- und Theresienstraße. Dazu ist es zu schick. Der Dichter Leonhard Frank schreibt über das Stefanie, das auch Café Größenwahn genannt wird: „Das Boheme-Cafe Stefanie bestand aus einem Nebenraum, an dessen Fensternischen Münchener Berühmtheiten jeden Nachmittag Schach spielten vor zuschauenden Straßenpassanten, und dem größeren Hauptraum mit einem glühenden Kohlenofen, versessenen, stark nach Moder riechenden Polsterbänken, roter Plüsch, und dem Kellner Arthur ... Der überfüllte Hauptraum hatte seinen eigenen warmen Geruch, eine spezielle Mischung aus Kaffee – und dumpfen Moderduft und dickstem Zigarrenrauch."

Wassermadl

Man darf das Café Luitpold mit einiger Berechtigung als Hort der Frauenbewegung bezeichnen. 1899 fand hier die Eröffnungssitzung des Ersten Allgemeinen Bayerischen Frauentages statt. Vier Jahre bevor sich in London die Suffragetten formierten, kamen erstmals Frauen aus ganz Bayern zusammen, „um einen Aufschwung der Frauenbewegung anzubahnen". Was sowohl Schwung als auch Bewegung anging, kannten sich die weiblichen Bedienungen im Luitpold längst bestens aus. Schwungvoll bewegten sie ihren Allerwertesten, um die Gäste rasch mit Wasser und Kaffee zu versorgen. Diese „Wassermadln", obschon ganz unten in der Hierarchie der Kellnerinnen, waren lange Zeit zufrieden, zumindest mit ihrer Bezeichnung „Wassermadl". Erst als Frank Wedekind, Schriftsteller und Lieblingsgast, mit seinem „Erdgeist" berühmt wurde, wollten sie lieber „Lulu" genannt werden. Ob wiederum Wedekind das Luitpold wegen der Wassermadln oder wegen der Feministinnen „Feenpalast" genannt hat – wer weiß.

„Das Ännchen ist auch schön von hinten." Eine Hommage an die Wassermadln des Luitpold von Willibald Wolf Morgenstern. Seit 1887 eng mit Franz Wedek nd befreundet, verbringt der Zeichner, Sänger, Zauberer und Tierstimmenimitator im Frühjahr 1890 ein paar Monate in München.

Topfenknödel
mit Rhabarberkompott

Für die Knödel den Quark mit saurer Sahne, Grieß, Mehl, Zucker, Vanillemark und Ei zu einem Teig verarbeiten und etwa 1 Stunde kalt stellen. Aus dem Teig etwa 10–12 4 cm große Knödel formen.

In einem Topf ausreichend Wasser mit dem Zitronen- und Orangensaft aufkochen und die Knödel darin etwa 10 Minuten ziehen lassen. Die fertigen Knödel aus dem Wasser heben und auf Küchenkrepp ausdampfen lassen.

Für das Kompott den Rhabarber schälen, die Enden abschneiden und die Stangen in 1–2 cm große Stücke schneiden. In einem Topf Weißwein, 125 ml Wasser, Vanillezucker, Zucker und Zitronensaft mit der aufgeschlitzten Vanilleschote aufkochen. Die Rhabarberstücke hineingeben und den Topf vom Herd ziehen, wenn die Stücke zu zerfallen beginnen. Das Kompott langsam abkühlen lassen, dazu am besten in eine Glasschüssel füllen.

Für die süßen Brösel die Butter in einer Pfanne zerlassen und die Weißbrotbrösel sowie den Zucker darin goldbraun rösten. Mit Zimt und Vanillezucker aromatisieren. Die abgekühlten Knödel darin wälzen und auf Tellern anrichten. Zum Servieren die Topfenknödel mit etwas Puderzucker bestreuen und das Rhabarberkompott danebensetzen.

ZUTATEN
für 4 Personen

Für 4-6 Topfenknödel:
250 g Magerquark
60 g saure Sahne
25 g Weizengrieß
10 g Mehl
5 g brauner Zucker
ausgekratztes Mark von
1 Vanilleschote
1 Ei
Saft von je 1 Zitrone
und Orange
Puderzucker zum Bestreuen

Für das Rhabarberkompott:
500 g Rhabarber
125 ml Weißwein
(z. B. Riesling)
20 g Vanillezucker
150 g Zucker
Saft von 1 Zitrone
1 Vanilleschote

Für die süßen Brösel:
160 g Butter
100 g Weißbrotbrösel
50 g Zucker
1 Prise Zimtpulver
1 Prise Vanillezucker

LACHS
in Zucchinimantel

MIT GURKEN-PAPRIKA-SALSA

Die Zucchini waschen, putzen und längs in feine Scheiben schneiden. Im kochenden Salzwasser blanchieren und in Eiswasser abschrecken – das erhält die leuchtend grüne Farbe. Die Scheiben überlappend nebeneinander legen und mit Küchenkrepp trocken tupfen.

Die Lachsabschnitte kalt abbrausen, trocken tupfen und grob würfeln. In einem Mixer zerkleinern und das Ei sowie nach und nach die flüssige Sahne dazugeben. Mit Cayennepfeffer und Muskat abschmecken. Die Masse durch ein Haarsieb streichen und die geschlagene Sahne unterheben. Die Farce dünn auf die Zucchinischeiben streichen. Die Lachstranche kalt abbrausen, trocken tupfen, in die Mitte auf die Farce legen und in die Zucchinischeiben einschlagen.

Die Paprika halbieren, Stiel, Kerne und weiße Rippen entfernen, die Hälften waschen und vierteln. Die Paprika auf Alufolie auf dem Ofengitter im vorgeheizten Ofen bei 150 °C (Umluft) etwa 15 Minuten grillen. Die Haut abnehmen (siehe Tipp) und die Paprika klein würfeln. Dann die Lachstranchen auf das Ofengitter legen und bei 90 °C (Umluft) etwa 15 Minuten garen.

Währenddessen für die Garnitur die Gurke waschen und erst in feine Streifen, dann in feine Würfel schneiden. Die Gurken- und Paprikawürfel mischen und mit Weißweinessig, Traubenkernöl, Salz und Zucker abschmecken, den gezupften Thymian unterheben.

Den fertig gegarten Lachs aus dem Ofen nehmen und mit der Paprika-Gurken-Salsa marinieren. Zum Servieren die Schnitte in etwa in Breite der Zucchinischeiben in Stücke schneiden.

TIPP: Damit sich die Haut leichter von den gegrillten Paprika abziehen lässt, am besten ein feucht-kaltes Küchentuch 5 Minuten auf die Schoten legen, sobald sie aus dem Ofen kommen.

ZUTATEN
für 4 Personen

2 Zucchini
Salz
100 g Lachsabschnitte
1 Ei
100 g Sahne
Cayennepfeffer
Muskatnuss
2 EL geschlagene Sahne
2 Lachstranchen
(à ca. 160 g)
2 rote Paprika
1 Salatgurke
Weißweinessig
Traubenkernöl
Zucker
1 Thymianzweig

Feierabend

Ein Cocktail zur Entspannung,
ein Dinner zu zweit. Abends um acht
ist die Welt wieder in Ordnung

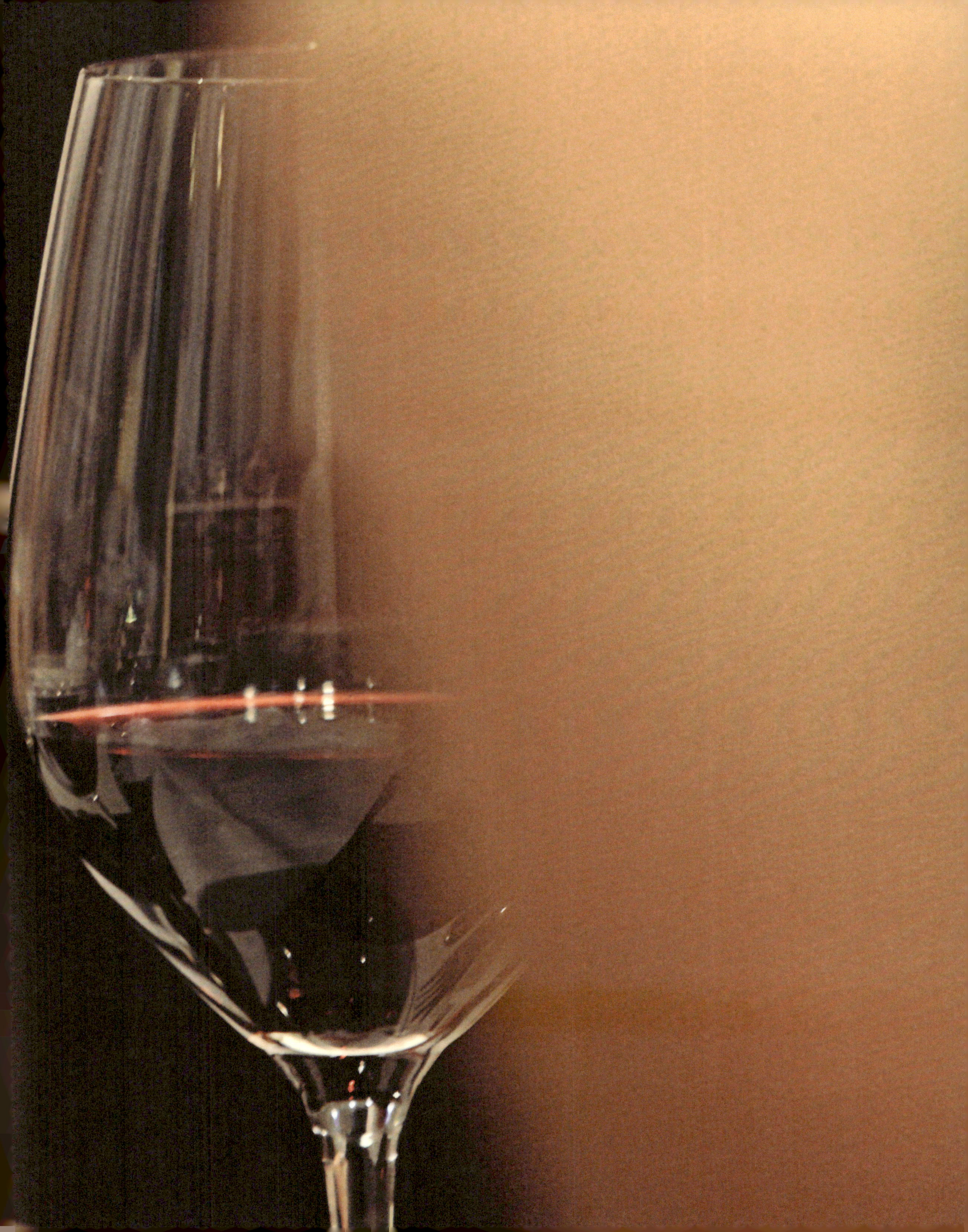

Empfehlung

Muhamed Krasniqi ist ein Urgestein des Cafe Luitpold. Schon
seit 1989 arbeitet der Kosovare hier als Ober. Warum? „Ganz einfach",
sagt er, „weil das Luitpold der schönste Ort in München ist".
Das nennt man wohl Identifikation.

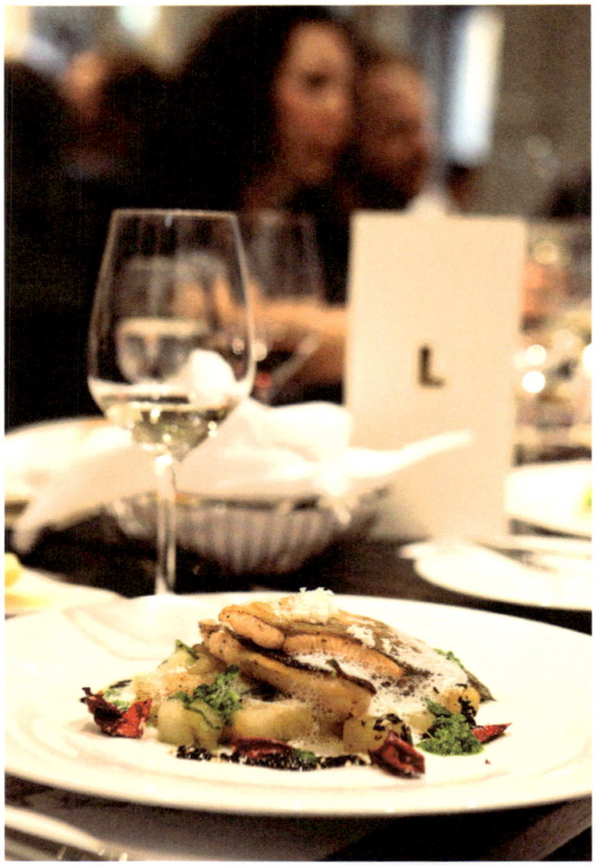
L

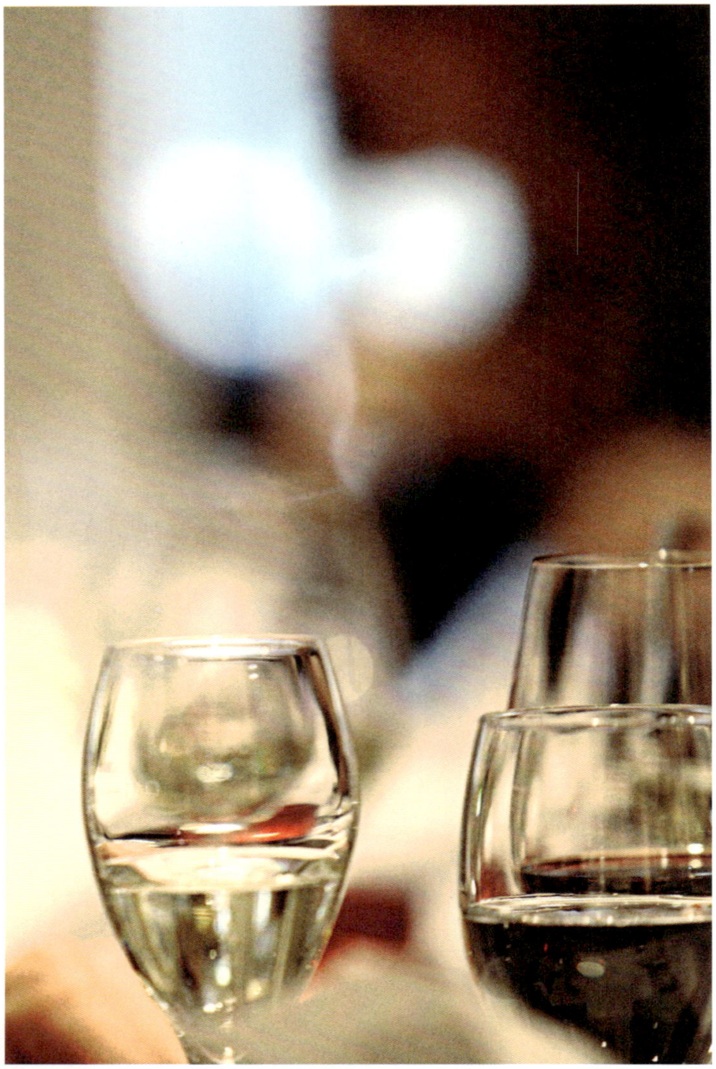

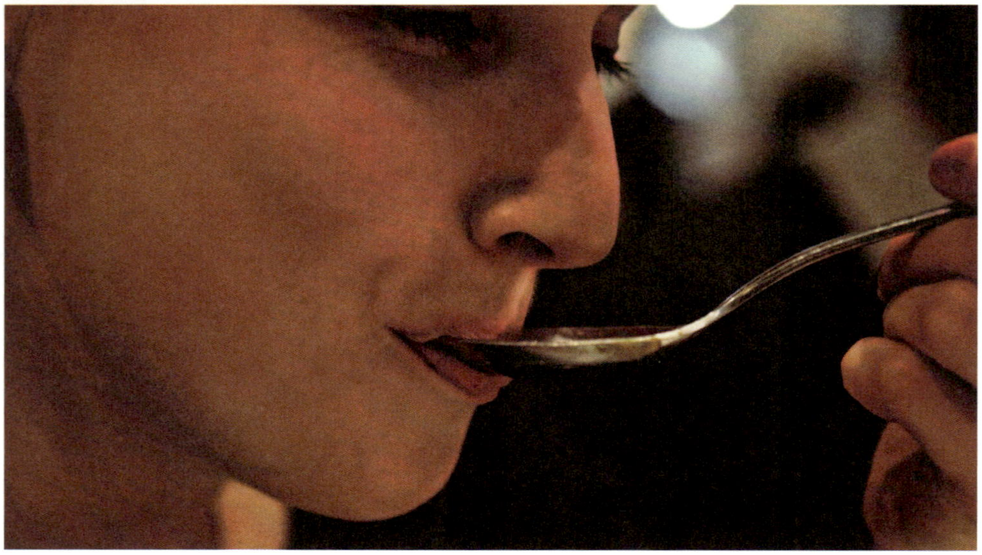

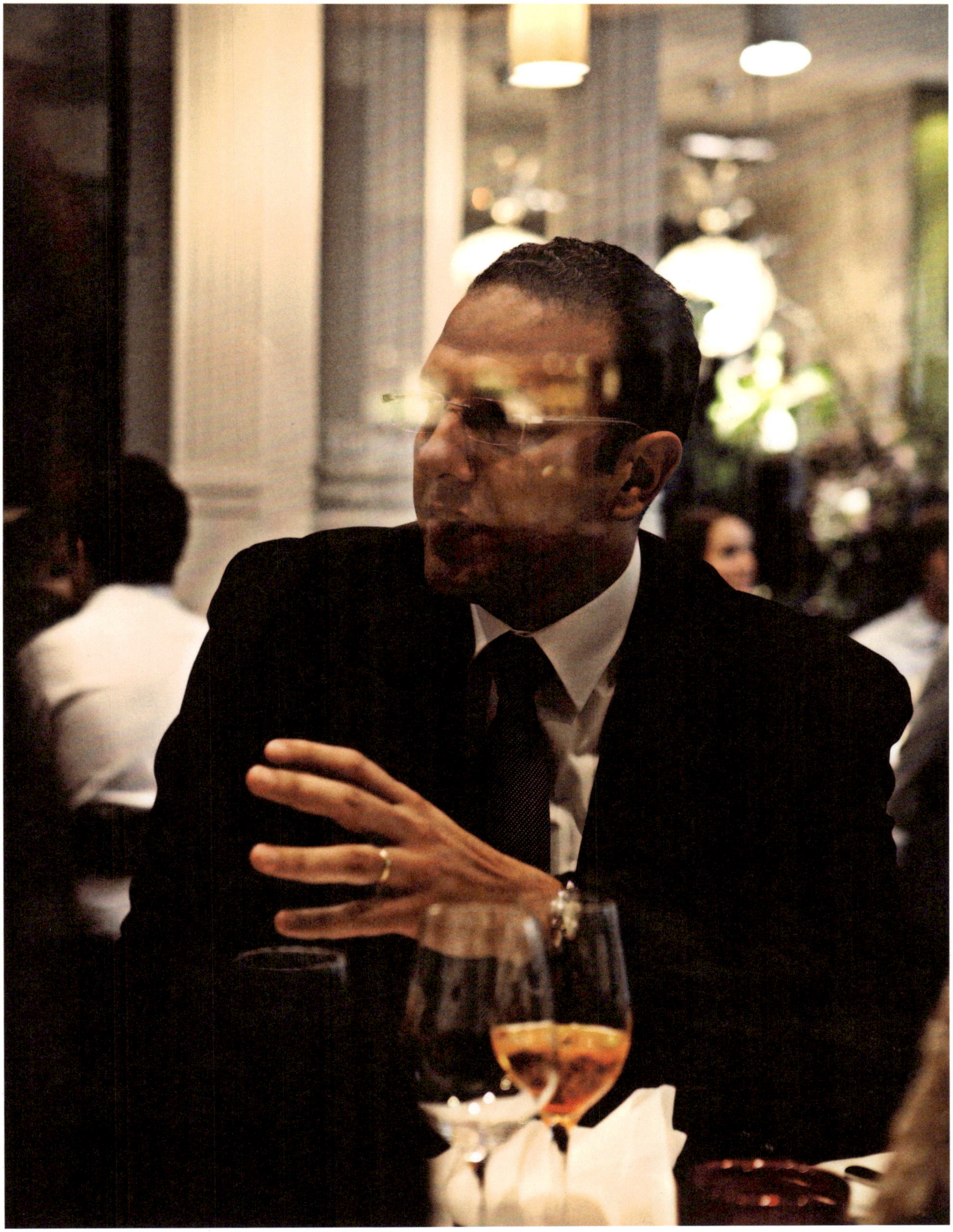

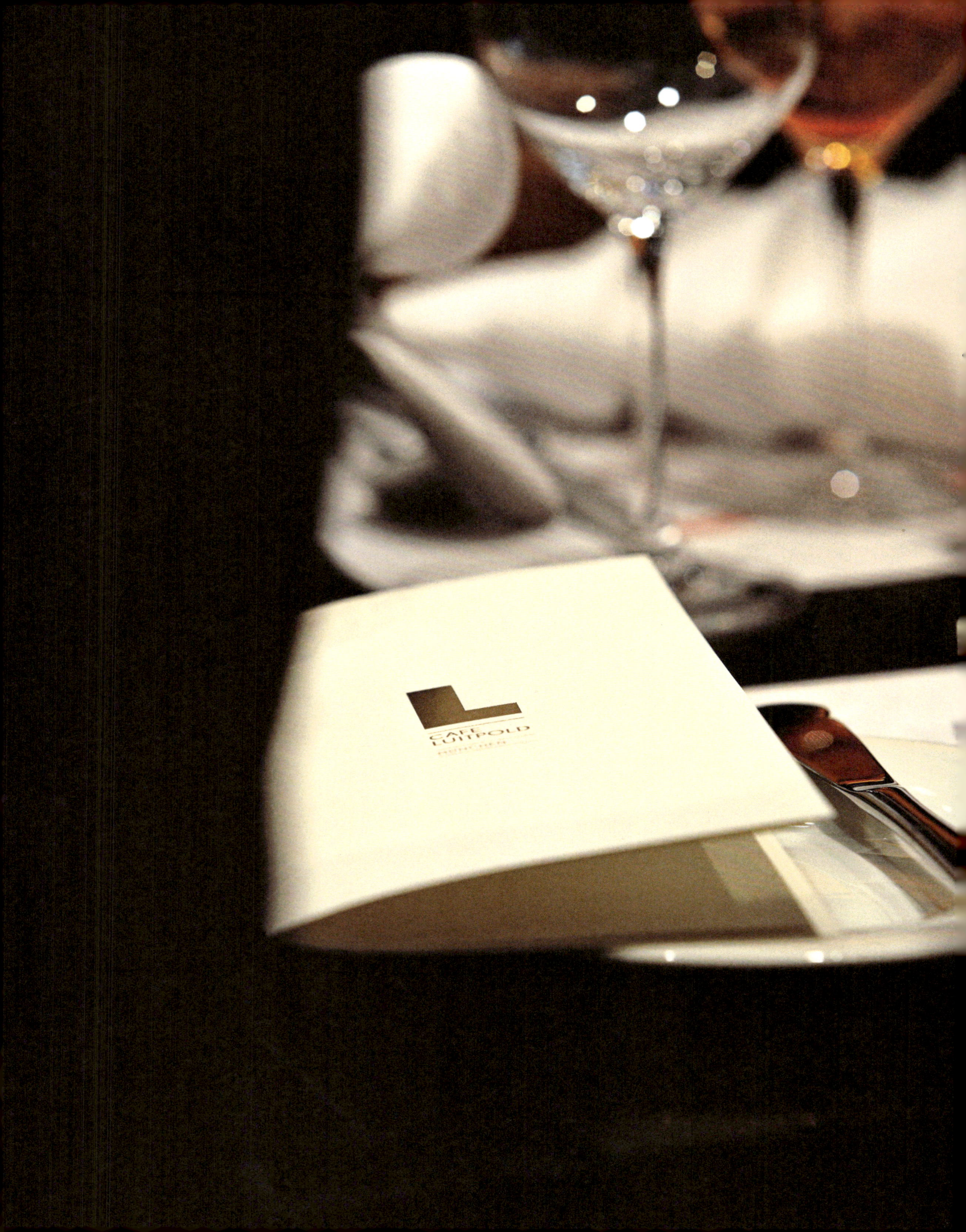
CAFE
LUITPOLD

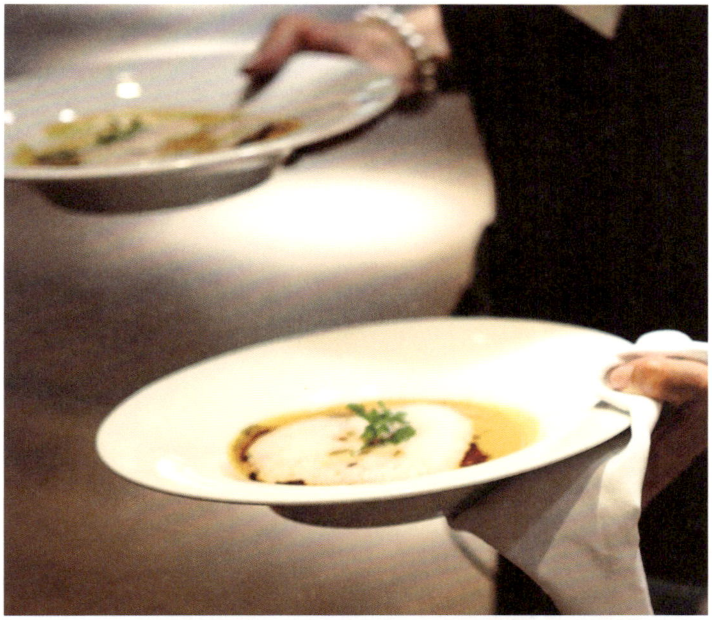

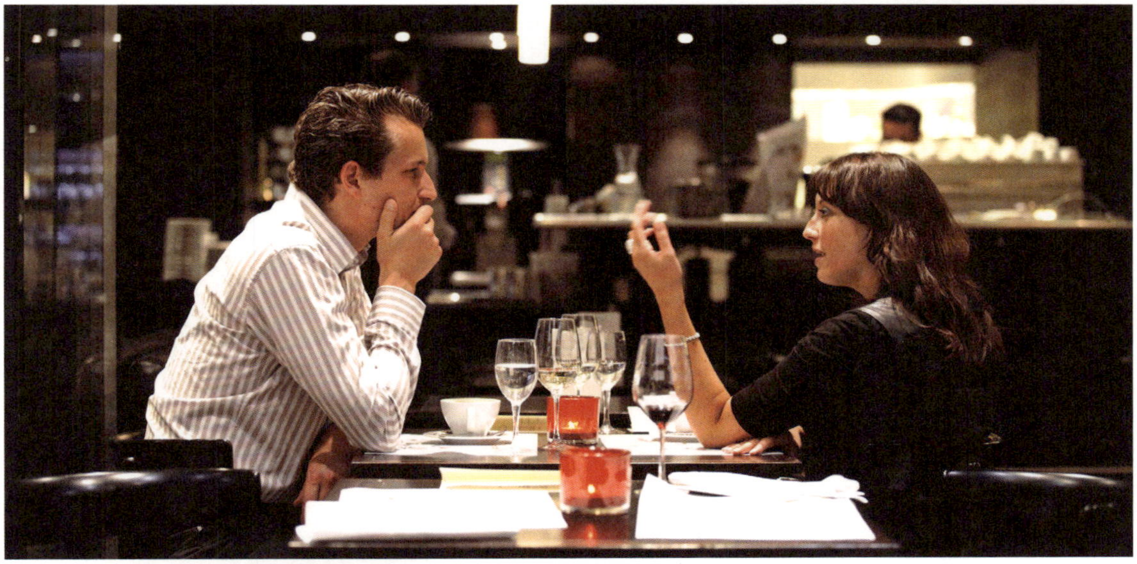

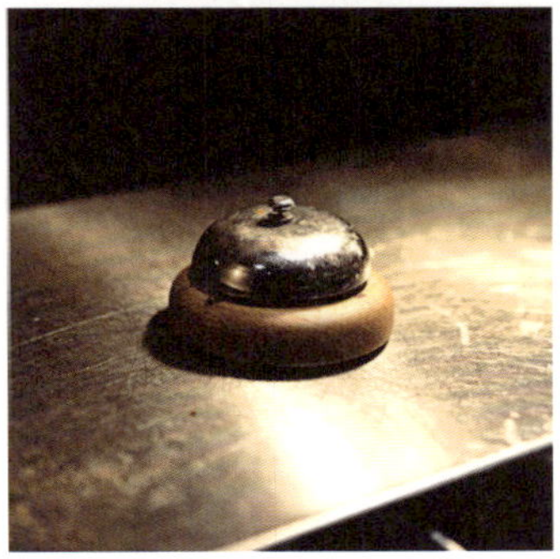

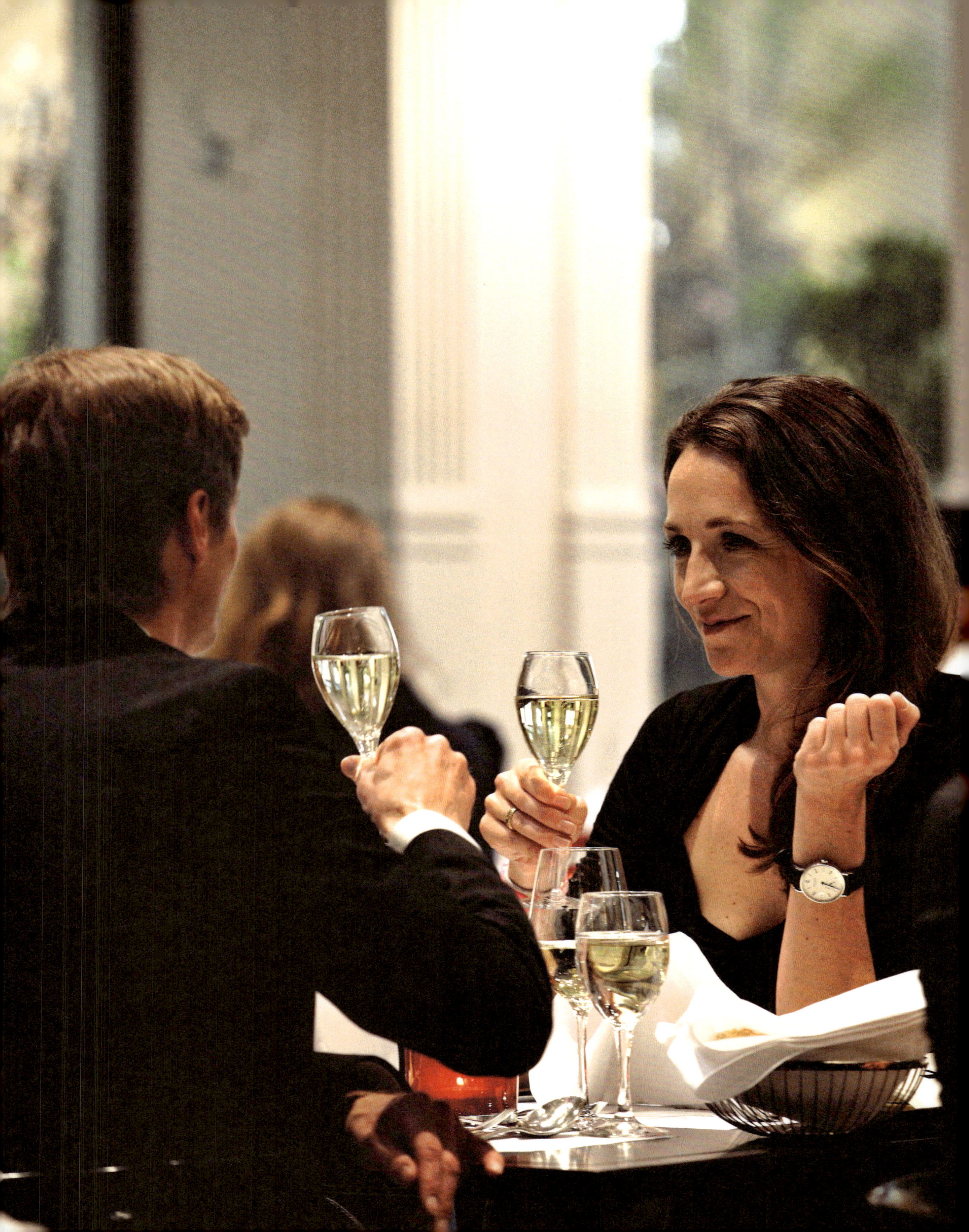

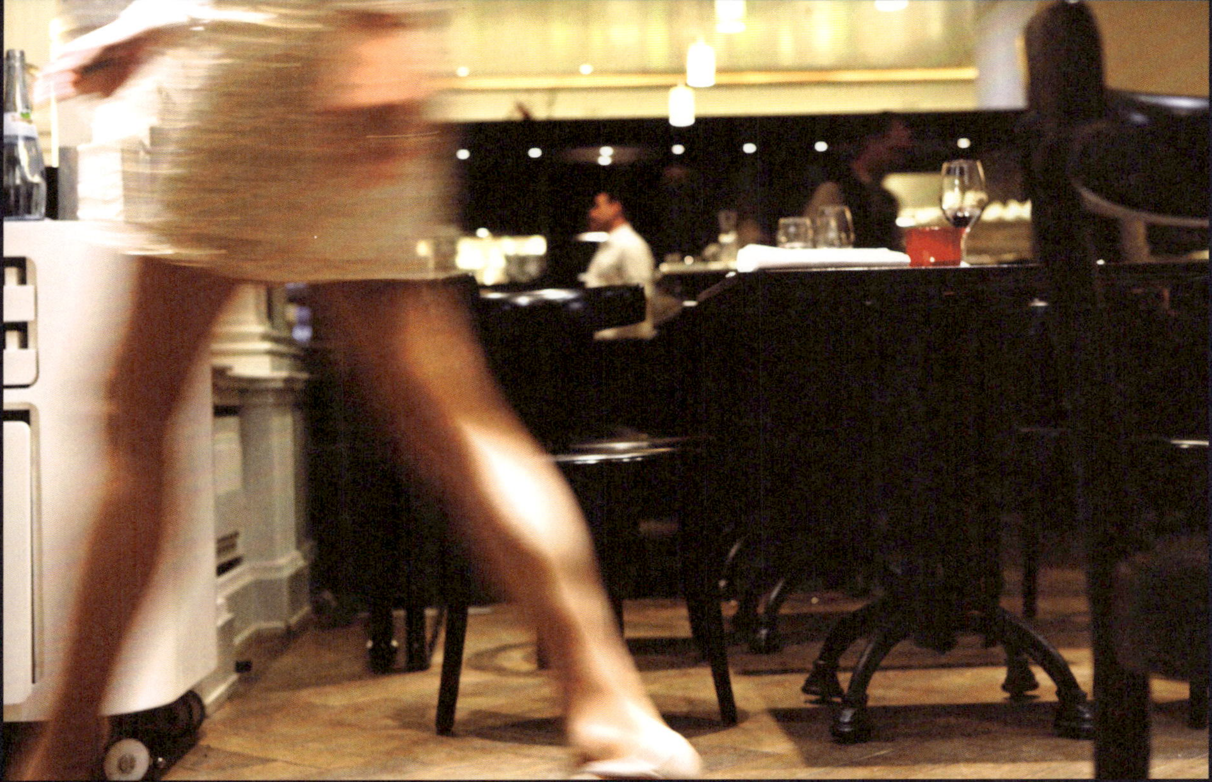

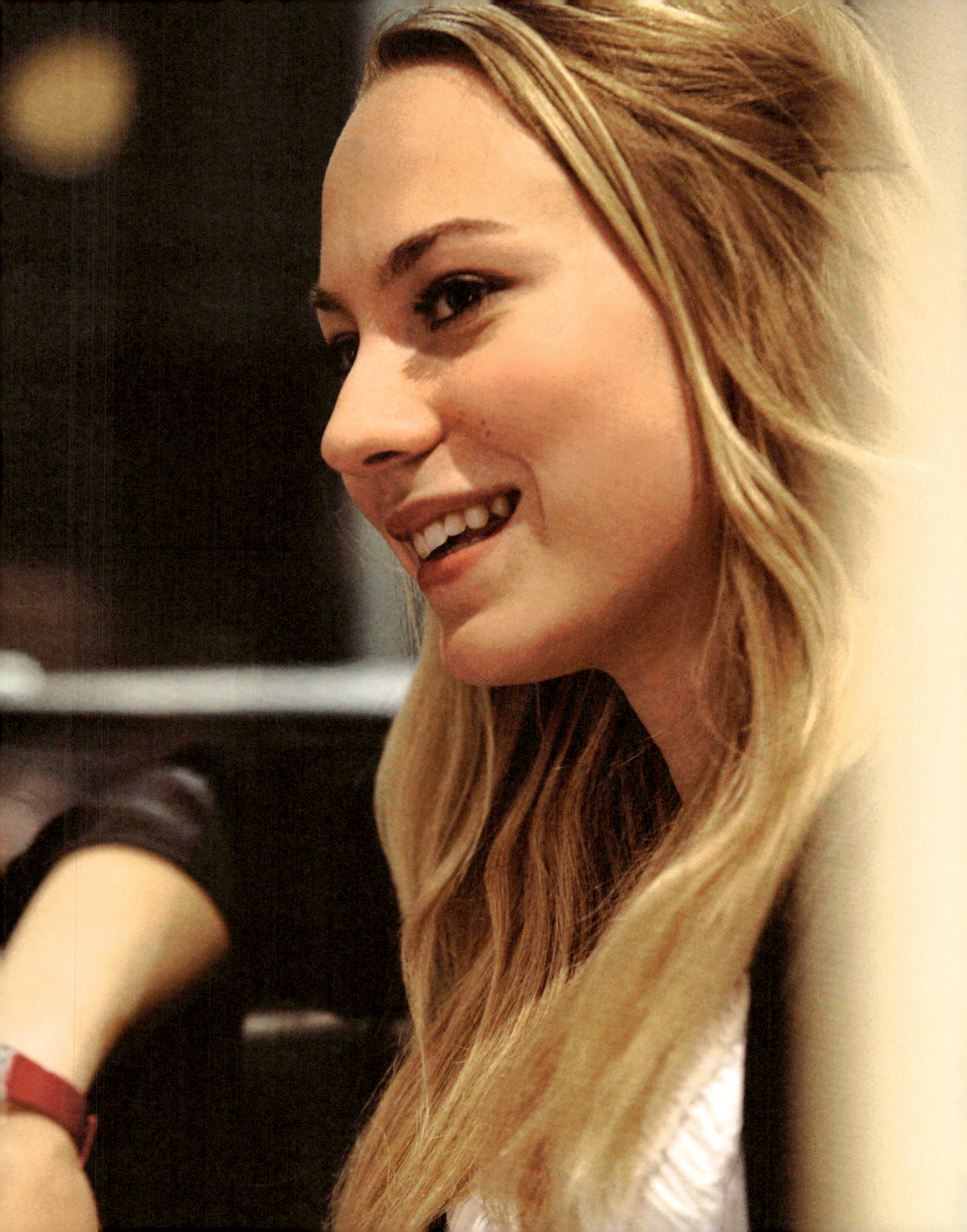

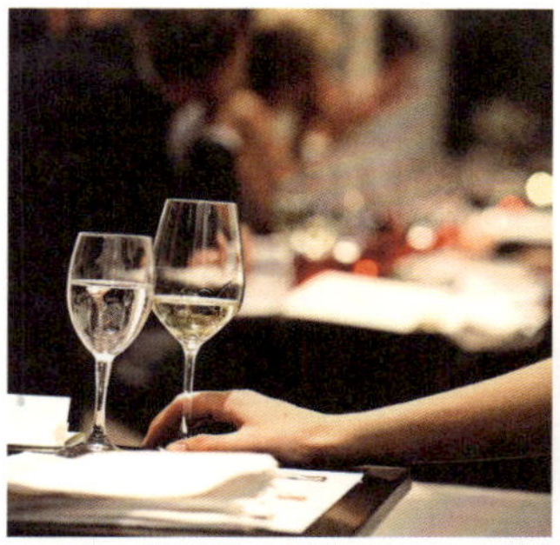
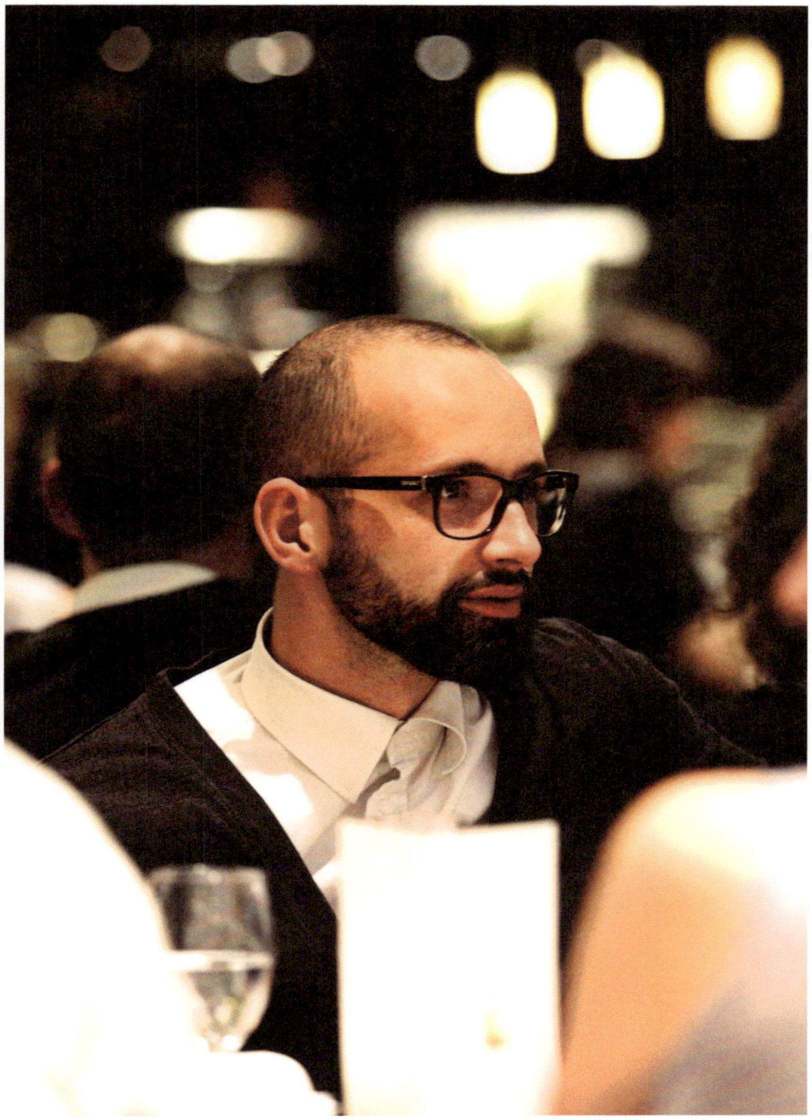
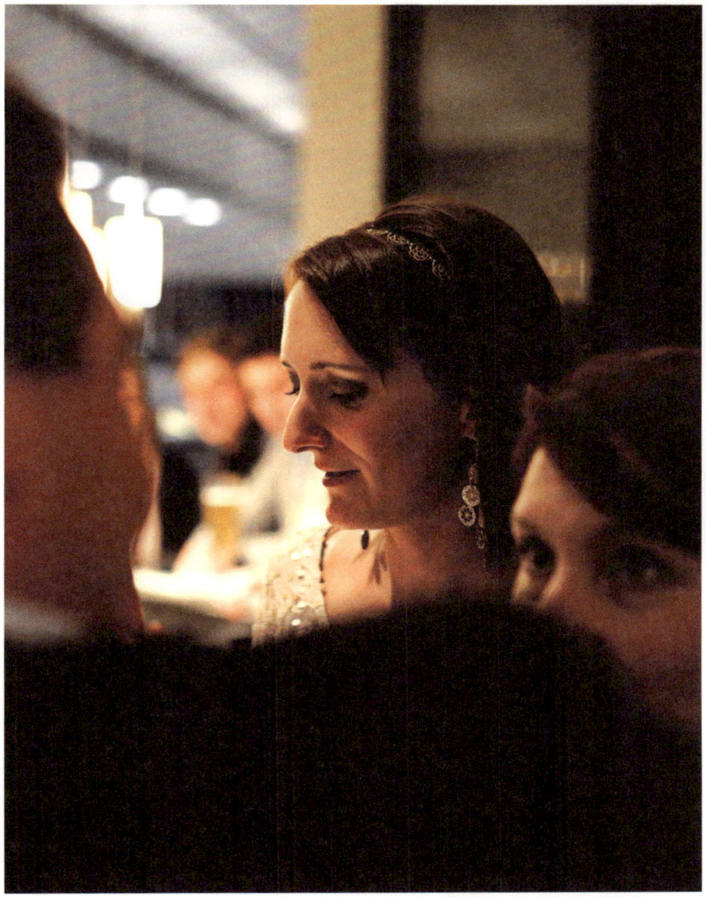
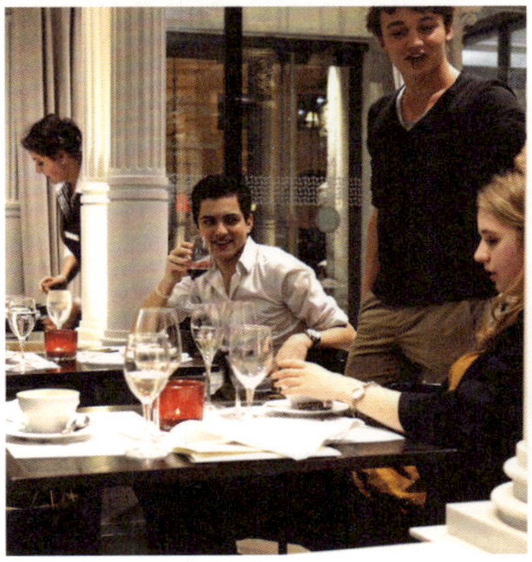
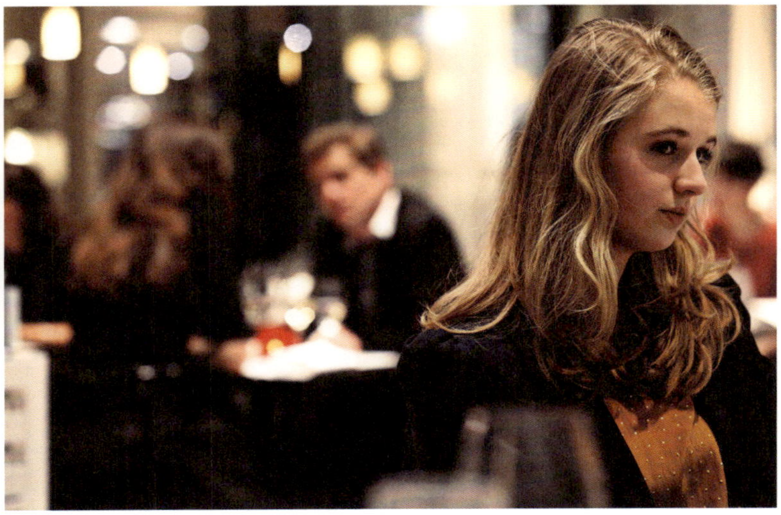

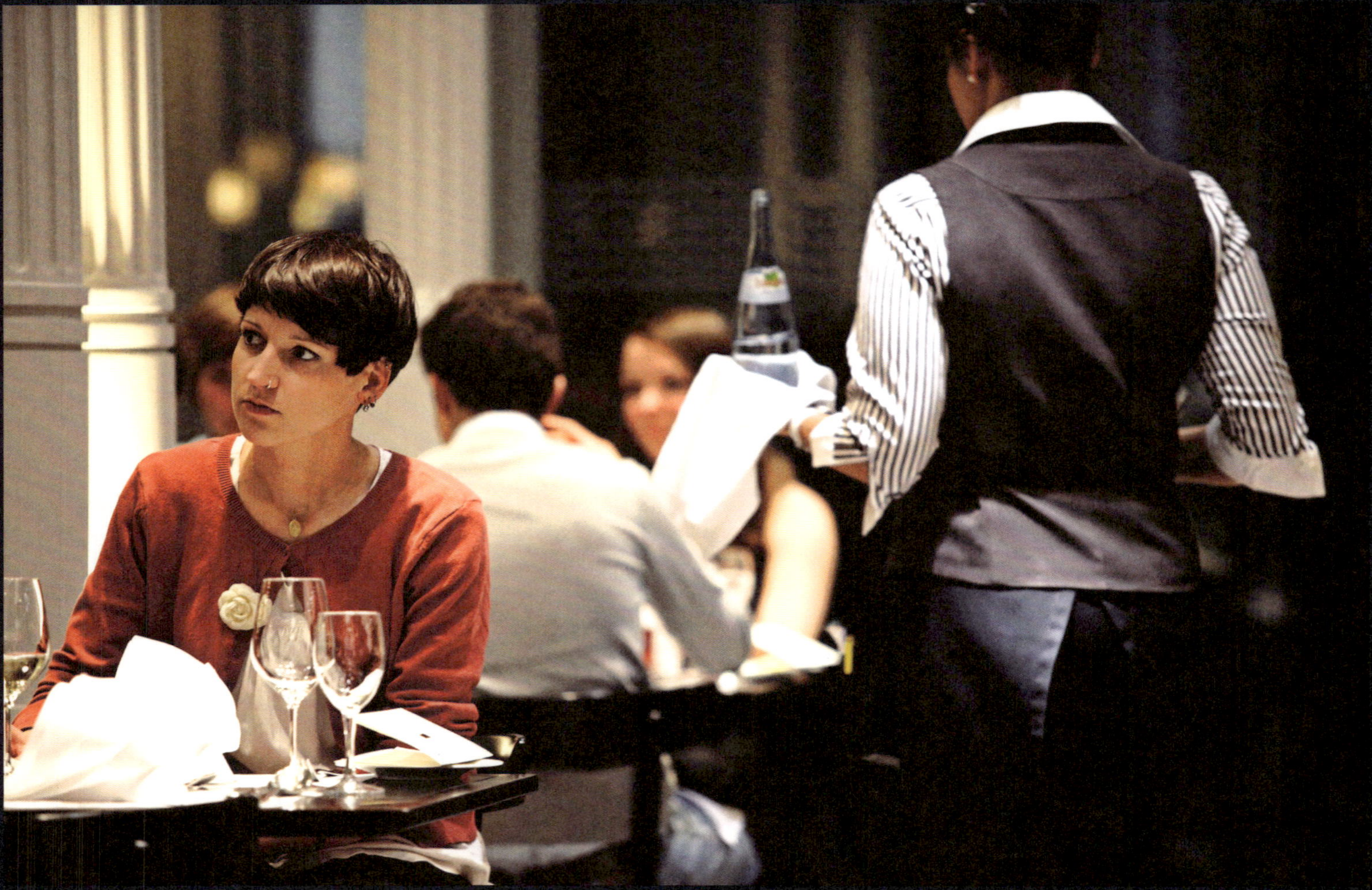

Melanie Muth ist gerne Gastgeberin. Die beste Voraussetzung, um das Restaurant im Luitpold zu leiten.

Käsestangen mit Feigenchutney

ZUTATEN
für ca. 30 Stück

Für die Käsestangen:
500 g Blätterteig (TK)
1 Eigelb
etwas Milch
Salz
Paprikapulver
90 g geriebener Emmentaler
20 g geriebener Parmesan
Mehl für die Arbeitsfläche

Für das Feigenchutney:
250 g Zwiebeln
700 g frische Feigen
100 g entsteinte Datteln
80 g Rosinen
1 TL geriebener Ingwer
600 ml heller Balsamico-Essig
250 g brauner Zucker
½ TL Salz
Cayennepfeffer

Für das Feigenchutney die Zwiebeln schälen und fein würfeln. Die Feigen und die Datteln ebenfalls würfeln und mit den Zwiebeln und den Rosinen mischen. Alles mit dem Ingwer in eine Schüssel geben. Den Essig mit dem Zucker aufkochen und über die Feigenmischung geben, über Nacht ziehen lassen.

Am nächsten Tag alles in einem Topf bei niedriger Hitze etwa 30 Minuten einkochen und mit Salz und Cayennepfeffer abschmecken. Das Chutney noch warm in kleine Gläser füllen und luftdicht verschließen, falls man es länger aufbewahren möchte.

Für die Käsestangen den Blätterteig auf einer bemehlten Arbeitsfläche zu einer Platte von 24 × 36 cm Größe ausrollen. Das Eigelb mit der Milch, etwas Salz und Paprikapulver verquirlen und die Teigplatte damit gut einstreichen. Die beiden Käsesorten mischen und die Hälfte davon aufstreuen, gut festdrücken. Den Blätterteig umdrehen, ebenfalls mit Eigelbmilch bestreichen und die zweite Hälfte der Käsemischung aufstreuen.

Den Teig mit dem Rädchen in etwa 1,5 cm breite Streifen schneiden. Die Käsestangen jeweils zwei- bis dreimal um die eigene Achse drehen und den Teig an den Enden fest zusammendrücken. Die Käsestangen auf einem mit Backpapier belegten Blech im vorgeheizten Ofen bei 220 °C (Umluft 200 °C) 10–15 Minuten goldbraun backen.

Das Chutney in kleinen Gläsern servieren, und die Käsestangen nach Belieben mit Parmaschinken umwickeln.

TIPP: Das fruchtige Feigenchutney passt auch hervorragend zu Grillfleisch oder Käse.

Lammcarrée mit Olivenkruste

Die Oliven und die getrockneten Tomaten fein hacken. 2 Knoblauchzehen schälen und ebenfalls fein hacken. Die Weißbrotbrösel in der Butter leicht rösten und mit Oliven, Tomaten und Knoblauch mischen. 6 EL Olivenöl unterrühren und alles mit Salz und Pfeffer abschmecken. 1 Rosmarinzweig fein hacken und unter die Olivenpaste mischen.

Das Lammcarrée rundherum mit Salz und Pfeffer würzen. In einem ofenfesten Bräter 4 EL Olivenöl erhitzen und das Lammcarrée darin bei mittlerer Hitze auf beiden Seiten anbraten. Je 1 Rosmarin- und Thymianzweig und 2 angedrückte Knoblauchzehen dazugeben und alles im Ofen bei 150 °C (Umluft) etwa 15 Minuten weiterbraten. Dabei immer wieder mit dem sich bildenden Bratensaft übergießen.

Inzwischen die Grenaille-Kartoffeln waschen und halbieren, die Artischocken vierteln, beides mit etwas Olivenöl beträufeln und mit Salz und Pfeffer würzen. Kartoffeln und Artischocken mit dem übrigen Rosmarinzweig auf ein Blech geben und im Ofen etwa 15 Minuten mit dem Lamm mitbraten.

Nach 15 Minuten Garzeit die Olivenpaste gleichmäßig auf dem Lammcarrée verteilen und das Fleisch im Ofen noch etwa 15 Minuten fertig braten. Das Lammcarrée vorsichtig zerteilen und mit den Kartoffeln und Artischocken anrichten, nach Belieben mit etwas Bratenfond und Kirschtomaten garnieren.

ZUTATEN
für 4 Personen

100 g schwarze Oliven (ohne Kerne)
50 g getrocknete Tomaten
4 Knoblauchzehen
100 g Weißbrotbrösel
2 EL Butter
10 EL Olivenöl + Öl zum Beträufeln
Salz, Pfeffer aus der Mühle
3 Rosmarinzweige
1,3 kg Lammcarrée (pariert)
1 Thymianzweig
800 g Grenaille-Kartoffeln (altdeutsche Kartoffelsorte)
2 Artischocken (geputzt)

Tafelspitz im Wurzelsud

Den Tafelspitz in einen Topf setzen, mit kaltem Wasser bedecken und etwa 75–80 Minuten leicht köcheln lassen, dabei den sich bildenden Eiweißschaum öfter abschöpfen. Inzwischen das Gemüse putzen bzw. waschen, schälen und in kleine Würfel oder Rauten schneiden, das Selleriegrün entfernen. Die Gemüsewürfel und die Gewürze nach 30 Minuten Garzeit zum Fleisch hinzufügen und den Tafelspitz je nach Größe noch 45–50 Minuten weiterköcheln lassen.

Den fertigen Tafelspitz und das Wurzelgemüse herausheben und die Brühe mit 2 TL Salz und Pfeffer abschmecken. Das Fleisch in Scheiben schneiden und auf Tellern mit dem Wurzelgemüse anrichten. Mit frisch geriebenem Meerrettich bestreuen. Als Beilage empfehlen wir Schnittlauchkartoffeln zum Tafelspitz.

ZUTATEN
für 4 Personen

600 g Rindertafelspitz oder Ochsenbrust (küchenfertig)
1 Zwiebel
3 Karotten
¼ Stange Lauch
½ Knolle Sellerie (mit Grün)
½ Stange Staudensellerie
5 Korianderkörner
3 Lorbeerblätter
3 Wacholderbeeren
5 weiße Pfefferkörner
Salz; Pfeffer aus der Mühle
frisch geriebener Meerrettich

RAGOUT FIN

Die Zwiebel schälen und das Lorbeerblatt mit den Nelken darauf feststecken. In einem Topf 2 l Wasser mit der gespickten Zwiebel, den Wacholderbeeren, den Pfefferkörnern und ½ TL Salz aufkochen. Das Kalbfleisch einlegen und darin etwa 30 Minuten köcheln, bis es auf den Punkt genau gegart ist. Dann aus dem Sud nehmen und auf einem Teller zum Abkühlen beiseitestellen, den Sud aufheben. Das abgekühlte Fleisch in 5–8 mm große Würfel schneiden.

In einem Topf etwas Butter zerlassen und das Mehl darin anschwitzen. Mit Sahne, Weißwein und ½ l Kochsud zu einer homogenen Sauce aufgießen, aufkochen und die Weißweinsauce mit Zitronensaft, Salz, Pfeffer und Zucker abschmecken.

Die Waldpilze säubern und trocken abreiben, evtl. zerkleinern, die Schalotten schälen und in feine Würfel schneiden und beides in einer Pfanne in etwas Butter goldbraun anbraten.

Die Blätterteigpastetchen im Ofen bei 120 °C (Umluft 100 °C) erwärmen. Kurz vor dem Anrichten die Kalbfleischwürfel in die Weißweinsauce geben und darin aufkochen. Den Topf vom Herd ziehen und die geschlagene Sahne unterheben. Das Ragout in die Pastetchen füllen und die Waldpilze darübergeben.

ZUTATEN
für 4 Personen

1 Zwiebel
1 Lorbeerblatt
3 Gewürznelken
2 Wacholderbeeren
½ TL ganze Pfefferkörner
Salz
500 g Kalbfleisch (aus der Schulter)
ca. 50 g Butter
50 g Mehl
200 g Sahne
5 EL Weißwein
Saft von 1 Zitrone
Pfeffer aus der Mühle
Zucker
200 g gemischte Waldpilze
2 Schalotten
4 kleine Blätterteigpasteten (beim Bäcker oder Cafe Luitpold vorbestellen)
etwas geschlagene Sahne

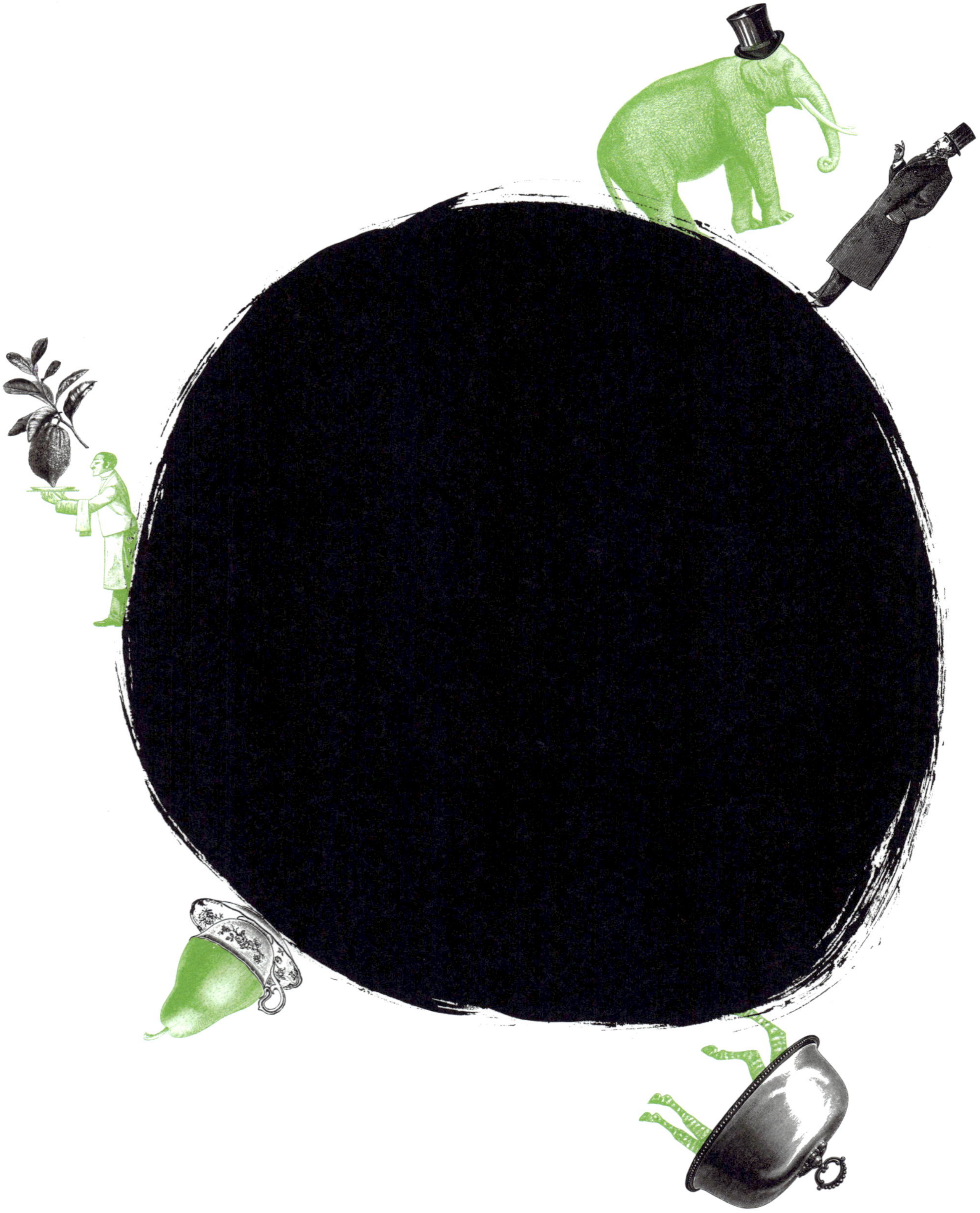

Das GEPFLEGTE GESPRÄCH

*Luitpoldblock, dritter Stock:
Im literarischen Salon des Ehepaars Bernstein
trifft sich das Großbürgertum zum
kulturellen Austausch. Und Thomas Mann
wird mit Katia Pringsheim verkuppelt.*

Roter Plüsch? Moderduft? Zigarettenrauch? Da mag sich die Bohème wohlfühlen, nicht aber die Haute-Volée, die in den großbürgerlichen Salons zu Hause ist. „Das eigentlich intime Künstlermünchen lernt man bei den so genannten Tees kennen", schreibt Rainer Maria Rilke 1897 in einem Brief. Zum Beispiel „am Sonntagsempfang der Frau Bernstein-Rosmer", den er gerne frequentiert. Im literarischen Salon der Bernsteins paffen die Herren zwar auch Havannas. Ansonsten geht es gediegen zu. Persönlichkeiten aus Literatur, Kunst und Wissenschaft treffen sich hier zu Tee, Wein und „unvergeßlichen, lecker bereiteten, zierlich belegten, geradezu künstlerischen Brötchen" und „Zitronencreme mit Apfelsinenscheiben und Schlagsahne", erinnert sich der Schriftsteller Ernst Penzoldt, ebenfalls regelmäßiger Gast im Salon. Und der Germanist und Volkskundler Friedrich von der Leyen beschreibt das Treiben in der Wohnung der Bernsteins in der Briennerstraße 8a (die heutige Nummer 11) so: „In einem runden Zimmer mit hellgrün tapezierten Wänden erwartete die Hausfrau, ganz blond, meist in ein fließendes Gewand gekleidet, ihre Gäste. Hier habe ich Felix Weingartner und Hugo von Hofmannsthal leidenschaftlich über neue Musik sprechen hören, hier erschienen Ludwig Thoma und Ludwig Ganghofer, Thomas Mann. Auch Franz Stuck und August von Kaulbach mit ihren schönen Frauen."

In München kommen solche Kulturtreffs erst um 1850 in Mode. Die Salonnière Franziska Dönniges hatte aus Berlin ihren montäglichen *jour fixe* mit in die Amalienstraße gebracht, wo sie das Darbieten von Tee um bajuwarisches Bier aufpeppt. Dönniges wird zum Vorbild für die Heyses, die Liebigs oder Kaulbachs, die bald zum gebildeten Parlie-

ES GIBT
ZITRONEN-
CREME MIT
APFELSINEN-
SCHEIBEN
UND SCHLAG-
SAHNE.

WENN DIE JUGEND DARUM BAT, SETZTE SICH HERMANN LEVI ANS KLAVIER UND SPIELTE WALZER.

Orange Pekoe

Ja, es gibt sie, die Teetrinker im Kaffeehaus. Und zwar mit gutem Grund: Londoner Wissenschaftler haben darauf hingewiesen, dass Teetrinker den Alltag entspannter meistern und seltener eine Thrombose bekommen als Menschen mit anderen Trinkgewohnheiten. Es ist wahr, ein Teetrinker muss entspannt sein, genau genommen muss er schon als sehr geduldiger Mensch auf die Welt gekommen sein. Schließlich darf er nicht mit den Hufen scharren, wenn der Tee vor ihm auf dem Tisch steht und erst minutenlang ziehen muss, bevor man zum Schlucken ansetzen kann. Ein echter Schwarzteetrinker verabscheut selbstverständlich Beuteltee. Er wählt Orange Pekoe, was – das muss für die Banausen unter uns gesagt sein – keine Teesorte ist, sondern besagt, dass ganze Teeblätter verwendet werden. Als besonders edel gilt der FTGFOP – Finest Tippy Golden Flowery Orange Pekoe, in Handarbeit auf den besten Plantagen gepflückt. Vorwitzige Teekenner übersetzen FTGFOP mit „Far Too Good For Ordinary People" – „Viel zu gut für gewöhnliche Menschen".

ren laden wie einst Rahel Varnhagen oder Bettina von Arnim zu Beginn des 19. Jahrhunderts in ihren berühmten Berliner Salons. Hier werden Theaterstücke aufgeführt, Lesungen und Konzerte veranstaltet, und es wird Kulturpolitik gemacht.

Seit den 1890er-Jahren führt das Ehepaar Bernstein seinen literarischen Salon. Sie, Tochter des Musikschriftstellers, Dirigenten und Wagner-Apologeten Heinrich Porges, ist um 1900 selbst eine viel gespielte Bühnenautorin: Unter dem Pseudonym Ernst Rosmer verfasst sie zwischen 1891 und 1910 mehr als ein Dutzend Bühnenstücke, außerdem Novellen und Gedichte. Ihr Gatte, Dr. Max Bernstein, ist ein bekannter Rechtsanwalt und Literaturkritiker, der seine Arbeit in den Dienst des politischen Fortschritts stellt. Er ist ein Linksliberaler, der das Sozialistengesetz bekämpft und sich für die Weimarer Republik, für Demokratie, den Rechtsstaat und soziale Gerechtigkeit einsetzt – Kaiser Wilhelm II. hat ihn deshalb einmal als „gemeingefährlich" bezeichnet. Der Jurist schreibt die wohl frühste, durchweg zustimmende Rezension von Ibsens skandalöser „Nora", skandalös deshalb, weil sie am Ende des Dramas Mann und Kind verlässt.

Die Bernsteins laden nicht nur sonntags zum Tee, auch ihre Soiréen sind beliebt. Und die Gästeliste ist illuster: Die Schriftsteller Theodor Fontane, Henrik Ibsen, Paul Heyse, Gerhart Hauptmann, Frank Wedekind, Max Halbe, Otto Erich Hartleben, Ricarda Huch, Eduard von Keyserling, Joseph Ruederer, Erich Mühsam, Georg Queri, Klabund, Franziska zu Reventlow, Annette Kolb und Wilhelm Diess sind dabei. Gern gesehen sind auch die Musiker Richard Strauss, Engelbert von Humperdinck, Bruno Walter, Hans Knappertsbusch, Siegmund von Hausegger.

Der Soziologe Max Weber wettert gegen Oswald Spenglers Untergangsstimmung. Und auch Olaf Gulbransson wechselt immer wieder gerne vom Café Luitpold unten hinauf ins Appartement der Bernsteins, in den dritten Stock des Luitpoldblocks. „Wenn die Jugend darum bat, setzte sich Hermann Levi ans Klavier und spielte Walzer vor", erinnert sich Friedrich von der Leyen, oder – das weiß man von Thomas Mann – Hans Pfitzner interpretiert Beethoven und Schumann.

THOMAS MANN (1875-1955) ist bekanntlich ein Säulenheiliger der deutschen Literaturgeschichte. Weniger bekannt ist, dass er seine Frau Katia Pringsheim im Luitpoldblock kennenlernte. Dort führte das Ehepaar Bernstein einen literarischen Salon und sorgte dafür, dass zusammenkam, was zusammengehörte.

Für Thomas Mann spielt der Salon Bernstein eine ganz besondere Rolle. Hier kommt er nämlich seiner späteren Frau Katia näher, Studentin der Mathematik und Tochter der wohlhabenden Pringsheims, die gleich ums Eck einen eigenen Salon führen. Die beiden kennen sich vom Sehen, von Konzerten und aus der Trambahn. Den gesellschaftlichen Kontakt aber stellt Elsa Bernstein her. Katia Mann schildert das später in ihren „ungeschriebenen Memoiren" so:

„Thomas Mann wandte sich ... um Vermittlung an Frau Bernstein: Sie sind doch mit Pringsheims gut bekannt. Könnten Sie mich nicht zusammen mit Katia Pringsheim einladen, dass ich sie endlich einmal kennenlerne? Frau Bernstein sagte: Nichts einfacher als das! Ich lade Sie zusammen zum Abendessen ein ... Frau Bernstein, die unsere Bekanntschaft eifrig begünstigte – ich will nicht den stärkeren Ausdruck gebrauchen – lud uns fleißig wieder zusammen ein, und von da ab kannten wir uns gut, und die Sache gedieh soweit." Am 11. Februar 1905 wird Hochzeit gefeiert.

Auch nach dem Tod des zwölf Jahre älteren Ehemanns – Max stirbt 1925 im Alter von siebzig Jahren an den Folgen einer Blinddarmoperation – führt Elsa Bernstein den Salon weiter, obwohl ihre finanzielle Situation schwierig ist. Der erfolgreiche Anwalt hatte durch Krieg und Inflation sein Vermögen verloren und Schulden hinterlassen. Dennoch: Die Witwe unterstützt besonders junge, noch unbekannte Autoren. Ernst Penzoldt, der 1927 im Salon Bernstein liest, schreibt: „Wenige Tage vor der verabredeten Lesung ließ

Liebesperlen

Es gibt kaum etwas, das harmloser daherkommt als die Liebesperle. Man stellt sich zwei unschuldige Erstklässler vor, die sich gegenseitig mit Liebesperlen beschenken, weil sie sich so doll mögen. Und mit Glasmurmeln. Niemand würde an schummrige Gespräche und karierte Blicke bei Kerzenschein denken. Dabei ist es viel schlimmer. Liebesperlen kommen nämlich erst zum Einsatz, wenn alles unter Dach und Fach ist. Dann findet man sie silberglänzend auf Hochzeitstorten. In diesem Zusammenhang steht auch die handelsübliche Verpackung in Babyfläschchen plötzlich in ganz anderem Licht da. Unschuldig jedenfalls nicht.

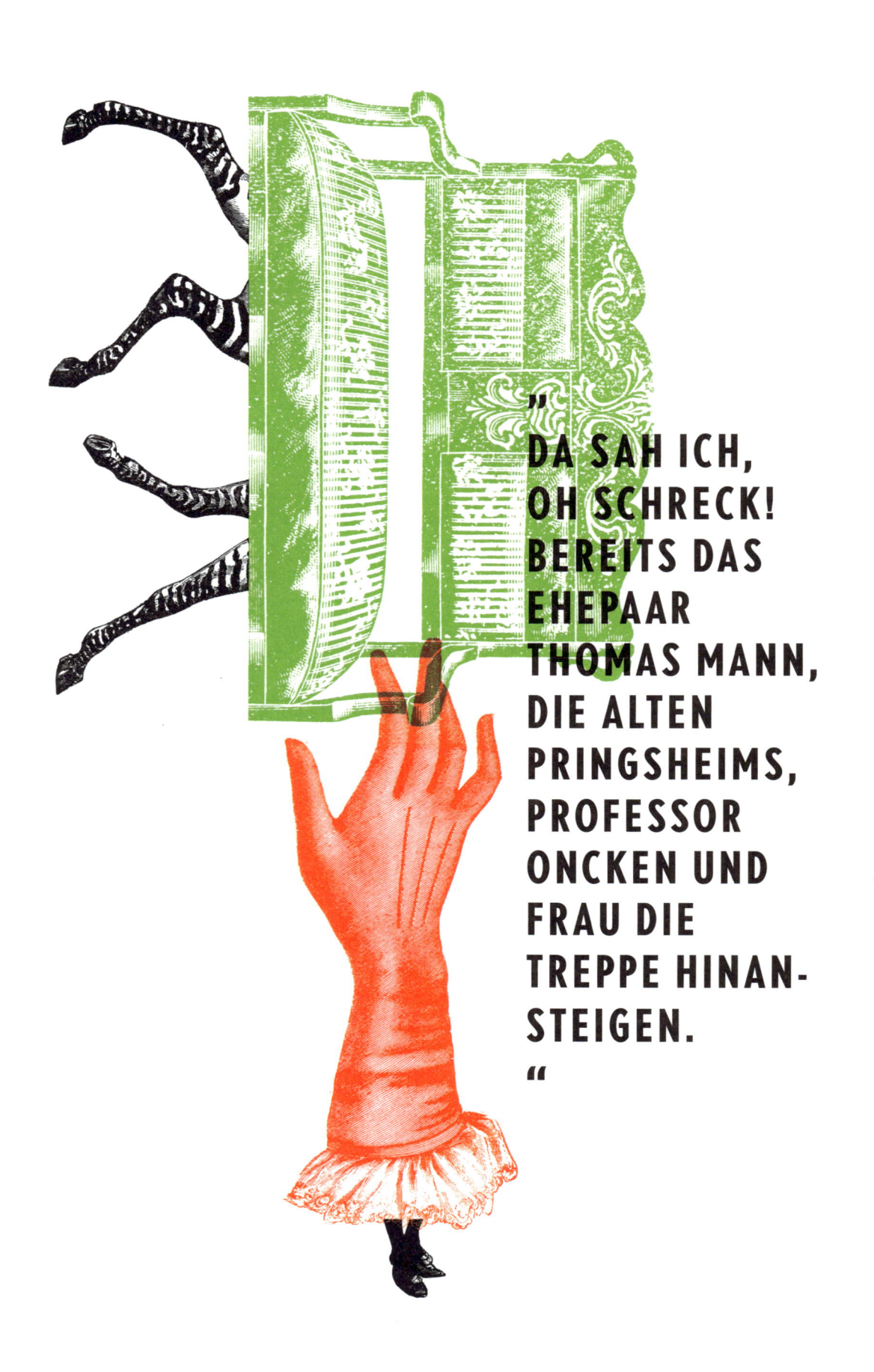

„DA SAH ICH, OH SCHRECK! BEREITS DAS EHEPAAR THOMAS MANN, DIE ALTEN PRINGSHEIMS, PROFESSOR ONCKEN UND FRAU DIE TREPPE HINAN-STEIGEN."

sie mich fragen, ob es mir unangenehm wäre, wenn ein paar Leute mehr kämen als geplant, und am Vormittag meines Debuts rief sie noch mal an, sie müsse mir sagen, es kämen sehr, sehr viele Leute. Als ich das Haus an der Briennerstraße mit seinem für den maximilianischen Baustil charakteristischen Rundtreppenhaus betrat, sah ich – oh Schreck! – bereits das Ehepaar Thomas Mann, die alten Pringsheims, Professor Oncken und Frau die Treppe hinansteigen. Nötzel, Ponten, Klabund und viele andere folgten. Sie kamen ihretwegen. Unter einem großen Busch Goldregen also las ich aus meinem damals noch ungedruckten Buch ‚Der arme Chatterton' vor einem Parkett von Königen."

Unter der Naziherrschaft lässt sich ein jüdischer Salon nicht halten, zumal viele der einstigen Gäste das Land verlassen. Thomas Mann, der 1929 den Nobelpreis bekommt, kehrt Deutschland bereits 1933 den Rücken, er geht mit seiner Familie nach Südfrankreich. Auch Elsas Sohn Heinrich emigriert in die USA. Elsa und ihre Schwester Gabriele werden 1939 aus dem Domizil in der Brienner Straße ausquartiert. Sie müssen in kleinere Wohnungen umziehen, zuerst in die Barer, dann in die Schellingstraße. Anfang Juni 1942 werden die beiden deportiert. Zunächst kommen sie – für nur einen Tag – ins Konzentrationslager Dachau, dann nach Theresienstadt. Dort stirbt Gabriele bereits nach wenigen Wochen. Elsa wird 1945 von den Amerikanern aus dem KZ befreit und zieht zu ihrer Tochter nach Hamburg. Dort stirbt sie am 6. August 1949 im Alter von 82 Jahren. Ihre Urne ist auf dem Münchner Ostfriedhof beigesetzt.

Wraps mit Caesar Salad

Die Garnelen kalt abbrausen und trocken tupfen. Das Olivenöl in einer Pfanne erhitzen und die Riesengarnelen darin 3–4 Minuten anbraten, mit Salz und Pfeffer würzen. Die Tortilla-Wraps im vorgeheizten Ofen bei 200 °C (Umluft 180 °C) erwärmen.

Für das Dressing alle Zutaten miteinander mischen und gut verrühren. Den Salat waschen, putzen, trocken schleudern und in Streifen schneiden. Die Riesengarnelen mit dem Salat und dem Dressing vermengen und dünn auf den Wraps verteilen, dabei einen 1–2 cm breiten Rand lassen. An zwei gegenüberliegenden Seiten den Rand ca. 2 cm breit zur Mitte hin einschlagen, die Wraps von unten aufrollen und schräg durchschneiden.

ZUTATEN
für 4 Personen

200 g Riesengarnelen (geschält)
1 EL Olivenöl
Salz, Pfeffer aus der Mühle
6 Weizen-Tortillas (küchenfertig)
2 Baby-Römersalate

Für das Dressing:
3 EL geriebener Parmesan
1 EL Olivenöl
1 EL Zitronensaft
1 Knoblauchzehe (fein zerdrückt)
½ TL Worcestershire-sauce
etwas Salz, Pfeffer aus der Mühle

Serviette

In Bayern muss das Sklaventum nach wie vor stark verbreitet sein. Wie anders ließe es sich erklären, dass der eine Bayer sich dem anderen schon bei der Begrüßung gründlich unterwirft, mit einem fröhlichen „Servus!". Genau genommen müsste die bayerische Dame, um sich grammatikalisch korrekt zu verhalten, dann jedes Mal höflich entgegnen: „Serviette!", was sie natürlich nicht tut, weil jeder sie anschauen würde, als wäre sie nicht ganz richtig im Kopf. Denn Servietten haben in bayerischen Begrüßungsritualen nichts verloren. Sie gehören vielmehr auf jede gepflegte Kaffeetafel – und das bundesweit. „Die kleine Dienerin" wurde das Tellertuch getauft, weil die Bediensteten in früheren Zeiten die Teller der Gäste damit abwischten. Später wurde die Serviette zum Mundtuch, weil die Tischgäste, diesmal selber, nach dem Essen ihre schmutzigen Münder damit abtupften. Vorher haben sie ihre Kleiderärmel hergenommen. Welche Verbesserung!

Parmesan Schaum Süppchen

Die Zwiebel schälen und in feine Würfel schneiden. In einem Topf 50 g Butter zerlassen und die Zwiebeln darin glasig anschwitzen. Mit Mehl bestäuben und mit der Brühe auffüllen, die Sahne dazugeben und alles aufkochen. Die geschälte Knoblauchzehe und den Rosmarinzweig dazugeben und die Suppe bei niedriger Hitze etwa 10 Minuten ziehen lassen. Anschließend den Rosmarinzweig wieder herausnehmen.

Den Weißwein und den Parmesan dazugeben und die Suppe bei niedriger Hitze noch etwa 10 Minuten ziehen lassen. Die restliche Butter dazugeben, alles mit Salz, Pfeffer und Zitronensaft würzen und mit einem Mixstab zu einer feinen, cremigen Suppe pürieren.

Das Parmesanschaumsüppchen nach Belieben mit einem Sahnehäubchen und etwas geriebenem Parmesan garnieren.

ZUTATEN
für 6–8 Personen

1 Zwiebel (ca. 50 g)
150 g Butter
50 g Mehl
700 ml Brühe
250 g Sahne
1 Knoblauchzehe
1 Rosmarinzweig
¼ l Weißwein
300 g geriebener Parmesan
Salz, Pfeffer aus der Mühle
1 Spritzer Zitronensaft

AVANT GARDISTEN ALLER LÄNDER

Faschingsfeste ohne Künstler sind fad, Isadora Duncan tanzt barfuß, und die Blauen Reiter finden ein neues Zuhause, bei Hans Goltz im Luitpoldblock.

Um 1900 ist München, das nunmehr 500 000 Einwohner hat, die führende Kunststadt in Deutschland. Zur Königlichen Akademie, die bereits 1808 ihre Arbeit aufgenommen hat, kommen viele private Malschulen hinzu, seit 1884 gibt es die Damenakademie des Künstlerinnen-Vereins. Doch die vielen Kreativen sind nicht nur Teil der städtischen Kultur, die Höhepunkte des gesellschaftlichen Lebens sind ohne sie undenkbar. Und zu den Höhepunkten zählt der Fasching: „Man fuhr nach München zum Fasching, wie man

Erstaunliche 215
Geschichten

Fasching im Luitpold. 1930 feiern die Künstler den „Nur 1 Groschen"-Ball.

im Februar nach Cannes fuhr … *very stylish* und vollkommen *de saison*. Man kam in eine Luft angenehmer Verrücktheit", berichtet der expressionistische Schriftsteller Kasimir Edschmid über die Faschingsfeste in der Zeit vor dem Ersten Weltkrieg.

Immer, wenn es ans Feiern geht, laufen die Kreativen der Stadt zur Höchstform auf. Die Schwabinger Künstlerfeste und Mottopartys sind legendär. „Was wäre der … Fasching ohne die Mitwirkung der Münchner Künstler? Die zahlreichen Künstlervereinigungen wetteiferten in der Gestaltung überschäumender Feste. Die Plakate, Erinnerungsplaketten, Einladungskarten und Festpostkarten für die Künstlerfeste wurden von den bekanntesten Künstlern gestaltet", resümiert der Münchner Turmschreiber Ludwig Hollweck. Der Archäologe Ludwig Curtius etwa verkleidet sich 1903 sagenhaft: „Es war ein griechisches Fest. Die Idee stammte von Lenbach … Wir entschieden uns nach dem berühmten Bilde einer griechischen Vase des rotfigurigen Stils in Berlin, Orpheus und die Thraker darzustellen."

Im Bayerischen Hof gibt es elegante Festbälle. Beim vornehmen *bal paré* im Deutschen Theater werden moderne Tänze aufs Parkett gelegt: Tango, Boston, Onestep. Auch im Luitpold feiert man rauschende Feste.

München ist aufgeschlossen: Die Stadt gehört zu den Stationen, an denen die skandalumwitterte „Barfußtänzerin" Isadora Duncan 1902 ihre ersten großen solistischen Bühnenerfolge feiert. Auch moderne Kunst ist hier willkommen. Zahlreiche große Schauen wie im Glaspalast präsentieren die zeitgenössische Kunst, so die Werke der 1892 ins Leben gerufenen Münchner Sezession. Hans Konrad Röthel, Direktor der Münchner Städtischen Galerie, beschreibt die Zeit vor dem Ersten Weltkrieg so: „Die gärende Atmosphäre Münchens in den neunziger Jahren lockte die kunstbeflissene Jugend von Chicago bis Moskau an die Ufer der Isar. 1896 kam Jawlensky mit Marianna von Werefkin, 1897 Kandinsky; sie studierten bei Ažbe. 1898 trafen Kubin und Klee ein."

Im Jahr 1909 gründen Marianne Werefkin, Alexej Jawlensky, Adolf Erbslöh, Wassily Kandinsky, seine damalige Lebensgefährtin Gabriele Münter und andere die „Neue Künstlervereinigung München". Auch sie wollen sich abgrenzen, diesmal sind es die eher impressionistischen Sezessionisten, von denen man sich distanziert. Ihre erste Ausstellung findet Ende desselben Jahres in der von Heinrich Thannhauser im Arco-Palais in der Theatinerstraße 7 neu eingerichteten Galerie statt. Die Ausstellung stößt auf heftige Kritik. So schreiben die Münchener Neuesten Nachrichten: „Entweder ist die Mehrheit der Mitglieder dieser Vereinigung unheilbar geisteskrank, oder wir haben es mit einer Gruppe von skrupellosen Hochstaplern zu tun, die bestens um die Schwäche unserer Zeitgenossen für Sensationen wissen und versuchen, diese große Nachfrage zu nutzen."

Nur Malerkollege Franz Marc zollt Anerkennung und wird daraufhin prompt in den Vorstand der Vereinigung berufen. Doch die Harmonie währt nicht lange. Nachdem die Kollegen, denen Kandinsky in seiner zunehmenden Abstraktion zu weit geht – 1910 hat er das erste vollkommen abstrakte Bild gemalt, ein Aquarell – es ablehnen, seine „Komposition V" in der Winterausstellung der Vereinigung zu zeigen, kommt es zum Bruch. Am 18. Dezember 1911 eröffnen Kandinsky, Marc, Münter und paar weitere Überläufer ihre eigene Ausstellung mit etwa fünfzig Bildern, ebenfalls in der Galerie Thannhauser. Der Coup ist von langer Hand vorbereitet. Schon seit Monaten arbeiten sie heimlich an dem Kunst-Almanach „Der Blaue Reiter". Und die Redaktion des Jahrbuchs firmiert jetzt als Veranstalter der Gegenausstellung. Wie es dem gesamtkunstwerklichen Ansatz des „Blauen Reiters" entspricht, sind auch moderne Musiker mit von der Partie: Alban Berg, Arnold Schönberg und Anton von Webern.

Der ersten Ausstellung lassen Kandinsky und Marc im Februar 1912 eine zweite folgen. Sie trägt den programmatischen Titel „Schwarz-Weiß" und zeigt ausschließlich Arbeiten auf Papier, mehr als 300 Aquarelle, Radierungen, Zeichnungen und Holzschnitte, unter anderem von Hans Arp, Georges Braque, André Derain, Paul Klee, Alfred Kubin, Kasimir Malewitsch, Pablo Picasso und den Brücke-Künstlern Erich Heckel, Ernst Ludwig Kirchner, Emil Nolde und Max Pechstein – und natürlich von Marc, Macke und Kandinsky. Diese Ausstellung findet im ersten Stock der Münchner Buch- und Kunsthandlung Hans Goltz in der Briennerstraße 8 im Luitpoldblock statt, gleich neben dem Café.

Hans Goltz, der seit 1904 in München lebt, hat 1911 die Buchhandlung Putze im Luitpoldblock übernommen. Der ausgebildete Buchhändler wird hier in den kommenden zwei Jahrzehnten ein bedeutendes Zentrum der avantgardistischen Kunst etablieren. In mehr als 180 Ausstellungen – 1912 kommt noch seine Galerie „Neue Kunst – Hans Goltz" ganz in der Nähe am Odeonsplatz 1 hinzu – macht er Gemälde, Grafiken, Skulpturen und Kunsthandwerk des Fauvismus, des Kubismus, des Expressionismus und der Neuen Sachlichkeit bekannt. Er ist Generalvertreter von Künstlern wie Heinrich Maria Davringhausen, George Grosz und Klee, der 1920 über ihn bemerkt: „Goltz arbeitet bisher

„ MAN KAM IN
EINE LUFT
ANGENEHMER
VERRÜCKTHEIT. "

Münchener Künstler Versammlung

Illustration von Anton von Salzmann, 1908

Erstaunliche 221
Geschichten

sehr gut." Der Galerist zeigt erstmals außerhalb Österreichs Arbeiten von Egon Schiele. Und er organisiert Lesungen und Vorträge über neue Literatur. Else Lasker-Schüler ist 1915 zu Gast, ein Jahr später liest Franz Kafka, der überhaupt nur zweimal vor Publikum auftrat, eine nach eigenem Bekunden „schmutzige Geschichte" vor. Der Schweizer Dichter Max Pulver erinnert sich: „Kafka saß auf einer Rampe am Vortragspult, schattenhaft, dunkelhaarig, bleich, eine Gestalt, die ihre Verlegenheit über ihre eigene Erscheinung nicht wirklich zu bannen wusste."

Für schmutzig und skandalös halten auch immer wieder brave Münchner das, was der Galerist Goltz an der Brienner Straße treibt. Denn längst hat sich die Stimmung in der Stadt gewandelt, aus Aufgeschlossenheit wird Intoleranz, und ungute Zeiten kündigen sich an. Zeitungsreporter berichten mehr als einmal von Zeitgenossen, die sich vor der Buchhandlung empören und gar die Polizei rufen angesichts des Unglaublichen, das es bei Goltz zu sehen gibt. Auf der einen Seite die Avantgardisten, auf der anderen die Rückwärtsgewandten. Die Tirade im Völkischen Beobachter vom 29. März 1923 ist an Drastik kaum zu überbieten: „Seit zehn Jahren wütet eine eigenartige Geistesseuche in unserer Stadt, Neue Kunst, Expressionismus, von uns Kunstpest genannt. ... Dabei ist erfreulich, dass diese Pest ... sich in Abszessen sammelte, die man nur aufzuschneiden braucht. So ein Abszess ist die Kunsthandlung ‚Goltz'." Der Galerist gerät wirtschaftlich und gesellschaftlich zunehmend unter Druck. 1928 zieht das Geschäft in die Brienner Straße 55 um. Doch das erlebt Goltz nicht mehr. Er stirbt 1927.

WIE DIE KIRSCHE ZUM KONFEKT WIRD

Das Geheimnis der Stielkirsche

… Geheimrezepte

F

Für die Stielkirsche gilt Ähnliches wie für die Luitpoldtorte: Sie ist sehr beliebt, und ihre Rezeptur darf unter keinen Umständen preisgegeben werden. Aber ehrlich gesagt: Ein Hobbykonditor, der es auf sich nehmen wollte, eine form- und geschmacksvollendete Stielkirsche zu produzieren, müsste schon außergewöhnlich engagiert sein. 33 Arbeitsgänge sind nötig, bevor das Konfekt fertig zum Verzehr ist. Wer will sich das antun?

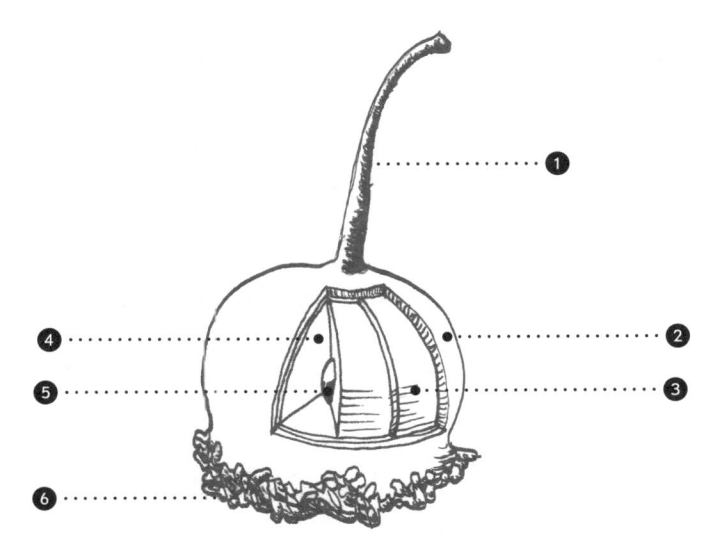

❶ Stiel: Darf nicht zu lang und nicht zu kurz sein. Muss fest sitzen, damit die Kirsche ein Bad in der Kuvertüre übersteht. Ideale Länge: drei bis vier Zentimeter.

❷ Schokoladenmantel: Enthält wenig Zucker, aber viel Kakaobutter. Nur feinste Schokolade aus Belgien und Deutschland wird verwendet. Bevor Chefkonditor Albert Ziegler Schokolade einkauft, testet er ihren Schmelz höchstpersönlich. Muss auf der Zunge zergehen.

❸ Zuckerschicht: Man pikst die Kirsche von allen Seiten mit einer Gabel an und legt sie in Alkohol ein. Dadurch wird sie beschwipst. Dann wird sie in Zuckerfondant getaucht, und nach sechs bis zehn Tagen bildet sich Kirschlikör. Danach geht es ab ins Schokoladenbad.

❹ Fruchtfleisch: Albert Ziegler fährt zur Reifezeit der Weichseln selbst um vier Uhr morgens zur Münchner Großmarkthalle und sucht sich bei mehreren Standlbetreibern immer die besten Steigerl aus, die für eine Tagescharge nötig sind. Erst werden die Kirschen gewaschen und getrocknet. Dann wird jede einzelne Kirsche angefasst und geprüft, ob der Stiel fest sitzt, sie die passende Größe und den richtigen Reifegrad hat und schön genug ist.

❺ Kern: Wiederverwendbar, zum Beispiel für Weitspuckwettbewerbe.

❻ Schokostreusel: Nachdem die Kirsche mit Zucker und Kuvertüre überzogen wurde, wird sie in Schokostreuseln abgesetzt.

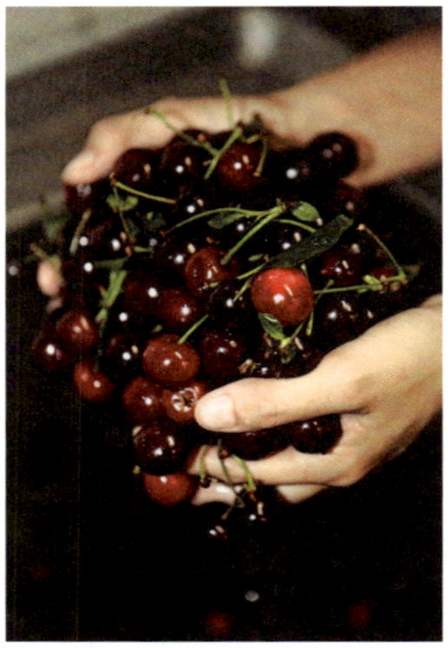
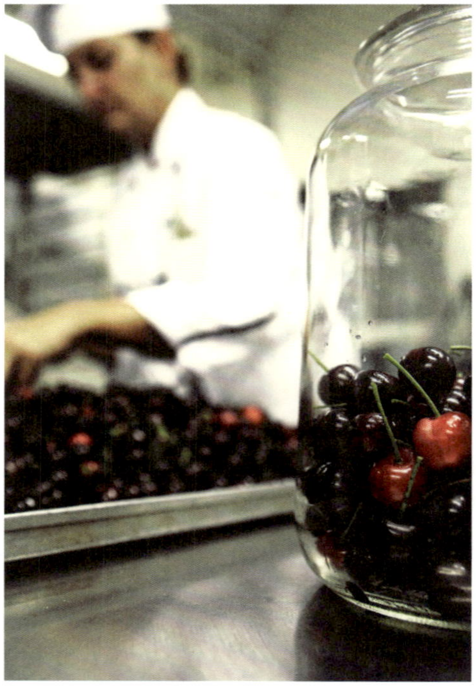
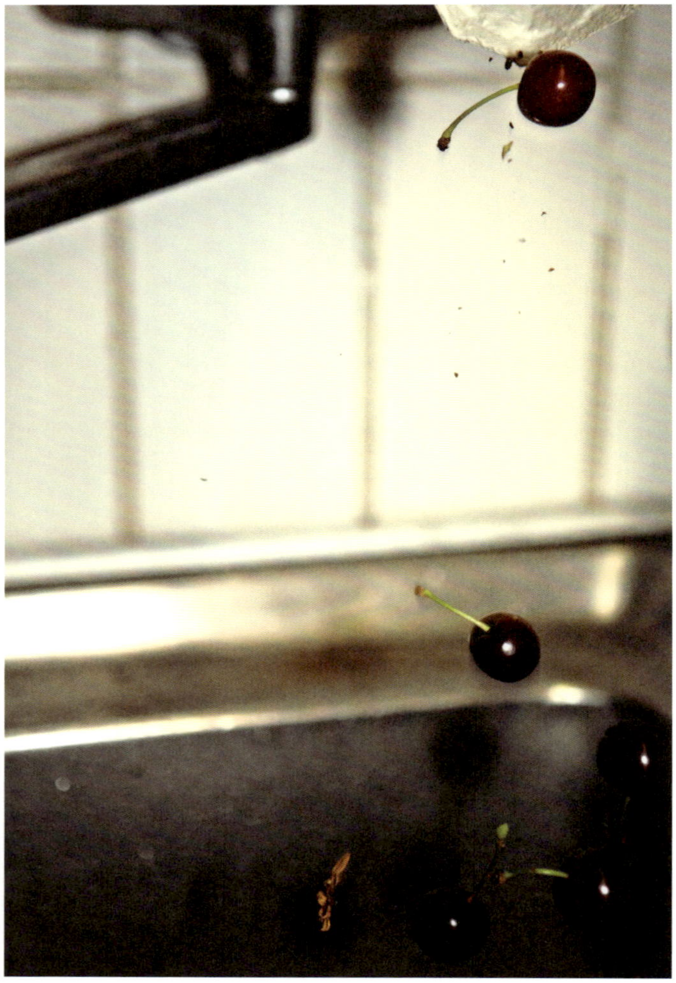

Obst aus Mittelbaden
Obst aus Mittelbaden
Obst aus Mittelbaden
OGM Mittelbaden eG
77704 Oberkirch
GROW-D-11 1610

TATAKI VOM THUNFISCH

MIT JAKOBSMUSCHEL-
GURKEN-TATAR

einfach Erlesene Rezepte 227

ZUTATEN
für 4 Personen

4–5 große Jakobsmuscheln
2 EL Weißweinessig
2 EL Zitronensaft
1 Salatgurke
etwas Koriandergrün
Salz, Pfeffer aus der Mühle
4 EL Olivenöl
300 g Thunfisch (Sushi-Qualität)
4 EL Teriyaki-Sauce
Shiso-Kresse zum Garnieren

Die Jakobsmuscheln kalt abbrausen, trocken tupfen und in sehr feine Würfel schneiden. Mit dem Weißweinessig und dem Zitronensaft beträufeln.

Die Gurke waschen, ebenfalls in sehr kleine Würfel schneiden und mit den Jakobsmuscheln in eine Schüssel geben. Den Koriander waschen, trocken tupfen und die Blätter fein schneiden. Das Tatar mit Salz und Pfeffer würzen und mit Koriander und etwas Olivenöl verfeinern.

Den Thunfisch kalt abbrausen, trocken tupfen und von beiden Seiten kräftig würzen. In einer Pfanne etwas Olivenöl erhitzen und den Thunfisch darin von beiden Seiten etwa 2 Minuten stark anbraten. Herausnehmen, in feine Tranchen schneiden und auf Tellern verteilen. Das Jakobsmuschel-Gurken-Tatar danebensetzen, mit der Teriyaki-Sauce beträufeln und mit der Shiso-Kresse garnieren.

KUNST & KULTUR

Geistige Nahrung
für Genießer

Karsten Schmitz (rechts) ist Vorstand der Stiftung Federkiel, die seit dem Jahr 2000 zeitgenössische Kunst- und Kulturprojekte in München, Leipzig und Berlin fördert.

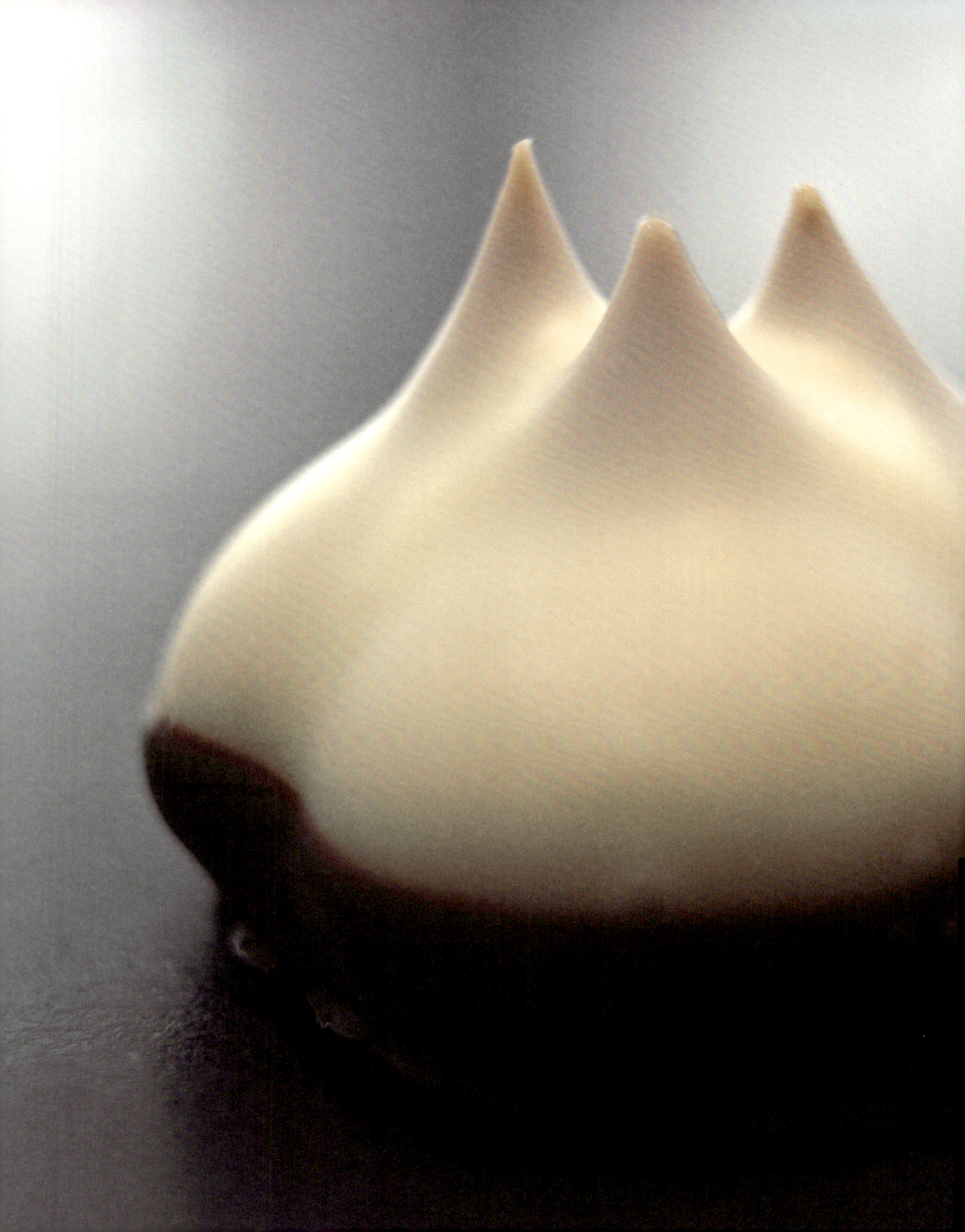

Im Frühjahr 2006 präsentiert Andreas Murkudis Temporary im ersten Stock des Luitpoldblocks Dinge, die man selbst besitzen möchte. Sein Fokus liegt auf der Originalität und Qualität, nicht auf dem Markennamen. Für die Gestaltung des temporären Concept Stores ist Christian Haas verantwortlich, der ein radikales Ambiente als Plattform für das regelmäßig wechselnde Angebot der Objekte konzipierte.

Liebling Luitpold

Swing, Rumba & Kaffeehaus-Blues

Musik hat in Kaffeehäusern eine lange Tradition. Schon die arabischen Schenkenbesitzer engagieren Sänger, Flöten- und Violinspieler, um Gäste anzulocken. Später, in Wien, unterhalten Geiger und kleinere Streicher-Ensembles das Publikum. Hinter der leichten Unterhaltung steckt ein delikater Balance-Akt: Die Musik soll Atmosphäre schaffen und wahrnehmbar sein, darf die Gäste aber nicht beim Plauschen oder Sinnieren stören. Seit den 1920er-Jahren wird es Mode, in den Kaffeehäusern zu tanzen. – Der Münchner DJ und Musikrezensent Jonathan Fischer hat eine CD mit heutigen Kaffeehausklängen zusammengestellt: Liebling Luitpold. Swing, Rumba, Kaffeehaus-Blues.

Frankfurter

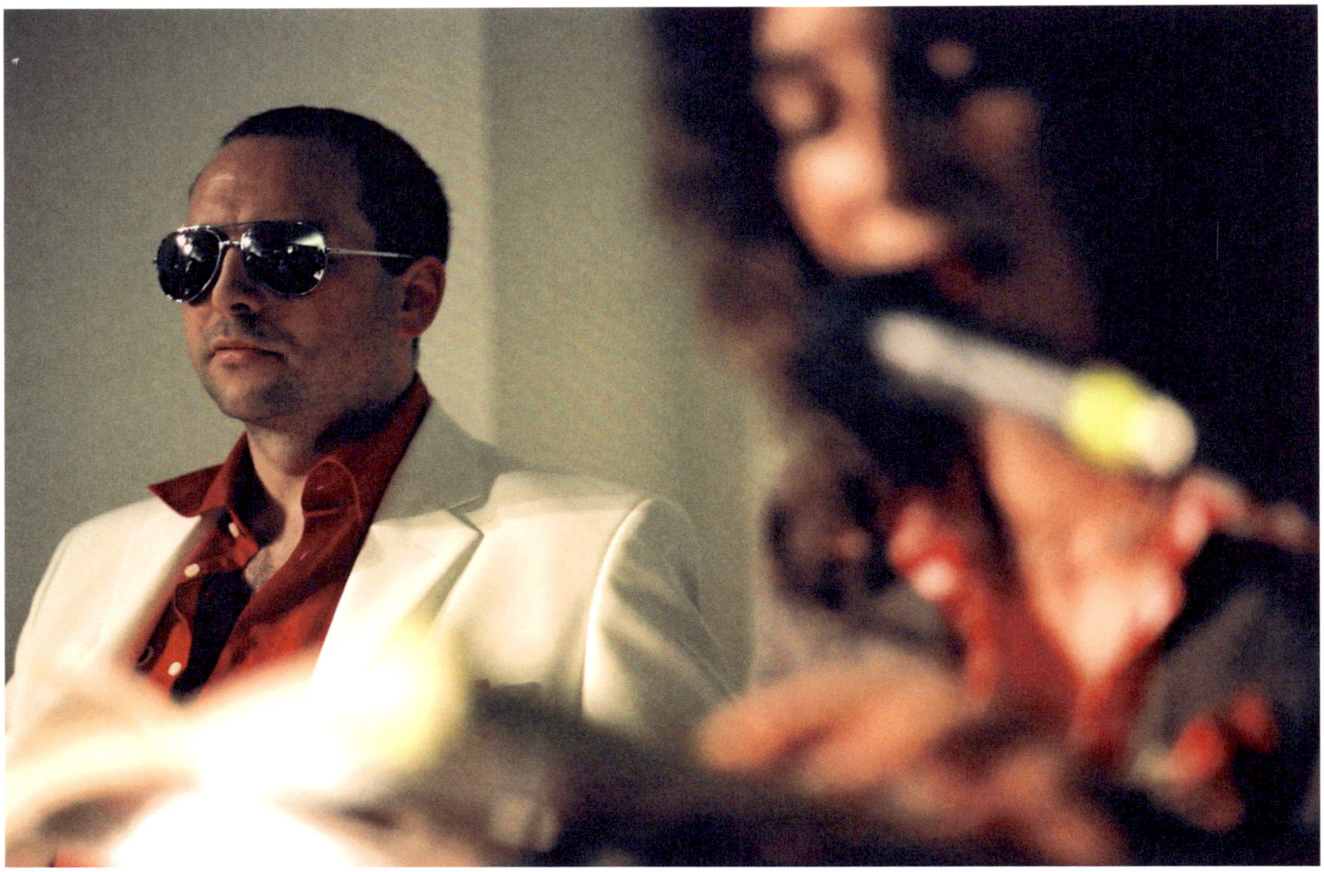

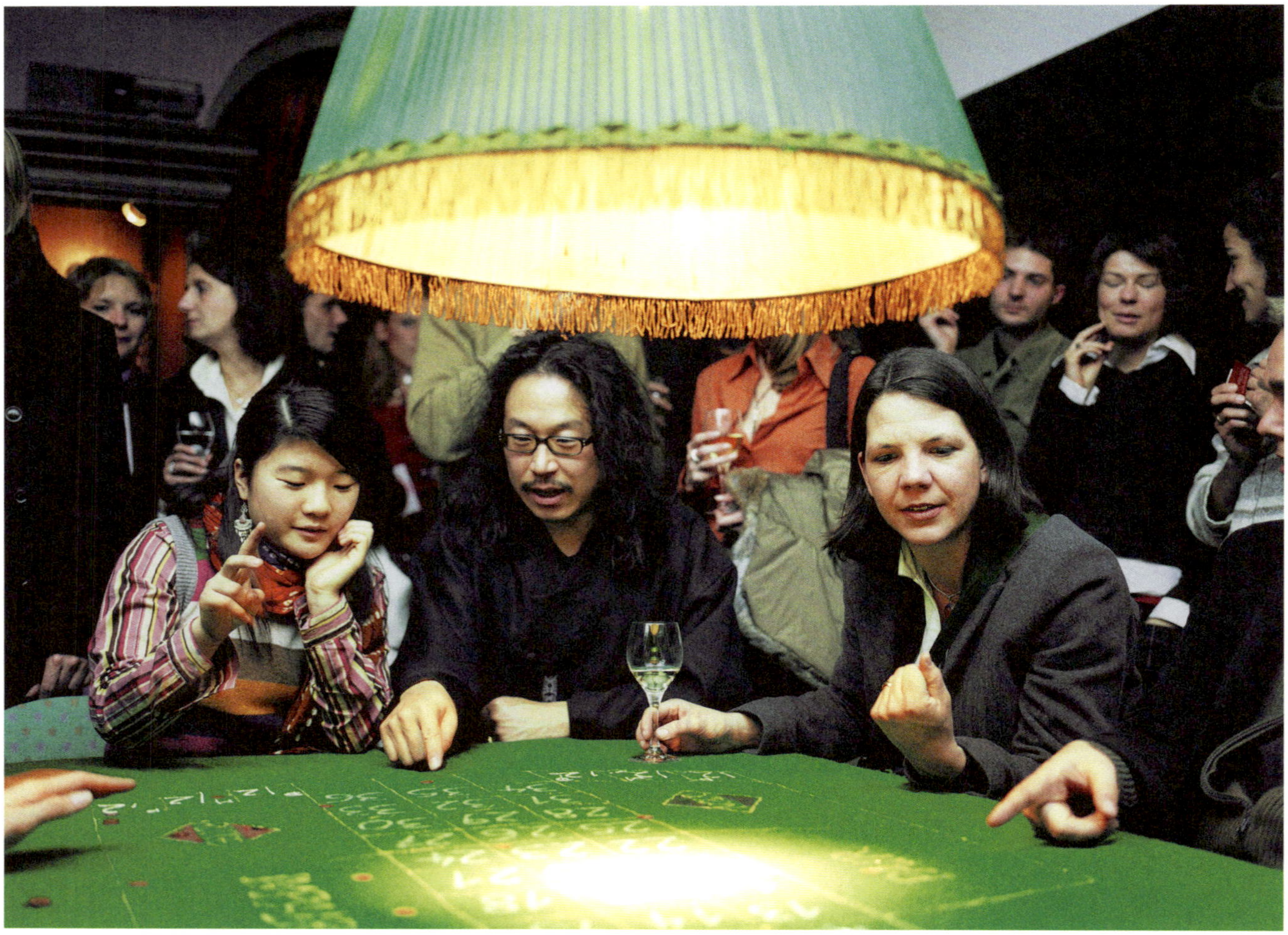

Als Zwischennutzung für ein Ladenlokal im Erdgeschoss richten Tina und Karsten Schmitz Anfang 2003 die temporäre „Luitpold Lounge" ein. Drei Jahre lang organisiert die Kunsthistorikerin Elisabeth Hartung hier künstlerische Aktionen quer durch alle Sparten. Evil Knievel, Glücksbringer aus München und Alter Ego des großen Stuntman Evel Knievel, tritt im Jahr 2005 auf (links oben). Der Konzeptkünstler Vollrad Kutscher lädt 2003 zum Roulette-abend „Faites vos Jeux" ein (links unten). Volles Haus bei einer Lesung von Fridolin Schley, ebenfalls im Jahr 2003 (rechts oben). 2004 – die Lounge ist inzwischen in den ersten Stock an der Brienner Straße umgezogen – installiert der Architekt Markus Link an der Hausfassade eine Flugzeug-Gangway aus dem Jahr 1960 als Eingangstreppe. Cathérine Prophete als Stewardess, in einem von Cecile Feilchenfeldt gestalteten Kostüm.

Zu Gast im Luitpold. Chris Dercon, von 2003 bis 2011 Direktor im Münchner Haus der Kunst und seither Chef der Tate Modern in London.

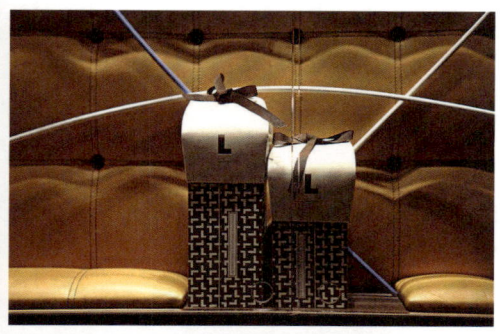

Marcel Duchamp, Begründer der Konzeptkunst, reist im Sommer 1912 nach München. Er ist frustriert, weil der Salon des Indépendants seinen später weltberühmten „Akt, die Treppe hinabsteigend Nr. 2" abgelehnt hat. Der dreimonatige Aufenthalt ist prägend für Duchamp. „In München erlebte ich meine totale Befreiung", bekennt er später. Hier entstehen bereits Vorarbeiten zum „Großen Glas", seinem Hauptwerk. Anlass für das Luitpold, den Künstler hundert Jahre später zu feiern: mit einem Akt, der die Treppe im Palmengarten hinab- und dann in ein Schokoladenbad hineinsteigt, oder mit prominenten Disputanten wie dem Künstler Olaf Nicolai (oben links). Zum festen Mobiliar des Luitpold gehört die Installation „Schleuse" des Berliner Künstlers Tilo Schulz, die im Untergeschoss zu sehen ist (oben rechts). Im Herbst 2011 gastiert Gudrun Mittermeier alias Somersault mit ihrer Band im Palmengarten (unten rechts).

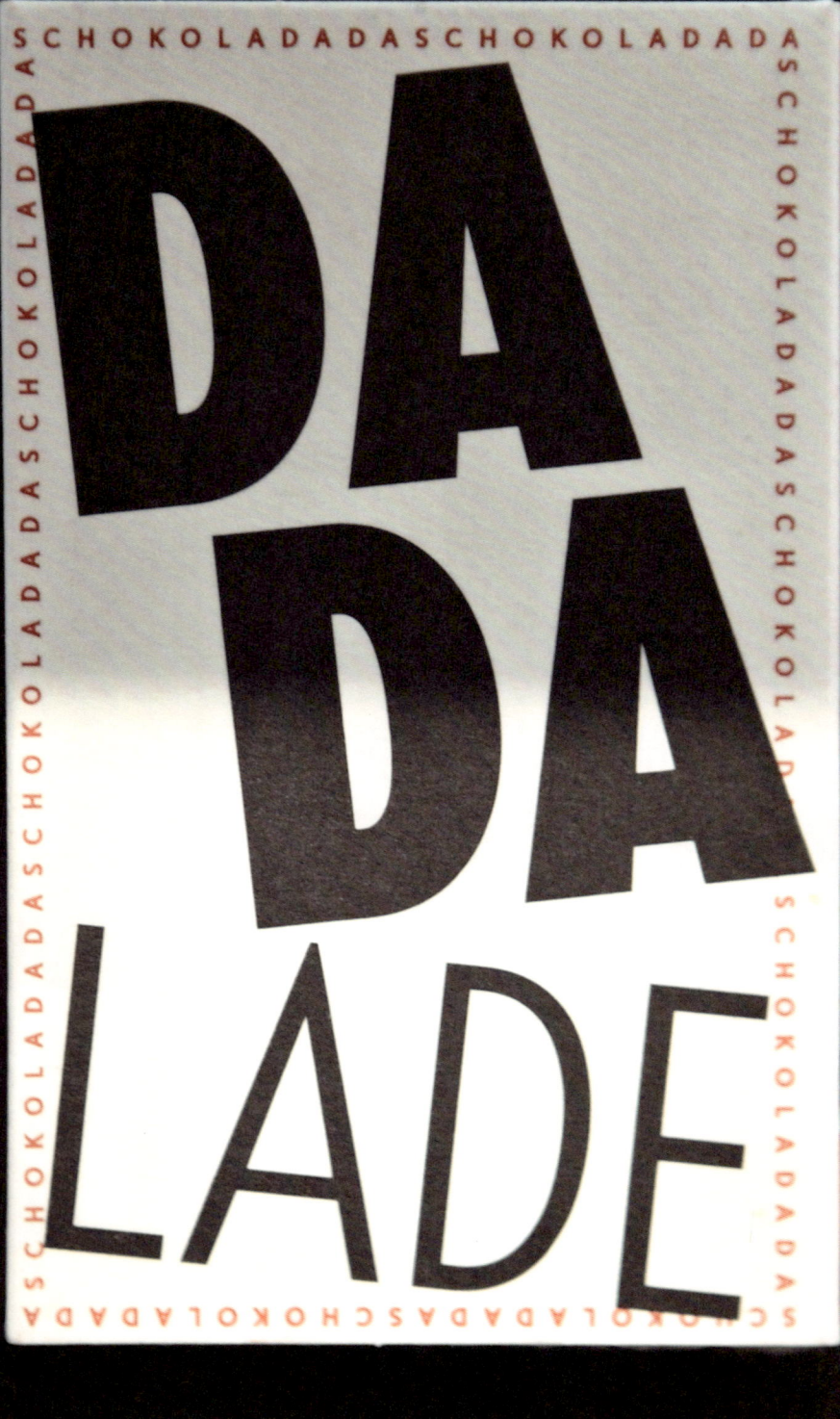

SCHOKOLADADASCHOKOLADADA

DA
DA
LADE

SCHOKOLADADASCHOKOLADADA

Zwischen 1928 und 1933 spielt Duchamp hauptsächlich Schach. Zusammen
mit der französischen Nationalmannschaft, deren Mitglied er 1930 wird, nimmt er
an fünf Schacholympiaden teil. Im Cafe Luitpold treten Berliner und Münchner
Künstler im April 2012 zu Ehren des Künstlers gegeneinander an.

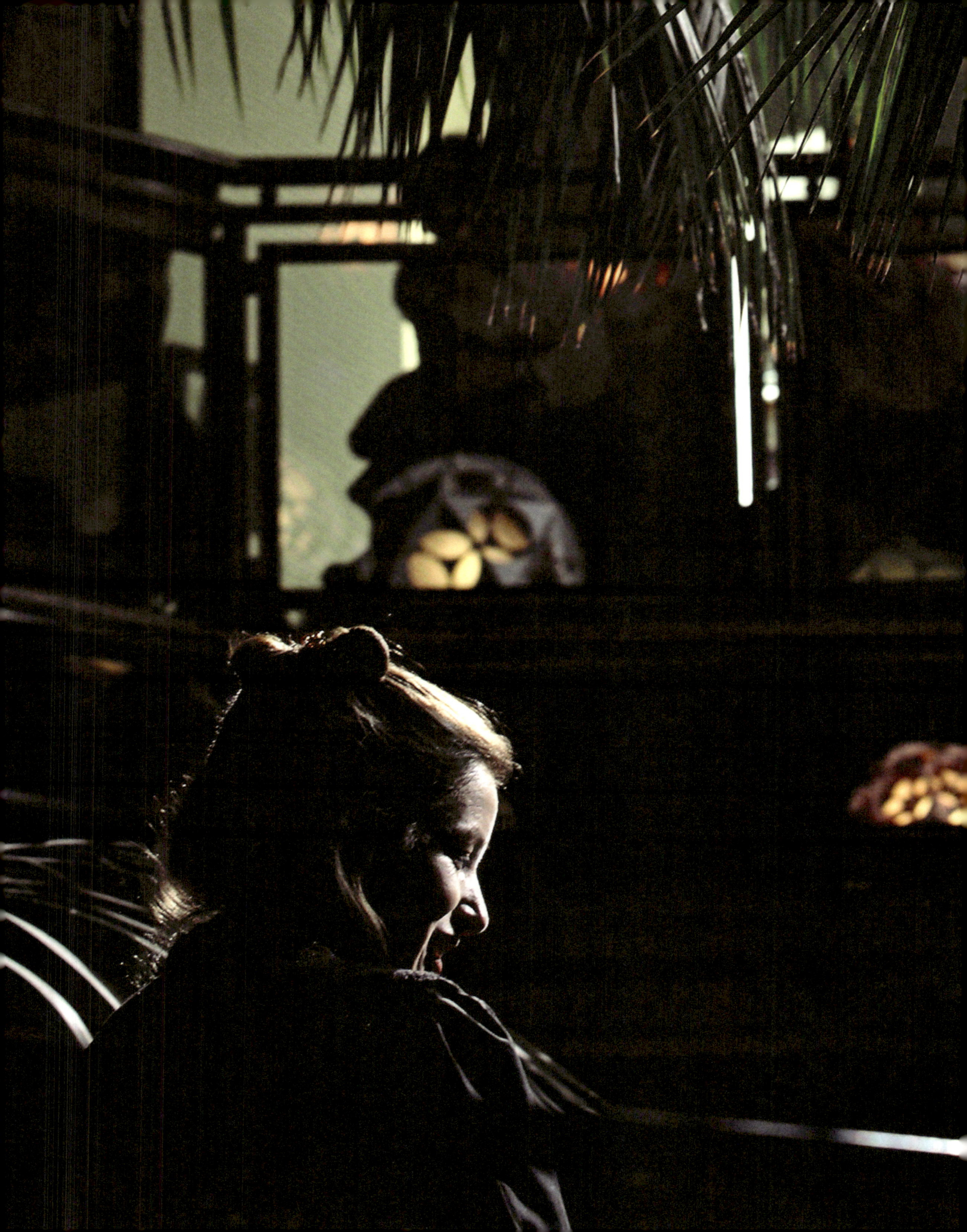

Die Kulturwissenschaftlerin Nan Mellinger lädt seit September 2010 regelmäßig zum Salon Luitpold ein. Da philosophiert zum Beispiel die Literaturwissenschaftlerin Barbara Vinken über Trachten und das „Dekolleté der Bavaria", der Theaterkritiker C. Bernd Sucher macht sich Gedanken, ob Anstandsregeln überholt sind, Stadtplaner diskutieren darüber, welche neuen Architekturformen vorbildlich für München sein könnten. Und Julian Nida-Rümelin spricht mit Nathalie von Siemens über nachhaltige und menschengerechte Ökonomie. Oder es werden, wie schon gesagt, nackte Frauen in Schokolade getaucht.

FLAMM-KUCHEN

Aus dem Mehl, der Hefe, der Milch und dem Salz einen Hefeteig zubereiten und etwa 30 Minuten zugedeckt an einem warmen Ort gehen lassen.

Für den Belag die Zwiebeln schälen, halbieren und in sehr dünne Streifen schneiden. Den Speck in feine Streifen schneiden. Den Schmand, das Mehl und das Öl mit einem Schneebesen zu einer glatten Creme verrühren und mit Salz abschmecken.

Den Teig in vier Portionen teilen und jeweils auf einer bemehlten Arbeitsfläche zu einem hauchdünnen Kreis ausrollen. Die Böden auf ein mit Backpapier belegtes Blech setzen, etwa 2 cm dick mit der Schmandmasse bestreichen und mit den Zwiebel- und Speckstreifen bestreuen. Die Flammkuchen im vorgeheizten Ofen bei 250 °C (Umluft 230 °C) 12–15 Minuten backen.

TIPP: Geräucherter Lachs, dünn aufgeschnittener Parmaschinken mit Rucolasalat oder gegrilltes Gemüse eignen sich auch hervorragend als Belag.

ZUTATEN
für 4 Personen

Für den Teig:
400 g Mehl
½ Würfel frische Hefe (21 g)
¼ l Milch
½ TL Salz
Mehl für die Arbeitsfläche

Für den Belag:
2 mittelgroße rote Zwiebeln
300 g geräucherter Speck
300 g Schmand
2 EL Mehl
4 EL Öl
Salz

Tanz- und Unterhaltungsmusik erleben in Deutschland in den 1920er- und 1930er-Jahren einen künstlerischen Höhepunkt. Durch Schallplatten, Rundfunk und den Tonfilm, vor allem aber durch Konzerte in Kaffeehäusern wird der Swing hochpopulär. Bis zu zwanzig Blechbläser spielen in Bernhard Ettés Kapelle, die regelmäßig im Café Luitpold auftritt.

Erstaunliche 245
Geschichten

TANZ AUF DEM VULKAN

Draußen tobt der Erste Weltkrieg, die Dichter steigen auf die Barrikaden. Und die Gäste im Luitpold lernen den Swing lieben.

Auch wenn Kunst und Kultur in den geschützten Räumen von Galerien und literarischen Salons weiterhin gedeihen: Mit dem Ende der Prinzregentschaft im Jahr 1912 sind die guten alten Zeiten vorbei. Draußen, in der Welt, hält eine raue Realität Einzug. Der Erste Weltkrieg, zunächst von den meisten Bürgern frenetisch begrüßt, beginnt im August 1914. Das macht sich umgehend im Stadtbild bemerkbar: Die Auslagen der Münchner Konditoreien preisen versandfertige Kriegsschokolade an, die Buchhändler setzen ganz auf Kriegsliteratur, und die Schaufenster von Spielzeuggeschäften sind mit Schlachtenszenen dekoriert. Bunte Reklamebilder sind Aufforderungen des Roten Kreuzes und

> **DAS CAFÉ LUITPOLD IST SO MÜNCHNERISCH WIE DIE FRAUENTÜRME, DER NOCKHERBERG, KARL VALENTIN, SEINE MILCHFRAU, DER SCHÖNE HOFGARTEN UND DER UNANGEKRÄNKELTE FASCHING.**

amtlichen Bekanntmachungen des Kriegsministeriums gewichen. Es herrscht Ruhe in den Straßen, denn bereits drei Wochen nach Kriegsausbruch wird die Nutzung von Automobilen drastisch eingeschränkt. Doch als bald darauf die ersten Nachrichten über Tote und Verwundete eintreffen, macht sich Ernüchterung breit. Zu einem patriotischen Abend im Café Luitpold vier Wochen nach Kriegseintritt erscheinen nur mehr 25 Personen.

Bald sorgt Lebensmittelknappheit für Unruhe in der Bevölkerung. 1915 kommt es zu Demonstrationen. Im Jahr darauf werden Milch-, Fleisch- und Zuckerkarten ausgegeben, Starkbier wird verboten. Die Lage im gesamten Deutschen Reich verschlechtert sich dramatisch. Und der Krieg fordert immer mehr Opfer, auch in den Reihen der Künstler. Franz Marc zählt dazu. Die schreckliche Bilanz am Ende des Ersten Weltkriegs, der in Europa, dem Nahen Osten, in Afrika, Ostasien und auf den Weltmeeren geführt wird: 17 Millionen Tote, 21 Millionen Verwundete.

Als die Niederlage absehbar ist, kommt es 1918 zur Novemberrevolution. Ausgehend vom Kieler Matrosenaufstand breitet sie sich innerhalb weniger Tage im ganzen Reich

Worksnug

Haben Sie eigentlich schon mal darüber nachgedacht, warum die digitale Bohème so heißt, wie sie heißt? Na klar, sagen Sie jetzt, weil heutzutage die meisten Arbeitsplätze etwas mit Rechnern zu tun haben, und weil der moderne Mensch ein Zeitarbeiter ist, der sich von Projekt zu Projekt hangelt und deshalb ein ähnlich unstetes und von Armut bedrohtes Leben führt wie seinerzeit die Künstler in Montmartre. Doch das ist nur die halbe Wahrheit. In Wirklichkeit erfreut sich die digitale Bohème an diesem Leben. Denn es ist selbstbestimmt, und – das ist entscheidend – es findet im Café statt. Snug steht für Behaglichkeit. Ein Worksnug ist also ein Mensch, der im Café an seinem Laptop sitzt und gemütlich arbeitet. Das heißt, er ist nichts anderes als die Fortsetzung des Kaffeehausliteraten mit elektronischen Mitteln. Was sollte daran bedrohlich sein?

---

aus und erfasst auch Bayern und München – noch vor der Reichshauptstadt Berlin. König Ludwig III. muss als erster Monarch im Deutschen Reich abdanken. Bayern wird Freistaat, die Räterepublik wird ausgerufen. Mit auf den Barrikaden: Helden der Schwabinger Bohème wie Erich Mühsam, Gustav Landauer, Ernst Toller. Doch die Zeit der linken Aufständler währt nicht lange, ihre Revolution wird blutig niedergeschlagen. Die Mehrzahl der Protagonisten wird zu langen Haftstrafen oder zum Tode verurteilt. Toller muss fünf, Mühsam 15 Jahre ins Gefängnis. Der Freistaat erhält bis zur „Gleichschaltung" im März 1933 eine rechtskonservative Regierung, der es zunächst noch gelingt, die Nationalsozialisten in Schach zu halten. Der Putschversuch in München am 9. November 1923 scheitert, Hitler wird verurteilt und vorerst in Landsberg festgesetzt. Doch entwickelt sich Bayern zu einer Hochburg konservativ-nationalistischer Kreise und wird auch zum Basisland der NSDAP, die sich anschickt, von hier aus das Deutsche Reich zu erobern. Nicht von ungefähr verpasst Hitler München später das traurige Prädikat „Hauptstadt der Bewegung".

Die 1920er-Jahre sind unruhig, wirtschaftlich und politisch. Im März 1921 streiken die Metallarbeiter, im Mai die Transportarbeiter. Der Grund dafür sind Mietpreiserhö-

HOPPEL POPPEL

Sous-Chef Alexander Seethaler bereitet Hoppel Poppel zu.

ZUTATEN
für 4 Personen

800 g festkochende Kartoffeln
2 große braune Zwiebeln
80 g Schinkenspeck
300 g kalter Schweine- oder Rinderbraten (vom Vortag)
40 g Butterschmalz
Salz, Pfeffer aus der Mühle, frischer Majoran
gemahlener Kümmel
2 EL Schnittlauchröllchen
1 EL Frühlingszwiebelringe
2 Eier
4 EL Sahne
4 Wachteleier
4 Gewürzgurken

Die Kartoffeln waschen und in Wasser als Pellkartoffeln kochen. Ausdampfen lassen, pellen und in feine Scheiben schneiden. Die Zwiebeln schälen und in feine Würfel schneiden. Den Speck und den kalten Braten ebenfalls in Würfel schneiden.

In einer Pfanne etwa 20 g Butterschmalz zerlassen und die Zwiebeln darin anschwitzen. Den Speck dazugeben und alles goldbraun braten. Die Zwiebel-Speck-Mischung aus der Pfanne nehmen und beiseitestellen.

Die Kartoffelscheiben in der Pfanne in etwas Butterschmalz bei mittlerer Hitze goldbraun braten. Die Bratenwürfel zu den Bratkartoffeln geben und die beiseitegestellte Zwiebel-Speck-Mischung unterheben, alles mit Salz, Pfeffer, Majoran und Kümmel würzen.

Schnittlauchröllchen und Frühlingszwiebelringe in einer Schüssel mit den Eiern und der Sahne mischen und das Ganze über die Bratkartoffeln gießen. Die Eimasse bei niedriger Hitze unter gelegentlichem Rühren stocken lassen.

In einer Pfanne in wenig Butterschmalz die Wachteleier als Spiegeleier braten und als Garnitur auf das Gericht setzen. Hoppel Poppel mit den Essiggurken servieren.

TIPP: Dieses Gericht lässt sich genauso gut mit kaltem Enten- oder Gänsebraten zubereiten. „Hoppel Poppel" stammt ursprünglich aus Berlin: Bevor kümmerliche (= „popelige") Reste verderben (= „hopsgehen"), brauchte man sie lieber auf. Bayern kennen dieses Gericht auch als „Gröstl".

hungen und Teuerungen. 1923 ist die Inflation auf dem Höhepunkt, die Oberbayerische Würfelbraunkohle etwa – „für jeden Ofen geeignet, mit großer Heizkraft" – kostet pro Zentner um 200 Milliarden Reichsmark. Das gilt als geradezu preiswert. Eine Semmel ist für 3,6 Milliarden Reichsmark zu haben.

Und die Kaffeehäuser? Die große Zeit der Luxusetablissements ist mit dem Ersten Weltkrieg und der Inflation vorbei. Dennoch: Einige renommierte Adressen haben auch in den 1920er- und 1930er-Jahren Bestand, manches Haus erlebt gar seine zweite Blüte. Das Café Luitpold, das für Oskar Maria Graf nach wie vor so münchnerisch ist „wie die Frauentürme, der Nockherberg, Karl Valentin, seine Milchfrau, der schöne Hofgarten und der unangekränkelte Fasching", wird 1920 modernisiert. Im ersten Stock wird 1921 anstelle der Prinzensäle und des Schlachtensaals das „Tabarin" eröffnet, ein Wein-Restaurant mit American Bar und einem Tanzsaal, auf dessen Parkettboden sich die Gäste und regelmäßig auch die Mitglieder des ersten Münchner Tanz-Clubs „Gelb-Schwarz-Casino" austoben. Auch Kabarettaufführungen finden dort statt – ganz in der Tradition des Namensgebers. Jean Salomon Tabarin war ein französischer Schauspieler und Possenreißer der Barockzeit.

Selbst im Krisenjahr 1923 steht Erlesenes auf der Speisekarte: Meeresfrüchte, Hamburger Krebssuppe oder das Kalbsfilet Luitpold. Beliebt ist aber auch Bodenständiges wie das „Hoppel Poppel", ein Berliner Resteessen aus Bratkartoffeln, Braten, Eiern und Sahne.

Auch Schwabing lebt wieder auf. Der österreichische Schriftsteller Roda Roda bringt 1921 mit seinem Roman „Schwabylon oder Der sturmfreie Junggeselle" das Lebensgefühl der Nachkriegs-Bohème auf den Punkt und verpasst dem Künstlerviertel zugleich einen neuen Namen. In Schwabylon regieren die Literaten, das meint jedenfalls Roda Roda, nämlich Ringelnatz, Max Halbe, Ricarda Huch, die Brüder Mann, Sternheim, Wolfskehl, Klabund, Georg Kaiser und Therese Prinzessin von Bayern – die primatenliebende Tochter des Prinzregenten ist Reiseschriftstellerin. 1929 erhält Thomas Mann den Nobelpreis, eine Ehre für ganz Schwabylon. Die Zeitschriften „Simplicissimus" und „Jugend" spielen weiter eine wichtige Rolle im kulturellen Leben. Beim Blättern im Jahrgang 1930 der „Jugend" begegnet man Künstlern wie Max Beckmann, Conrad Felixmüller, Alfred Kubin und Frans Masereel. Unter den Autoren sind Peter Paul Althaus, Maxim Gorki, Oskar Maria Graf, Hermann Hesse, Erich Kästner, Thomas Mann und Hermann Kesten.

Nach langer Pause, im Jahr 1925, feiert München auch endlich wieder groß Fasching. Jetzt tanzt man Fox und Charleston und geht wahlweise als Homer, schöne Helena, Madame Chauchat, als Hölderlin und Lulu. Der Musiker und Komponist Peter Kreuder erinnert sich: „In 70 Nächten waren im Deutschen Theater 62 große Feste. Als Neunzehnjähriger

1920 wird das Café Luitpold modernisiert. In den ersten Stock zieht das „Tabarin" ein, ein Restaurant mit Tanzsaal, auf dessen Parkettboden sich auch die Mitglieder des ersten Münchner Tanz-Clubs „Gelb-Schwarz-Casino" austoben. Man tanzt jetzt Fox und Charleston.

Erstaunliche 251
Geschichten

dirigierte ich das große Ballorchester mit 68 Mann. … Es war noch eine Tangokapelle da … aus Argentinien … und zwei Jazz-Orchester, eines … unter einem neuen Mann, der mir riesig imponierte. Er hieß Bernhard Etté und war zuvor Friseurgehilfe in Garmisch gewesen." Auch im Luitpold geht es hoch her, zum Beispiel im Jahr 1930: Die Gäste des Künstlerfestes „Wiener G'schnas" am 5. Februar erscheinen als Stiefelputzer, Deutschmeister, Gigerl und Fiaker. Die Zeitschrift „Jugend" veranstaltet zwei Tage später ein Fest unter dem Motto „Jugend schützt vor Torheit nicht", ein Tag darauf folgt der „Nur 1 Groschen"-Ball. Und am 12. und 18. Februar vergnügen sich die Kunststudenten auf ihrer „Schwabylon"-Party im Luitpold.

Salonorchester wie das von Bernhard Etté haben auch außerhalb der Faschingszeit Konjunktur. Tanz- und Unterhaltungsmusik erleben in Deutschland in den 1920er- und 1930er-Jahren einen künstlerischen Höhepunkt. Durch Schallplatten, Rundfunk und den Tonfilm, vor allem aber durch die beliebten Konzerte in Kaffeehäusern wird der Swing hoch populär.

Die meisten Cafés haben zumindest einen Stehgeiger mit kleinem Ensemble. In den großen Häusern – Konzertcafés und Hotels – spielen Orchester zum Tanz und zur musikalischen Unterhaltung der Gäste auf. Das Repertoire reicht von Opernmelodien und beliebten Kammermusikstücken über Erfolgsnummern moderner Operetten, Revuen und Filme bis zum Schlager. Typische Stücke fürs Kaffeehauskonzert sind etwa „Mein schönes Ungarland" von Fridl, „Valse Triste" von Sibelius oder der „Rondo all'ongarese" von Haydn. Getanzt wird zum „Künstlerleben" von Johann Strauß, zur „Bayrischen Polka" von Lohmann oder zu „Zigeunerweisen" von Pablo de Sarasate.

Das Café Luitpold gehört zu den angesagten Lokalitäten. Hier treten alle Stars auf: Will Glahé, der „König des Akkordeons", Juan Llossas mit dem Schuricke-Terzett und Georges Boulanger, einer der bedeutendsten Salon-Geiger der Zeit zwischen den Kriegen. Boulanger spielt für verschiedene Musikfirmen Schallplatten ein, einige seiner Kompositionen werden als Filmmusik bekannt, und er tritt selbst in vielen Filmen auf. Johann Strauß der Jüngere und Paul Lincke aus Berlin werden im Luitpold gefeiert, ebenso der Hamburger Walzerkönig Oskar Fetras. Ab 1928 gibt es eine Hauskapelle unter der Leitung von Hugo Weis.

Ein gern gesehener Gast ist auch der virtuose Geiger Barnabás von Géczy, der „Paganini des Fünf-Uhr-Tees". Seine Band – eigentlich fest engagiert als Hausorchester im Berliner

LUITPOLD
BLOCK
AM 12·u 18·FEB·
EKLEIN
SCHWABYLON
DAS FEST
DER STUDIERENDEN
DER AKADEMIE
D. BILD KUNSTE
VORVERKAUFSTELLEN:
HIEBER · WALLACH
LUITPOLDLICHTSPIELE
ASTA DER
UNIVERSITÄT
TECHN·HOCHSCHULE
AKADEMIE D·B·K·

Bernhard Etté und seine Band spielen auf Plexiglasinstrumenten.
Der neue Werkstoff fasziniert in den 1930er-Jahren.

Hotel Esplanade – tourt oft durch Deutschland und macht regelmäßig Station im Café Luitpold. Das Orchester verfügt über einen kompletten Geigensatz und vier Saxophonisten, die auch Klarinette spielen.

Und natürlich ist da auch Bernhard Etté, der Peter Kreuder so angenehm aufgefallen ist. Immer wieder bringt er mit seiner 20-köpfigen Band den Tanzboden des Luitpold zum Swingen. Der heutige Pächter Stephan Meier berichtet von seiner Großtante, einer Maskenbildnerin am Gärtnerplatztheater, die in den 1920er- und 1930er-Jahren im Luitpold verkehrt: „Bis heute schwärmt sie von diesem eleganten Ort und Tanzabenden mit dem legendären Bernhard Etté und dessen Orchester. Sie verehrte ihn. Obwohl sie nicht viel verdiente und sich oft nur eine Tasse Kaffee leisten konnte, genoss sie die aufregende Atmosphäre."

Aufregend ist es auch für Robert Werner, der mit seiner Familie in einer Zehn-Zimmer-Wohnung im dritten Stock des Luitpoldblocks lebt. Im Erdgeschoss betreiben seine Eltern ein Blumengeschäft, das die Großmutter 1888 gegründet hat. Er erinnert sich an seine Kinderzeit: „Ich habe es geliebt, abends, wenn die Orchester zum Tanz aufspielten, durchs Treppenhaus zu laufen und mich über den Innenhof durch einen Hintereingang zu schmuggeln. Ich verbarg mich in den prachtvollen Samtvorhängen am Eingang. Sie waren kardinalsrot. Da hörte ich stundenlang den Salonmusikern zu. Dem Orchester Ernst van T'Hoff, dem Teufelsgeiger Barnabás von Géczy oder dem Etté."

Der Sound des Niederländers Ernst van T'Hoff und seines Tanzorchesters ist stark von Glenn Miller geprägt. In Berichten des Sicherheitsdienstes wird T'Hoffs Musik deshalb als „total verjazzt" beschimpft, er gerät ins Visier der Gestapo, wird immer wieder festgenommen und zieht schließlich nach Belgien. Dennoch sind er und seine Truppe die Musiker, die vor dem letzten verheerenden Bombenangriff 1944 im Luitpold aufspielen.

LOUP DE MER

MIT SAFRAN-RISOTTO

Für das Risotto die Schalotten schälen und in Würfel schneiden. In einem Topf 1 EL Olivenöl erhitzen und den Reis mit den gewürfelten Schalotten und dem Safran darin einige Minuten andünsten. Mit Weißwein ablöschen und den Wein kurz reduzieren lassen. Danach mit der Brühe aufgießen und das Risotto unter ständigem Rühren etwa 15 Minuten köcheln lassen.

Sobald der Reis die richtige Bissfestigkeit erreicht hat, das Risotto vom Herd nehmen und den Parmesan und die Butter einarbeiten. Dabei ständig rühren, damit das Risotto nicht anbrennt. Der Reis sollte eine cremige Konsistenz bekommen. Das Risotto mit Salz, Pfeffer und Zitronensaft abschmecken und warm halten.

Die Fischfilets kalt abbrausen und trocken tupfen, mit Zitronensaft beträufeln und mit Salz würzen. Die Filets in etwa daumendicke Streifen schneiden und die Hautseite mit einem scharfen Messer leicht einschneiden. 1 EL Olivenöl in einer beschichteten Pfanne erhitzen und die Filets darin bei starker Hitze auf der Hautseite anbraten. Mit Salz, Pfeffer und einigen Spritzern Zitronensaft würzen. Darauf achten, dass das Filet eine krosse Haut hat und trotzdem saftig im Fleisch bleibt.

Das Risotto auf vorgewärmten Tellern anrichten und den kross gebratenen Wolfsbarsch daraufsetzen. Nach Belieben mit Rosmarin oder Thymian garnieren.

TIPP: Beim Einkauf darauf achten, dass die vier Fischfilets etwa gleich groß sind. Die Filets sollten vollständig entgrätet und entschuppt sein. Falls nicht, lassen sich die Schuppen mit einem Messer und wenig Druck abtragen und die restlichen Gräten mit einer Haushaltspinzette entfernen.

ZUTATEN
für 4 Personen

2 Schalotten
2 EL Olivenöl
200 g Risotto-Reis
2 Fäden Safran
200 ml Weißwein
200 ml Gemüsebrühe
2 EL geriebener Parmesan
30 g Butter
Salz, Pfeffer aus der Mühle
Zitronensaft
4 Loup de Mer-Filets
(Wolfsbarsch; mit Haut)
einige Rosmarin- oder
Thymianzweige

Kalbsrahm-GULASCH

Das Fleisch in 3–4 cm große Würfel schneiden und mit Salz und Pfeffer würzen. Die Zwiebeln schälen und in Würfel schneiden. Den Speck ebenfalls klein würfeln.

In einem Topf etwas Olivenöl erhitzen und Speck und Zwiebeln darin goldgelb anbraten. Das Paprikapulver dazugeben und alles mit etwas Rinderbrühe ablöschen. Die Fleischwürfel dazugeben und mit der restlichen Brühe aufgießen. Das Gulasch etwa 45 Minuten köcheln lassen, bis das Fleisch schön zart ist.

Die Fleischwürfel aus dem Sud nehmen. Den Sud nochmals aufkochen, die saure Sahne einrühren und das Mehl darüberstäuben. Die Temperatur reduzieren und den Sud noch etwas köcheln lassen. Durch ein Sieb passieren und das Fleisch wieder hinzufügen.

Das Gulasch kurz erwärmen, auf Teller verteilen und nach Belieben jeweils mit 1 EL geschlagener Sahne garnieren. Dazu passen ein grüner Salat und frisches Baguette.

ZUTATEN
für 4 Personen

1 kg Kalbfleisch (Schulter oder Hals)
Salz, Pfeffer aus der Mühle
150 g Zwiebeln
50 g geräucherter Speck
Olivenöl
2 TL Paprikapulver
350 ml Rinderbrühe oder -fond
200 g saure Sahne
15 g Mehl
4 EL geschlagene Sahne

Auberginen Tapenade

Die Auberginen und die Schalotte waschen, putzen bzw. schälen und in 5 mm große Würfel schneiden. Die Tomaten in heißem Wasser blanchieren, kurz kalt abschrecken und häuten. Die gehäuteten Tomaten in einem Mixer pürieren.

In einem Topf das Olivenöl erhitzen und die Auberginen- und Schalottenwürfel darin anschwitzen. Mit Balsamico-Essig ablöschen und die pürierten Tomaten hinzufügen. Alles etwa 30 Minuten köcheln, dann den Topf vom Herd ziehen und die Tapenade abkühlen lassen.

Zum Fertigstellen das Basilikum waschen, trocken tupfen und in Streifen schneiden. Den Parmesan und den Basilikum unter die Tapenade heben und diese nach Belieben mit Salz und Pfeffer abschmecken. Dekorativ in kleine Gläser füllen und mit Ciabatta oder Rosmarinbrot genießen.

ZUTATEN
für 4 Personen

3 mittelgroße Auberginen
1 Schalotte
4 große, reife Tomaten
4 EL Olivenöl
4 EL Balsamico-Essig
einige Basilikumblätter
4 EL geriebener Parmesan
Salz, Pfeffer aus der Mühle

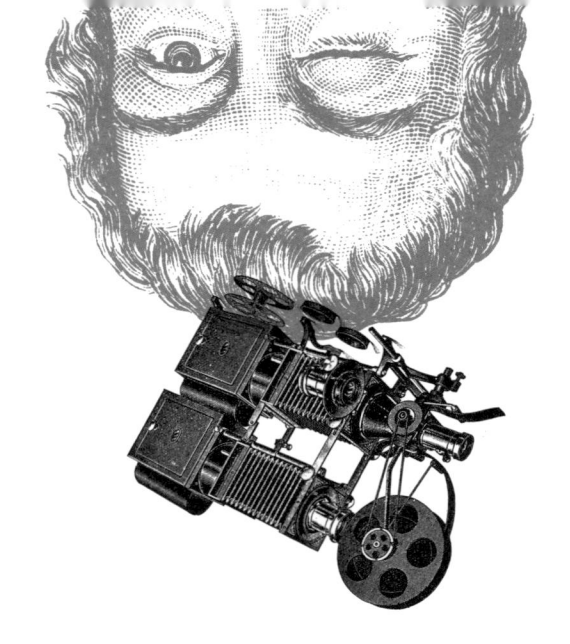

LICHTSPIELE IN DUNKLER ZEIT

Im Luitpoldblock eröffnet Münchens größtes Kino.
Klaus Mann beobachtet den großen Diktator,
wie er Törtchen verschlingt. Doch weil dessen Hunger weit
darüber hinausgeht, liegt die Stadt bald in Trümmern.

Erstaunliche 261
Geschichten

Im Luitpoldblock wird das seinerzeit
größte Münchner Kino eröffnet.

1929

1929 wird das Luitpold wieder modernisiert. Der neue Besitzer, Alexander Schalk, lässt ein Kino einbauen, das seinerzeit das größte in München ist. Dafür muss das eben erst eingerichtete Tabarin weichen; der Billardsaal wird verlegt. Der Zuschauerraum ist 34 Meter lang, 20 Meter breit und nimmt bei einer Höhe von zehn Metern zwei Etagen ein. Rot und Gold sind die vorherrschenden Farben, expressionistische Malerei ziert die Wände. Das Kino verfügt über 1368 Sitzplätze, eine hochmoderne Tonfilmapparatur – und eine Wurlitzer-Orgel. Schließlich gibt es ja noch Stummfilme; sie kommen weltweit erst Mitte der 1930er-Jahre endgültig aus der Mode. Und mit einem Stummfilm eröffnen

1944 liegt der Luitpoldblock in Trümmern. Aber das Kino hat Glück gehabt. Die Bomben haben nur den Eingangsbereich erwischt. Und da die amerikanischen Besatzer bereits im September 1945 eine Spiellizenz erteilen, kann der Betrieb rasch weitergehen.

ALS MAX FRISCH OSTERN 1946 IN MÜNCHEN WEILT, SIND DIE AUFRÄUMARBEITEN IN VOLLEM GANGE.

die Luitpold-Lichtspiele im November 1929. Als Ouvertüre läuft, zu Demonstrationszwecken, Beethoven auf der Tonfilmspur. Schon zehn Tage später wird der erste echte Sprechfilm gezeigt, „Atlantik".

Doch schon bald flimmern Propagandafilme über die Leinwand, etwa während der „Reichs-Kulturfilmwoche" 1941. Die „Schau der besten deutschen Werke", wie die Münchner Neuesten Nachrichten schreiben, hat Streifen im Angebot zu Themen wie „Deutsches Land und deutsche Wehr", „Fliegerei", „Heimat und Ferne", „Gesundes Volk".

Dazu passt, dass randalierende Nazis eine Zigeunerkapelle, die im Luitpold spielt, tätlich angreifen. Das Pöbelpublikum fühlt sich wohler bei Auftritten der „Totenkopfhusaren" und der Berliner SA-Kapelle, die ebenfalls dort gastieren.

Im Café ist längst nicht mehr jeder willkommen. Ein jüdischer Junge erinnert sich, wie seine Eltern, passionierte Kaffeehausgänger, nicht nur Hausverbot im Café Viktoria am Maxmonument erhielten: „Es wäre ihnen sehr recht, wenn wir nicht mehr kommen würden", hieß es da. Und: „Ganz ähnlich war es im Café Luitpold."

Aber es gibt auch ehemalige Stammgäste wie den Schriftsteller Klaus Mann, die dem Luitpold schon früh und aus freien Stücken den Rücken kehren. Er schreibt über eine zufällige Begegnung mit Adolf Hitler: „Ich hatte wiederholt Gelegenheit, seine Physi-

Erstaunliche 263
Geschichten

ognomie zu studieren. Einmal aus nächster Nähe, etwa eine halbe Stunde lang. Das war 1932 ... Die Carlton-Teestube in München war damals eines seiner Stammlokale. Ich entschied mich für dieses Lokal, weil das Café Luitpold – gerade gegenüber, auf der anderen Seite der Briennerstraße – neuerdings zum Treffpunkt der SA und SS geworden war: Ein anständiger Mensch verkehrte dort nicht mehr. Der Führer, wie sich nun herausstellte, teilte meine Aversion gegen seine tapferen Mannen; auch er bevorzugte die Intimität des distinguierten ‚Tea-Room'." Der Sohn des Nobelpreisträgers beobachtet, wie Hitler „ein Erdbeertörtchen mit Schlagrahm" nach dem anderen verspeist. Dabei stellt er erstaunt fest, wie ähnlich der Führer seinem späteren Parodisten Charlie Chaplin sehe – „Der große Diktator" wird acht Jahre nach dieser Begegnung uraufgeführt. Aber er macht auch deutliche Abstriche: „Chaplin hat Charme, Anmut, Geist, Intensität – Eigenschaften, von denen bei meinem schlagrahmschmatzenden Nachbarn durchaus nichts zu bemerken war."

Klaus Mann hat den aufstrebenden Diktator da noch nicht ernst genommen. Das wird sich bald ändern. Und der Ernst der politischen Situation wird auch rasch im Stadtbild sichtbar. Das Wittelsbacher Palais liegt ganz in der Nähe. Einst Alterssitz von König Ludwig I., wird es 1933 zum Hauptquartier der Gestapo. Drei Jahre später wird die Briennner Straße in Adolf-Hitler-Straße umbenannt. Sie dient den Nationalsozialisten jetzt als Aufmarschpiste von der Feldherrenhalle Richtung Königsplatz. 1937 eröffnet die be-

„Die Liebesabenteuer des Don Juan" mit Errol Flynn lenken vom Nachkriegselend ab. Der Hollywoodstar besucht Anfang 1951 die München-Premiere im Luitpold und feiert anschließend im Filmcasino am Odeonsplatz.

rühmt-berüchtigte Ausstellung „Entartete Kunst" in den Hofgartenarkaden, 1938 wird die Synagoge in der Herzog-Rudolf-Straße zerstört. Ein Jahr später wird Verdunklung angeordnet – es ist das Jahr, in dem das Attentat auf Hitler im Bürgerbräukeller misslingt. Lebensmittelkarten werden ausgeteilt. 1940 kommt es erstmals zu Fliegerangriffen; die Münchner müssen elfmal in die Luftschutzkeller. Schwere Luftangriffe im Jahr 1942 fordern Todesopfer. Am 28. August 1942 fallen auch Bomben auf den Luitpoldblock. Im Frühjahr 1944 wird das Bauwerk erneut schwer getroffen. Nach dem 45-minütigen Bombardement in der Nacht vom 18. Dezember 1944 gehen die Lichter endgültig aus: Achtzig Prozent des Luitpoldblocks liegen in Trümmern.

Dasselbe gilt für die gesamte Altstadt. Alles in allem sind bei Kriegsende 45 Prozent der Bausubstanz im Stadtgebiet zerstört. Mehr als 100 000 Menschen sind obdachlos. Nur noch die Hälfte des Münchner Verkehrsnetzes ist zusammenhängend befahrbar. Der Hauptbahnhof ist zu 73 Prozent zerstört. Die Ernährungssituation ist katastrophal und wird es bis 1948 bleiben.

Doch schon bald nach dem Einmarsch der amerikanischen Truppen am 30. April 1945 beginnt das große Aufräumen. 7,5 Millionen Kubikmeter Schutt müssen weg. Als Max Frisch Ostern 1946 in München weilt, „waren die Aufräumarbeiten bereits in vollem Gange … Die Versorgungslage war katastrophal; in dem Unrat allerorts hatte sich eine

„Du warst nie berückender". Der Film mit Rita Hayworth und Fred Astaire lockt im Winter 1945/46 täglich Hunderte von Menschen ins Kino, das jetzt Luitpold-Theater heißt.

VOR DER TRÜMMER-
KULISSE EINST
PRÄCHTIGER
BÜRGERHÄUSER
BEDIENEN EIN
OBER MIT FLIEGE
UND KELLNER-
JACKE SOWIE EIN
KUCHENFRÄULEIN
MIT WEISSER
SCHÜRZE IHRE
GÄSTE AN SAUBER
EINGEDECKTEN

Rattenplage ausgebreitet. Überall wurden Rohstoffe gesammelt. Es gab eine Lumpensammelaktion, und es gab eine Knochensammelaktion. Für 5 Kg Sammelknochen erhielt man 1 Stck. Kernseife zum Preis von 11 Pfg. In der anhaltenden Hungersnot mussten die Nahrungsrationen von 1550 auf 1275 Kalorien pro Tag reduziert werden."

Bereits am 7. Mai 1946 kann der Stadtrat verkünden, dass 18 000 Kubikmeter Schutt beseitigt worden seien; 400 000 Ziegelsteine und 100 Tonnen Eisenträger habe man aussortiert. Gegen Ende 1953 sind die Räumungen weitgehend abgeschlossen. Der Alte Peter ist wiederaufgebaut. Auf der Wiesn wird schon seit 1950 wieder Bier getrunken.

Und die gute alte Kaffeehauskultur? Ein historisches Foto zeigt eine improvisierte Gaststätte unter freiem Himmel. Vor der Trümmerkulisse einst prächtiger Bürgerhäuser bedienen ein Ober mit Fliege und Kellnerjacke sowie ein Kuchenfräulein mit weißer Schürze ihre Gäste an sauber eingedeckten Tischen. Das Foto ist ein beeindruckendes Zeugnis des Hungers nach Kultur und Lebensstil, der sich rasch neben dem echten Hunger einstellt. Und eine traurige Erinnerung an bessere Zeiten: Im Jahr 1930 hatte das erste Boulevardcafé in München eröffnet. Das Luitpold hatte die städtische Genehmigung erhalten, auf dem Bürgersteig Tische, Stühle und Palmen aufzustellen, ganz so, als sei man in Nizza oder Cannes. Wie anders sind jetzt die Vorzeichen.

Trotz der massiven Schäden geht auch der Betrieb des Café Luitpold zunächst weiter. In den Kellerräumen kann man noch immer an Marmortischen sitzen. Niemand stört sich an den Heizungsrohren. Doch der Versuch, 1948 ein bürgerliches Restaurant in der Ruine zu etablieren, scheitert.

Aber das Kino hat Glück gehabt. Die Bomben haben nur den Eingangsbereich erwischt, der Zuschauerraum bleibt relativ unversehrt. Und da die amerikanischen Besatzer bereits im September 1945 eine Spiellizenz erteilen, kann der Betrieb weitergehen. Lonny van Laak, Grande Dame der Münchner Filmszene, holt Weltstars zu den Premieren in ihr Kino, darunter Sophia Loren, Gina Lollobrigida, Kirk Douglas, Joseph Cotten, Ingrid Bergmann und Maximilian Schell. Erst 1974, in der Zeit des großen Kinosterbens in Deutschland, müssen auch die Luitpold-Lichtspiele aufgeben.

Immer wieder besuchen Weltstars das Luitpold-Theater –
Fred Astaire und Bing Crosby tanzen auf der Leinwand,
Gina Lollobrigida schaut sogar persönlich vorbei.

Vitello Tonnato

Das Kalbsfilet oder den Kalbsrücken leicht salzen und pfeffern und mit Thymian- und Rosmarinzweigen erst fest in Klarsichtfolie, dann nochmals in Alufolie einwickeln. In einem Topf ausreichend Wasser aufkochen, das Fleisch hineinsetzen und den Deckel auflegen. Den Topf vom Herd ziehen und das Fleisch darin zugedeckt mindestens 15–20 Minuten ziehen lassen. Dabei den Deckel nicht abnehmen, damit die Hitze nicht entweicht. Danach das Fleisch aus dem Topf nehmen, die Folien entfernen und das Fleisch gut auskühlen lassen.

Für die Sauce alle Zutaten in einem Mixer pürieren und anschließend durch ein Sieb passieren. Das ausgekühlte Fleisch in dünne Scheiben schneiden und fächerförmig auf einem Teller anrichten. Die Thunfischsauce über das Fleisch geben und alles nach Belieben mit einigen Kapern, frischen Kräutern und Zitronenscheiben garnieren. Wer mag, gibt noch einige Tropfen Olivenöl auf die Sauce.

ZUTATEN
für 4 Personen

500 g Kalbfleisch (Filet oder Rücken)
Salz, Pfeffer aus der Mühle
1 Thymianzweig
1 Rosmarinzweig

Für die Sauce:
90 g Thunfisch (in Lake)
1 Sardelle
10 Kapernbeeren
10 EL Mayonnaise
2 EL Crème fraîche
1 Essiggurke
etwas Olivenöl
Pfeffer aus der Mühle

ES GEHT VORAN

Keine Atempause:
Paul Buchner baut eine Glaskuppel,
Tina Schmitz lässt eine Gangway an den Luitpoldblock
andocken, und Stephan Meier sorgt dafür, dass das
Kaffeehaus der Zukunft Tango tanzt.

Marika und Paul Buchner übernehmen Anfang der 1960er-Jahre den Luitpoldblock samt Café.

„2500 Stück Silbergegenstände, 5000 Gläser, 2000 Teller, 200 Chromtabletts, 1000 Tischdecken, Servietten, Handtücher, Registrierkassen, Saucieren, Küchenmaschinen und Vasen sind auf langen Tischen im Luitpold aufgereiht. Eines der berühmtesten Cafés der Welt versteigert seine Bestände, sogar den Parkettfußboden und die Bodenplatten." Das berichtet die Münchner Abendzeitung im März 1960. Ausverkauf. Die Ära des Feenpalastes ist endgültig vorbei. Seit seiner Eröffnung im Jahr 1812 hat der Luitpoldblock insgesamt 16 Eigentümer und zwei Zwangsversteigerungen erlebt. Das Café wurde seit 1888 von zehn Pächtern betrieben. Zeit für einen Neubeginn. Die Stunde der Buchners ist gekommen.

Marika Buchner stammt aus der alteingesessenen Münchner Unternehmerfamilie Zechbauer, deren Zigarrenhandlung in der Residenzstraße bereits Mitte des 19. Jahrhunderts weit über Bayerns Grenzen hinaus bekannt ist. Max Zechbauer, ein Kleinbauer und Bergmann aus Tirol, war Ende des 18. Jahrhunderts mit seinen wenigen Ersparnissen nach München aufgebrochen, um hier sein Glück zu machen. In der Au, zu damaliger Zeit ein verrufenes Elendsviertel vor den Toren der Stadt, eröffnet er einen Kramerladen mit angegliederter Essigsiederei. Er muss gut gewirtschaftet haben, denn schon sein Enkelsohn kann sich den Umzug in die Stadt leisten. Unter den Hofgarten-Arkaden richtet er einen Kolonial- und Tabakladen ein. Gleich ums Eck ist der Luitpoldblock.

Das noble Ambiente und einzigartige Sortiment des Ladens locken rasch die adlige Nachbarschaft an. Sogar Havanna-Zigarren gibt es zu kaufen, einmalig in Deutschland. Zechbauers Zigarren werden am russischen Zarenhof und im Vatikan geschmaucht. Ludwig II. ist Stammkunde, und Prinzregent Luitpold verleiht dem Händler 1886, gleich nachdem er die Regierungsgeschäfte übernommen hat, den Ehrentitel „Hoflieferant".

So sieht es in 1930er-Jahren im Luitpold aus.

Das Interieur im Jahr 1962.

AMERICAN GRILLROOM & ROTISSEUR

Die Buchners bringen moderne Vorstellungen mit. Nach zwei Jahren Generalsanierung präsentiert sich das neue Cafe Luitpold 1962 mit einem American Grillroom und hohen Tischen mit Drehhockern, damals sensationell.

Dezember 1971.
Konditormeister
Paul Buchner über-
wacht die Weih-
nachtsproduktion.

Bei den Tabakwaren bleibt es nicht. Tina Schmitz' Großmutter Tilla Zechbauer, geborene Seidl, bringt die Maysersche Hutfabrik in die Familie ein. Onkel Peter Max führt diesen Teil des Zechbauer-Erbes fort, Mutter Marika erhält im April 1960 den Luitpoldblock
als Mitgift – und mit ihm das Café Luitpold.

Das junge Ehepaar Buchner hat jede Menge moderne Vorstellungen. Nach einer Generalsanierung, die zwei Jahre dauert, hat München nicht nur wieder ein Grand Café
– freilich auf 500 Plätze verkleinert –, sondern auch einen American Grillroom: mit
Barhockern und einer hyperfunktionalen Theke, hinter welcher der Rotisseur vor den
Augen der Gäste Steaks und schnelle Tellergerichte zubereitet, seinerzeit ein sensatio-
neller Hingucker. Pralinen werden auf „einer elektrischen Waage abgewogen", wie die
Fachzeitschrift „Der Konditormeister" wohlwollend bemerkt.

Üppige Sahneschnitten und tellergroßes Plundergebäck waren gestern. Jetzt ist weniger
mehr, eine extravagante Geste in Zeiten, in denen der Hunger noch nicht vergessen ist.
Es ist keine vier Jahre her, dass die Residenz wiederaufgebaut wurde. Und noch 1963 werden in der Nachbarschaft Kriegsreste beseitigt. Eine Anwohnerin erinnert sich: „Damals
schreckten uns schon morgens um vier Uhr die Sprengungen der meterdicken Grund-
mauern der Leuchtenberg-Palais-Ruine aus den Betten."

Dem Prinzip der Reduktion konsequent folgend, geben die Buchners ein neues Logo für
ihr Café bei einem Werbegrafiker in Auftrag, der in der Tradition der Konkreten Kunst
steht, wie sie etwa an der Ulmer Schule gepflegt wird. Das bedeutet: Nüchternheit. Der

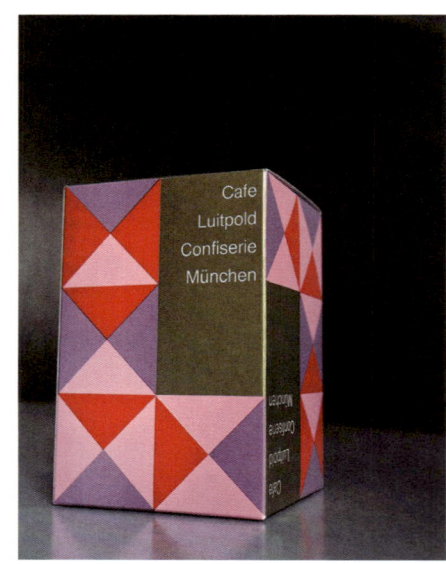

Dem Prinzip der Reduktion folgend, geben die Buchners ein neues Verpackungsdesign in Auftrag. Richard Roth entwirft ein nüchternes L, aus farbigen Dreiecken und Quadraten zusammengesetzt. Roths Verpackungen wurden in die Die Neue Sammlung – The International Design Museum Munich in der Pinakothek der Moderne aufgenommen.

„

*Wir führen eine
Konditorei, kein
Baugeschäft.*

"

Grafikdesigner Richard Roth entwirft ein streng geometrisches „L", das aus Dreiecken und Quadraten aufgebaut ist und als Markenzeichen das neue Luitpold repräsentiert. Ziemlich revolutionär, wenn man bedenkt, dass Kaffeehäuser sich üblicherweise mit Jugendstilschwüngen oder Scherenschnitten zarter Rokokodamen schmücken. Fortschritt hin, Mut zur Moderne her: Dieser Ausbund an Nüchternheit ist selbst Paul Buchner erst einmal zu viel. „Wir führen eine Konditorei, kein Baugeschäft", soll seine erste Reaktion gewesen sein, bei der es glücklicherweise nicht bleibt. Das „L" bewährt sich – heute gehören Roths Faltschachteln für Baumkuchen und feine Pralinés zum Bestand der Sammlung des International Design Museums in der Münchner Pinakothek der Moderne. Und auch die Gestalter des Büros „Rose Pistola", die sich im Jahr 2010 unter Federführung von Holger Felten und Karin Höfling des Corporate Designs annahmen, mochten sich nicht von Roths „L" trennen. Sie haben es entschlackt, schmaler und eleganter gemacht, im Prinzip aber erhalten. Auch ihre Variante ist in die Design-Sammlung gewandert.

Die Buchners zeigen sich nicht nur stilbewusst. Konditormeister Paul Buchner legt vor allem Wert auf Qualität. Er arbeitet akribisch, verfeinert hier ein wenig, parfümiert dort mit einem Hauch Armagnac, und er führt ein eisernes Gesetz ein: Besonders beliebte Produkte dürfen niemals ausgehen und müssen für Stammgäste stets vorgehalten werden. Stephan Meier, dessen Mutter in den 1960er-Jahren im Cafe Luitpold zur Konditoreifachverkäuferin ausgebildet wurde, weiß noch genau, wie respektvoll Buchners

Leistung daheim gewürdigt wurde: „Er war ein Vollblutkonditor, der hohe Qualitätsstandards setzte und sie auch vorlebte."

Schickes Ambiente, erstklassige Speisen: Kein Wunder, dass Siegfried Sommer, Schriftsteller, Journalist und fast vierzig Jahre lang als Kolumnist Blasius für die Münchner Abendzeitung tätig, dem Luitpold bald nach der Wiederauferstehung erneut eine bedeutende Stellung im gesellschaftlichen Leben der Stadt bescheinigt: Er tauft es „Café Wichtig", „denn ganz München traf und trifft sich hier an der eleganten Brienner Straße. Schließlich war und ist es das Sympathische und das Münchnerische am Café Luitpold, dass hier immer alle heimisch waren, die wichtig sind und die, die es gern sein möchten." Im Gästebuch finden sich Einträge von Marika Rökk, Senta Berger, Horst Buchholz, Udo Jürgens, Horst Tappert, Karl Malden, Max Greger, Lord Earl und Lady Raine Spencer, Eliette von Karajan, Mario Adorf, Peter Sellers, Shirley McLaine, Alfred Biolek, Hans Clarin, Tony Curtis, Richard von Weizsäcker.

Nach und nach renovieren die Buchners den gesamten Luitpoldblock, der Anfang der 1960er-Jahre noch in einem baufälligen Zustand war, und etablieren ihn als eine der ersten Einkaufsadressen im München der Nachkriegszeit. Der Bereich zwischen Amira- und Salvatorplatz, wo sich einst die Ökonomiegebäude und Remisen der ehemaligen Knorrhäuser befanden, wird 1975 ausgebaut. Im Dezember 1976 wird die Luitpoldpassage fertiggestellt, die Maximiliansplatz und Salvatorplatz verbindet. Die Buchners setzen sich auch dafür ein, dass der Luitpoldblock 1984 einen U-Bahn-Anschluss erhält.

Nach und nach renovieren die Buchners den gesamten Luitpoldblock, der Anfang der 1960er-Jahre noch in einem baufälligen Zustand war. Die Fassade präsentiert sich wieder schlicht. Die bombastischen Zutaten der Gründerzeit sind zurückgenommen.

Kunst als Mobiliar. Im Palmengarten leuchten die durchbrochenen Kugellampen des Münchner Künstlers Jakob Hentze, hochartifizielle Varianten platonischer Körper.

1989, nach fast dreißig Jahren, ziehen sie sich aus dem Café-Betrieb zurück – und verabschieden sich mit einem weiteren Paukenschlag: Sie richten einen Palmengarten mit einer zwölf Meter hohen Glaskuppel ein. Dazu lässt Paul Buchner in den Bavaria Filmstudios ein Modell in Originalgröße bauen, um ein Gefühl für die richtige Proportion zu bekommen.

Zum Ende der modernen Ära Buchner eine Verbeugung vor alten Zeiten: Der Palmenhof erinnert zum einen an den Palmengarten des historischen Cafés. Zum anderen aber beschwört er die große Tradition höfischer Orangerien herauf, in denen einst kostbare Zitrusbäume, Feigen und Ananas, exotische Mitbringsel der Fernreisenden des 17. Jahrhunderts, sorgsam gepäppelt und durch die kalten Winter Mitteleuropas gebracht wurden. Die

Glaskuppel – die es im alten Luitpold nie gegeben hat – zitiert die riesigen Kristallpaläste des 19. Jahrhunderts, kühne Konstruktionen aus Gusseisen und Glas, die ursprünglich in der Nachfolge der Orangerien als Gewächshäuser dienten, dann aber die ganze Welt enthielten: Sie waren Veranstaltungsorte der großen Weltausstellungen wie etwa die im Londoner Crystal Palace im Jahr 1851.

Der Münchner Glaspalast war nach dem Londoner Vorbild 1854 für die Erste Allgemeine Deutsche Industrieausstellung im Alten Botanischen Garten in der Nähe des Stachus' errichtet worden. Der mehrschiffige Baukörper war 234 Meter lang, 67 Meter breit und 25 Meter hoch. Der Plan, ihn später als Gewächshaus zu nutzen, wurde wieder verworfen. Es gab keine Heizung. Stattdessen zogen die Künstler ein: Die Ausstellungen und die ausschweifenden Künstlerfeste, die hier ab 1889 stattfanden, machten den Glaspalast zu einer der großen Bühnen der Stadt, bis er in der Nacht zum 6. Juni 1931 in Flammen aufging. 3000 Kunstwerke wurden vernichtet, darunter unersetzliche Gemälde von Caspar David Friedrich, Karl Blechen, Philipp Otto Runge und Ludwig Richter. Die Brandursache konnte niemals geklärt werden.

26 Jahre lang haben die Buchners das Prinzip „Kaffeehaus" gelebt. 1989 legen sie das Café in die Hände von Konditormeister Gerhard Brenner, der es bis zur Übergabe an Stephan Meier im Jahr 2009 als Pächter führt. Buchner-Tochter Tina Schmitz und ihr Mann Karsten sorgen derweil dafür, ganz traditionsbewusst, dass wieder die Avantgarde in den Luitpoldblock einzieht. Sie haben bereits im Jahr 2000 die Kulturstiftung Federkiel ins Leben gerufen, die zeitgenössische Kunst und Kulturprojekte in ganz Deutschland fördert.

Als Zwischennutzung für ein Ladenlokal im Erdgeschoss richten sie Anfang 2003 die temporäre „Luitpold Lounge" ein. Drei Jahre lang finden hier, kuratiert von der Kunsthistorikerin Elisabeth Hartung, künstlerische Aktionen quer durch alle Sparten statt. Mit Mode beschäftigen sich etwa die Arbeiten, die in der Ausstellung „Now and Forever" zu sehen sind: In einer Installation von Michaela Melián dreht sich ein geschnürter Arbeitsstiefel zum Song „These boots are made for walking", Documenta-Künstlerin Cosima von Bonin bringt das Material Filz und damit Joseph Beuys und die Kunstgeschichte ins Spiel, Wolfgang Stehle untersucht Tapeten als Kleidungsstücke der Architektur. Und Yuka Oyama fertigt „Schmuck-Quickies" für die Besucher an.

Lesungen, veranstaltet vom alternativen Blumenbar-Verlag, Vortragsabende und Diskussionen mit Chris Dercon, Florian Illies oder Julian Nida-Rümelin flankieren die Kunst-

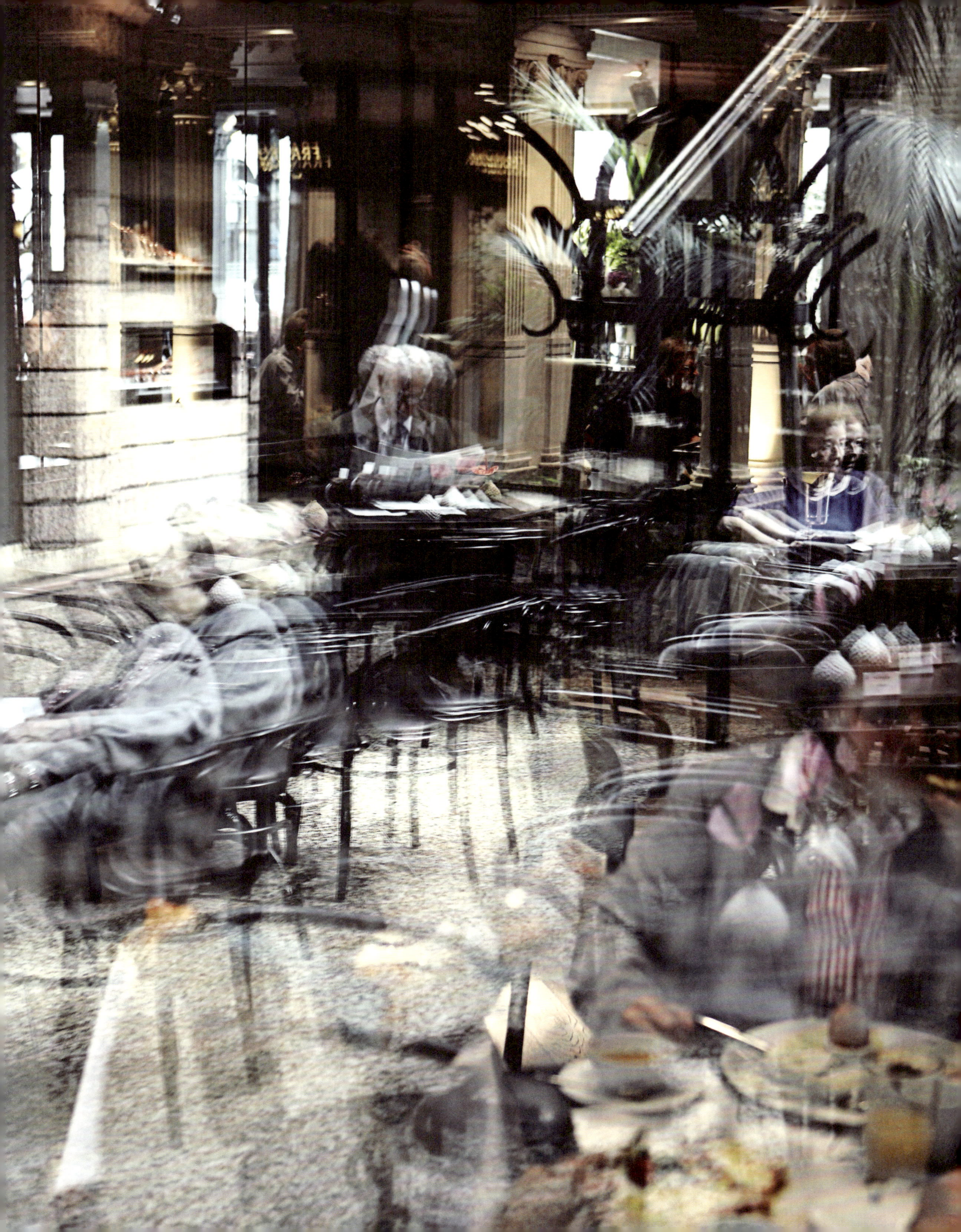

präsentationen. Der Musiker Thomas Meinecke und der Popkritiker Karl Bruckmaier reden über Plattencover. Die DJs Baby T und Lobinho legen Soul, Latin und Electro im Palmengarten auf: Buchners Subtropia wird zum Tanzboden. Und immer wieder sind Hochkaräter der aktuellen Kunstszene wie Pipilotti Rist, Wim Delvoye oder Olaf Nicolai zu Gast. Ambivalent kühl blicken Loretta Lux' gemalte Kinder von der Wand; Maya Bringolf knüpft ein Netz aus überdimensionalen Silikonfliegen.

2004 – die Lounge ist inzwischen in den ersten Stock an der Brienner Straße umgezogen – installiert der Architekt Markus Link an der Hausfassade eine Flugzeug-Gangway aus dem Jahr 1960 als Eingangstreppe, eine spektakuläre Intervention im öffentlichen Raum.

Parallel zum zeitgeistigen Geschehen eröffnen die Familien Buchner und Schmitz 2004 ein kleines, aber feines kulturhistorisches Museum im Luitpoldblock, in dem die Geschichte des Cafés in Artefakten, Bild- und Tondokumenten präsentiert wird – und wo der Besucher durch ein Fenster den Konditoren bei der Arbeit zuschauen kann.

Zum Beispiel dem Chefkonditor Albert Ziegler. Er ist der beneidenswerte Herr der Pralinés, die in der Backstube über dem Café fein aufgereiht in Schubladen auf ihren Verzehr warten – kleine Armeen des erlesenen Geschmacks. Wenn Ziegler sich an das Erfinden einer neuen Praline macht, rührt er in einem Topf 100 Gramm Zucker, 1000 Gramm Sahne und zwei Kilogramm Kuvertüre an – und experimentiert mit Zutaten wie Kardamom, Chilipulver, Champagner, Mandarinenzesten, Fondantzucker, Kakaobohnengranulat und Kakaobutter. Dabei entstehen dann winzige Wunderwerke, die jede Sünde wert sind. Oder der Meister beaufsichtigt, wie seine Mitarbeiter eine Luitpoldtorte zubereiten, Schicht für Schicht: sechs dünne Böden aus leichter und luftiger Sandmasse, dazwischen eine feine Creme aus französischem Weißwein, Cognac und edlem Marzipan, das Ganze hauchdünn mit belgischer Zartbitterschokolade überzogen. „Ich habe noch niemanden getroffen, dem die Torte nicht schmeckt", sagt Ziegler, der dem Luitpold schon seit 1978 die Treue hält. Damit ist er nicht allein: Auch sein Vorgänger Frithjof Hefele, längst im Ruhestand, schaut gern vorbei, etwa wenn Not am Mann ist und die Schoko-Überzugsmaschine muckt. Hefele hat ein paar Tricks drauf, die das Schätzchen schnell wieder ans Laufen bringen. Man sieht: Ob Mensch oder Maschine – die Macher des Luitpold bauen auf Bewährtes, solange die Qualität stimmt.

Dieser Buchnerschen Maxime folgt auch Stephan Meier. Sein Motto lautet: „Tradition erhalten und Zukunft gestalten." So setzt er zwar auf „viele neue Details, die aus einem verträumten Kaffeehaus einen zeitgemäßen Ort machen, von einer großen Zeitungsauswahl bis zum WLAN-Anschluss." Vor allem aber hält er den Qualitätsanspruch hoch: „Es reicht mir nicht, Produkte zu schaffen, die das Haus möglichst schnell wieder verlassen, und dann ist Schluss", sagt er. „Wir folgen bei unserer Arbeit einer Kette der Sorgfalt. Das beginnt bei den Grundrohstoffen. Ich will wissen, woher sie kommen. Dafür besuche ich zum Beispiel mehrmals im Jahr die Wurmmühle, mit der wir seit Generationen zusammenarbeiten, und bespreche mit dem Müller, welche Getreidesorten die Bauern säen, wann geerntet wird und wann die neue Ernte in die Backstube kommt."

Auf hohe Qualität, auf regionale und saisonale Produkte achtet auch Küchenchef Hausberger schon beim Einkauf. Und so weiß der Gast sich gut versorgt und kann sich am Abend schon mal genüsslich bei einer Portion Königsberger Klopse mit Kapernäpfel-Tempura auf mancherlei geistige Kulinaria einstimmen, die noch folgen. Die Schmitzens haben nämlich Veranstaltungen, die sich in der Luitpold Lounge bewährt haben, ins neue Luitpold geholt. Im ehemaligen Feenpalast, wo früher – unter barockisierenden Wandmalereien, im warmen Licht der Glühlampen – Zeppelinfahrer, Frauenbewegte und expressionistische Literaten debattierten, melden sich heute unter der Federführung der Kulturwissenschaftlerin Nan Mellinger Geistesgrößen der Jetztzeit zu Wort. So philosophiert die Literaturwissenschaftlerin Barbara Vinken über Trachten und das „Dekolleté der Bavaria", der Theaterkritiker C. Bernd Sucher macht sich öffentlich Gedanken, ob Anstandsregeln überholt sind, und Stadtplaner diskutieren darüber, welche neuen Architekturformen vorbildlich für München sein könnten. Es gibt Tangoabende, Matineen, Tanztees und Gitarrenkonzerte – organisiert von der Sängerin Isabel Kienemann. Und natürlich gibt es Kunst, diesmal als festes Mobiliar in das Café integriert. Zum Beispiel die mehrteilige Installation „Schleuse" des gebürtigen Leipzigers Tilo Schulz im Untergeschoss. Oder die vielfältig durchbrochenen Kugellampen des Münchner Künstlers Jakob Hentze im Palmengarten, hochartifizielle Varianten platonischer Körper.

Und die Gäste staunen wieder, sie lesen ihre Zeitung auf Papier oder Tablet, sie beobachten und tanzen, sie lauschen und genießen ... und das Luitpold leuchtet wieder.

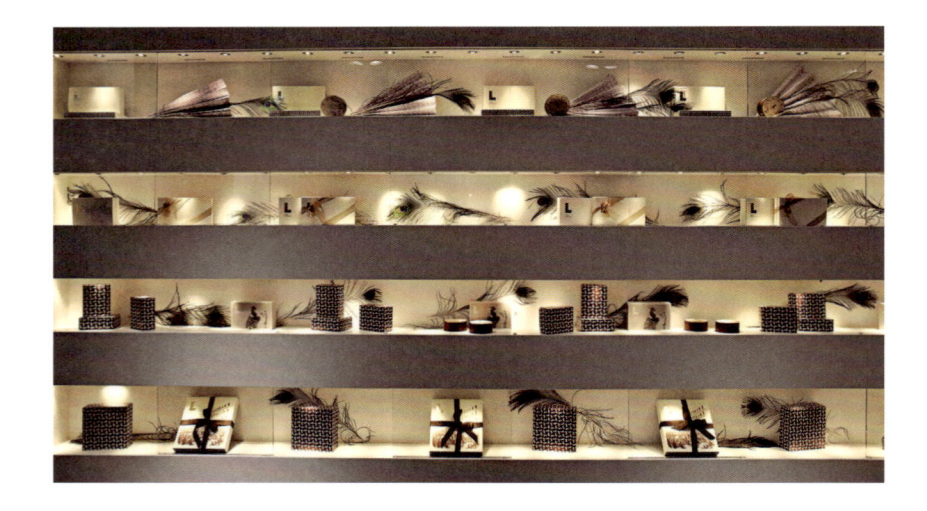

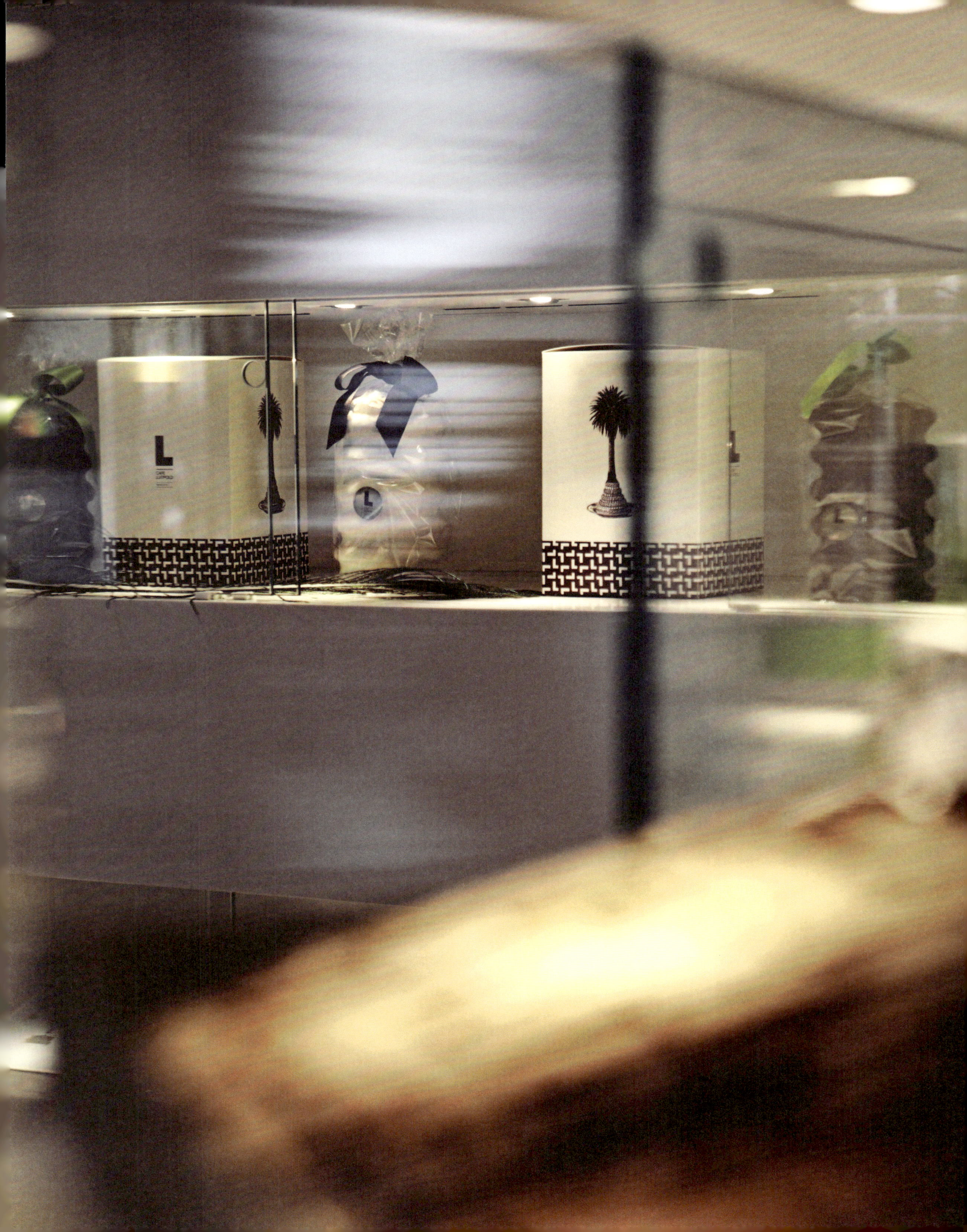
L

Der Konzeptkünstler Olaf Nicolai gestaltet 2010 eine Luitpoldtapete aus den Formelementen, die der Grafikdesigner Richard Roth 1962 für das Luitpold-Logo entwickelt hat.

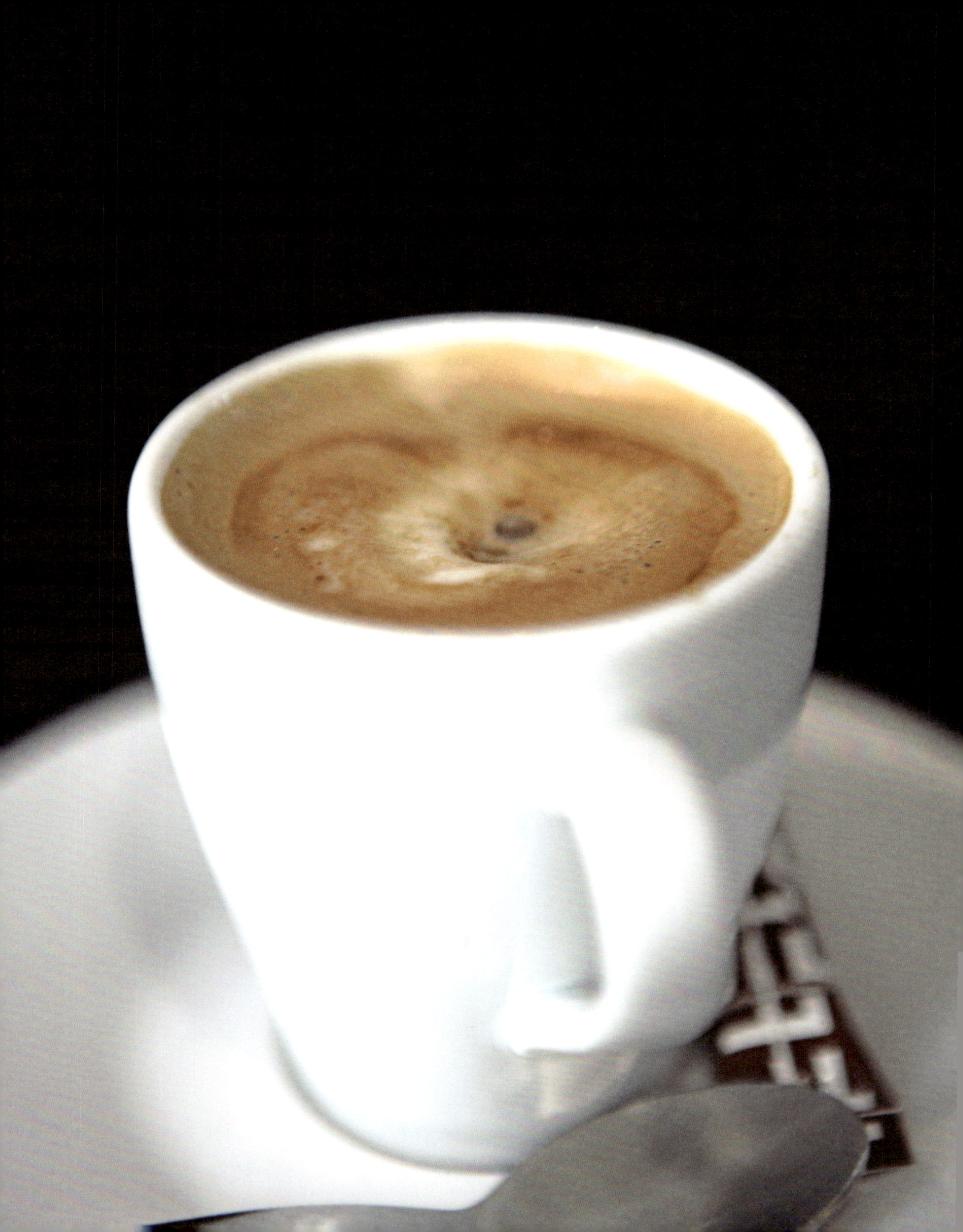

CAFE LUITPOLD | BR

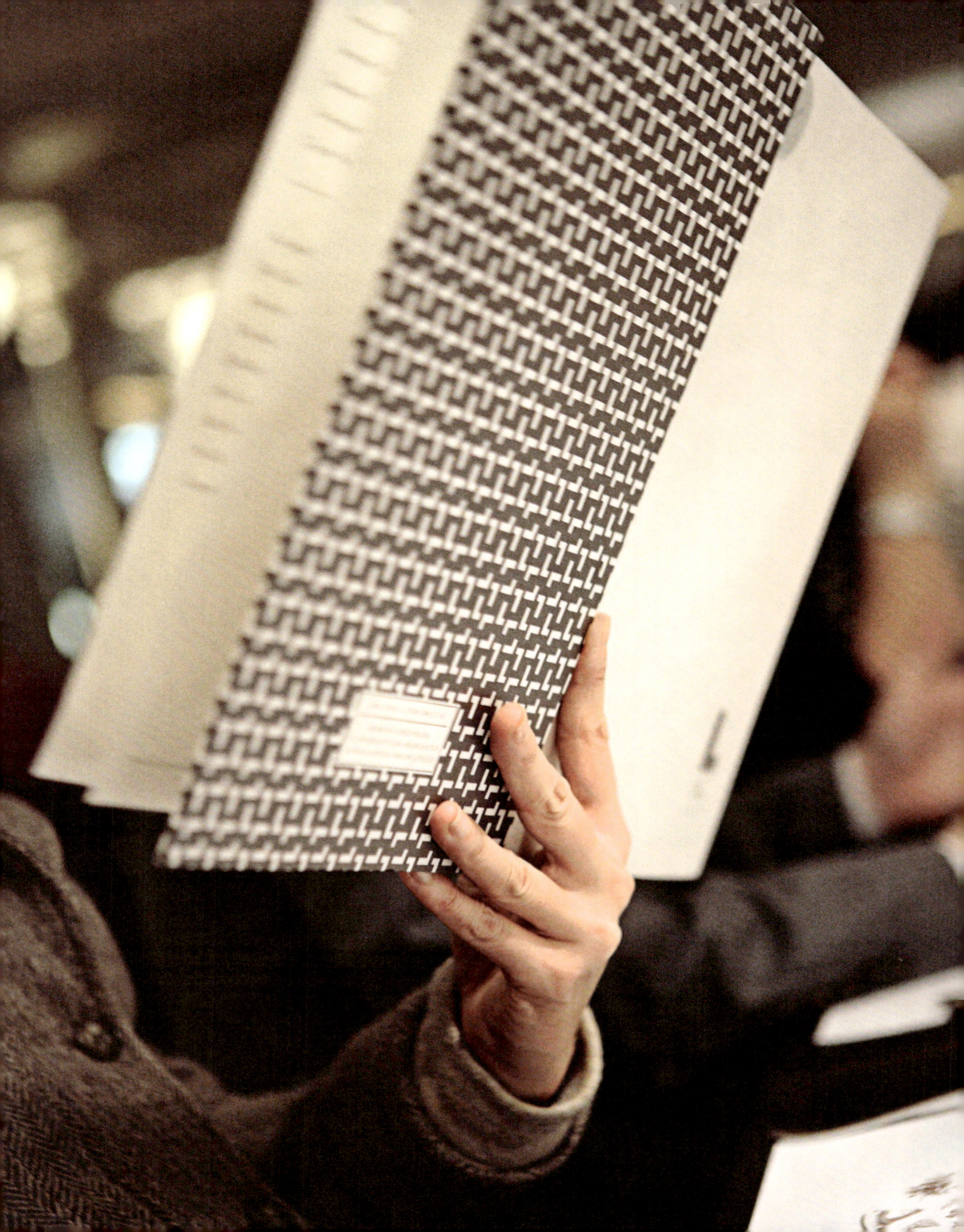

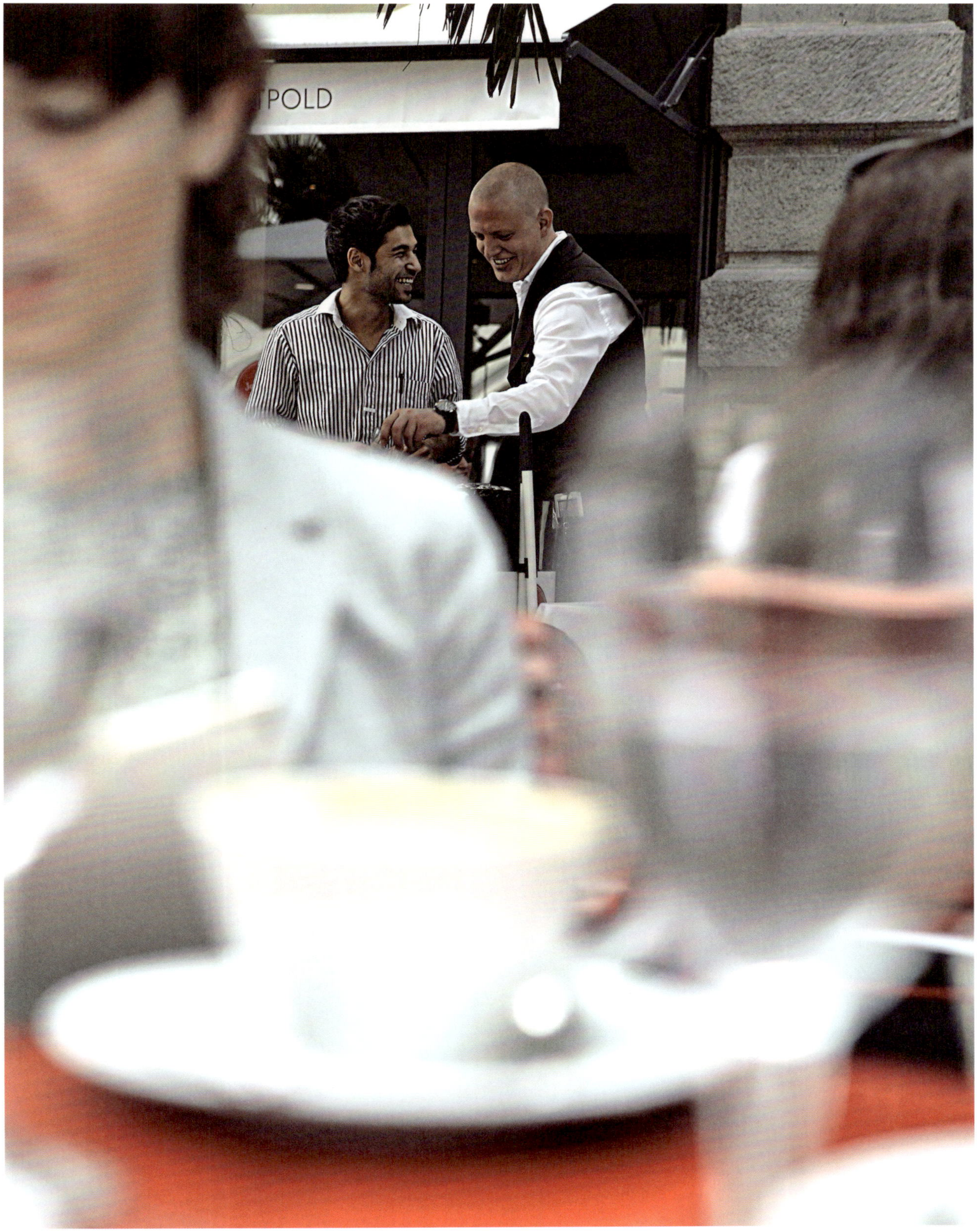
TPOLD

Herzstücke der Confiserie: Elisabeth Käser und Ricarda Weber

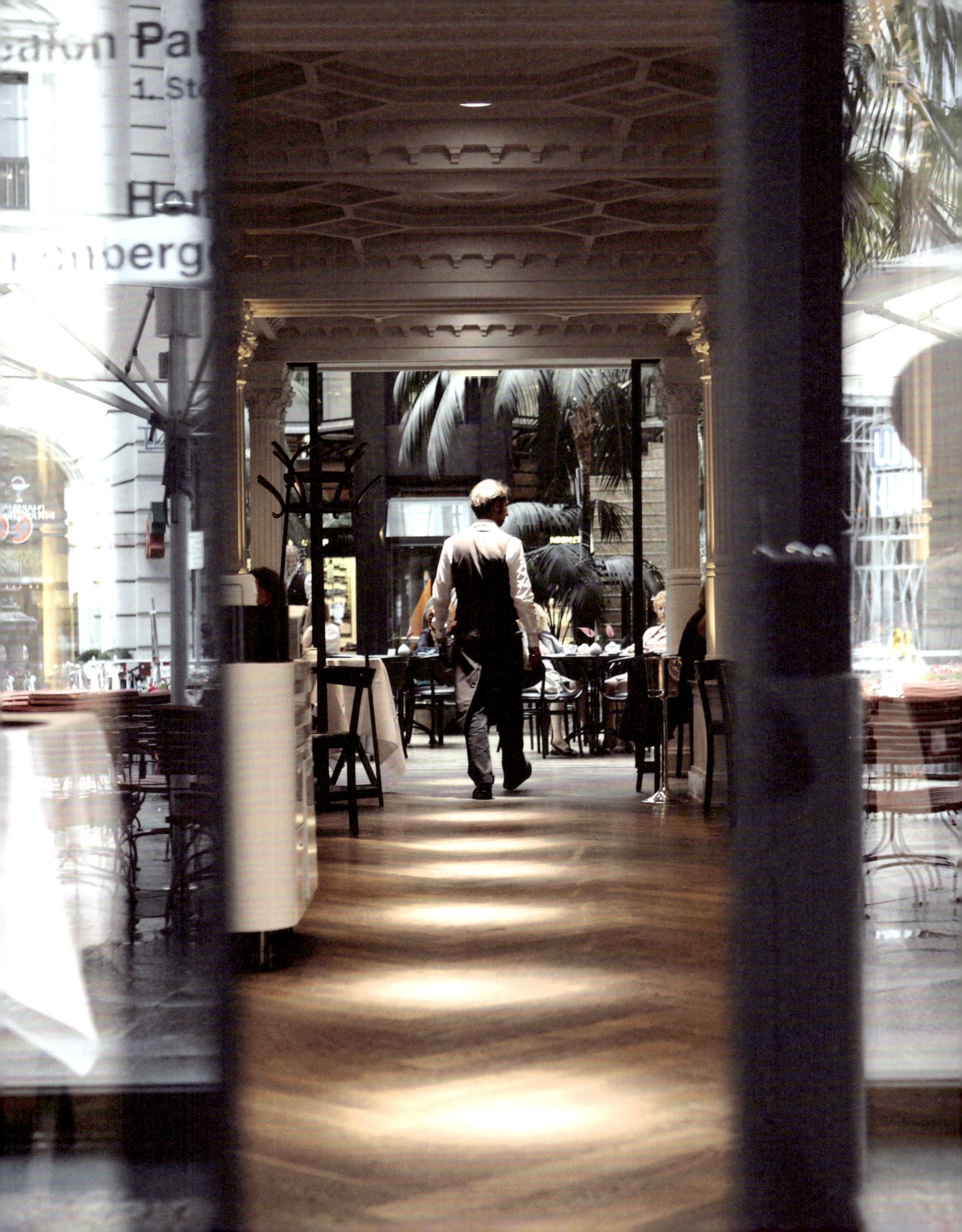

REGISTER

ERLESENE
REZEPTE

A
Apfelstrudel mit Vanillesauce, S. 66
Auberginen-Tapenade, S. 259

B
Backhendl mit Vogerlsalat, S. 131
Beerenküchlein, S. 71

C
Café de Paris-Schnitten, S. 55
Crème Brûlée, S. 69
Croissant du Chef, S. 156

D
Dôme au Chocolat, S. 32

E
Egg Benedict, S. 80
Erdbeer-Lychee-Konfitüre, S. 72
Erdbeereis, S. 152
Erdbeer-Parfait, S. 153
Falsche Luitpoldtorte, S. 118

F
Falsche Luitpoldtorte, S. 118
Feigenchutney, S. 194
Flammkuchen, S. 242

H
Hoppel Poppel, S. 248

K
Kalbsrahmgulasch, S. 258
Käsestangen, S. 194
Kasnocken, S. 130
Körnerbrot, S. 73
Kräuter-Omelette, S. 104

L
Lachs in Zucchinimantel, S. 178
Lammcarrée mit Olivenkruste, S. 195
Lauwarmer Schokokuchen, S. 90
Loup de Mer mit Safranrisotto, S. 256
Luitpold-Limonade, S. 44

M
Macarons, S. 138

P
Parmentier vom Lammragout, S. 164
Parmesanschaumsüppchen, S. 212
Prinzregenten-Schmarrn, S. 120

R
Ragout Fin, S. 198

S
Sahnebrezeln, S. 54
Soufflierter Hirschrücken, S. 88

T
Tafelspitz im Wurzelsud, S. 196
Tataki vom Thunfisch, S. 226
Tomaten-Paprika-Suppe, S. 102
Topfenknödel mit Rhabarberkompott, S. 176

V
Vitello Tonnato, S. 270

W
Wiener Schnitzel, S. 70
Wraps mit Caesar Salad, S. 210

Z
Zimtsterne, S. 68

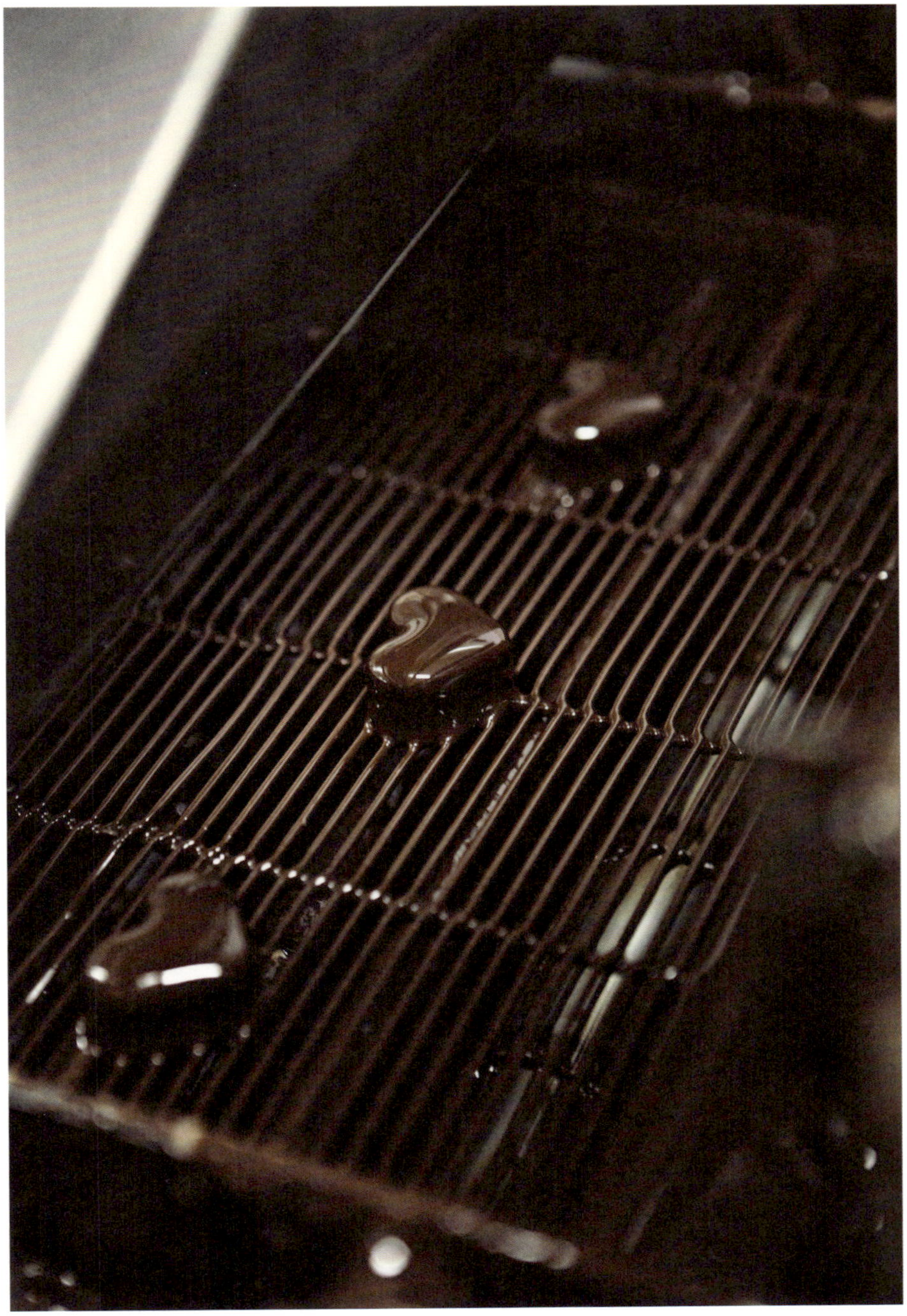

Literatur

Karin Althaus, Helmut Friedel (Hg.): Gabriel von Max: Malerstar, Darwinist, Spiritist, München 2010

Rita Bake und Birgit Kiupel (Hg.): Elsa Bernstein: Das Leben als Drama. Erinnerungen an Theresienstadt, Hamburg 2011

Richard Bauer: Fliegeralarm. Luftangriffe auf München, München 1987

Richard Bauer: Geschichte Münchens, Vom Mittelalter bis zur Gegenwart. Sonderausgabe, München 2008

Richard Bauer u.a. (Hg.): München - „Hauptstadt der Bewegung". Bayerns Metropole und der Nationalsozialismus, München 2002

Richard Bauer (Hg.): Zu Gast im alten München. Erinnerungen an Hotels, Wirtschaften und Cafés, München 1982

Otto Ernst Breibeck: Der Luitpoldblock in der „guten alten Zeit". Geschichte und Erinnerungen einer alten Münchnerin, in: Bayerland, 78. Jg., Nr. 11, 1976, S. 41 bis S. 56

Hadumod Bußmann: „Ich habe mich vor nichts im Leben gefürchtet". Die ungewöhnliche Geschichte der Therese Prinzessin von Bayern. 1850-1925, 2. verb. Aufl., München 2011

Franz B. Döpper: München und seine alten Firmen, Eching 1988, darin: Max Zechbauer

Felipe Ferré: Kaffee. Eine Kulturgeschichte. Tübingen 1991

Heidi und Georg Fruhstorfer: Hurra, wir leben noch! München nach 1945, Gudensberg-Gleichen 2003

Sophie Gerber, Nina Lorkowski, Nina Möllers: Kabelsalat. Energiekonsum im Haushalt, Ausstellungskatalog des Deutschen Museums, München 2012

Geschichtswerkstatt Neuhausen (Hg.): Halbstark in Neuhausen: Vom Rio zum Kolibri. Jugendkultur in einem Münchner Stadtteil 1948-1962, München 2001

www.ghetto-theresienstadt.de – Ein Nachschlagewerk, Stichwort: Elsa Bernstein

Norbert Göttler: Der Blaue Reiter, Reinbek 2008

Thomas Grasberger: Treffpunkt: Briennerstraße 8 - München - Maxvorstadt: Der literarisch-künstlerische Salon von Elsa und Max Bernstein, Beitrag in: Bayern-2-Radio vom 18.11.2007, 13.30 Uhr

Peter Grassinger: Münchner Feste und die Allotria. Ein Jahrhundert Kulturgeschichte, Dachau 1990

Wolfgang Görl: Der Rauch der Jahrhunderte. Die Familie Zechbauer belieferte Könige und Schriftsteller - 1911 zog der Zigarrenladen in die Residenzstraße um, in: Süddeutsche Zeitung vom 10.3.2011

Elfi M. Haller: Palais Leuchtenberg, München 1987

Edwin Heine: Münchener Kaffeehaus-Leben, in Über Land und Meer, Nr. 29, 1893, o. S. bis Spalte 341

Ulla Heise: Kaffee und Kaffeehaus. Eine Kulturgeschichte, Leipzig 1987

Ludwig Hollweck: München in den zwanziger Jahren. Zwischen Tradition und Fortschritt, München 1982

Ludwig Hollweck: Unser München. Ein Lesebuch zur Geschichte der Stadt im 20. Jahrhundert, München 1980

Brigitte Huber: Erst der Jubel, dann die Angst. München im Sommer vor 90 Jahren: Wie der Beginn des Ersten Weltkriegs das Leben in der Stadt veränderte, in: Süddeutsche Zeitung vom 4.8.2004

Volker Hütsch: Der Münchner Glaspalast, Berlin 1985

IASLonline, elektronische Zeitschrift für Literatur-, Medien- und Kulturwissenschaft, hervorgegangen aus dem gedruckten Internationalen Archiv für Sozialgeschichte der deutschen Literatur

Francesco und Riccardo Illy: Kaffee. Von der Bohne zum Espresso, München 1993

Joachim Käppner, Wolfgang Görl, Christian Mayer (Hg.): München – Die Geschichte der Stadt, München 2008

Franz Kotteder, Eberhard Wolf (Hg.): Der Krieg ist aus. Erinnern in München nach 1945, München 2005

Luitpoldblock Hausverwaltung (Hg.): Ein liebenswertes Stück München: Der Luitpoldblock einst und jetzt, Text: Beate Bentele, München 2004

Birgit Magiera: 16. Juni 1861: Erster Stadtomnibus zieht durch München, in: br-online-Archiv, Stand: 16.6.2011

Rainer Metzger: München – die große Zeit um 1900. Kunst, Leben und Kultur 1890-1920. Architektur, Malerei, Design, Theater, Musik, Cabaret, Literatur, Buchkunst, Verlagswesen, Wien 2008

Erich Mühsam: Namen und Menschen. Unpolitische Erinnerungen, Leipzig 1949

Münchner Stadtmuseum (Hg.): Die Prinzregentenzeit, München 1988

Katja Mutschelknaus: Kaffeeklatsch. Die Stunde der Frauen, München 2008

Ohne Autor: Franz Kafka, Beschreibung einer Lesung – K. in M., in: br-online-Archiv, Stand: 2.9.2011

pk: „München hat wieder sein „Cafe Luitpold", in: „Der Konditormeister" vom 5.10.1962, S. 643-645

Eugen Roth: Glaspalast in München, München 1971

Franz Schiermeier: Stadtatlas München. Karten und Modelle von 1570 bis heute. (Hg.): Münchner Stadtmuseum, Stadtarchiv München, München 2003

Franz Schiermeier: Panorama München. Illusion und Wirklichkeit. München als Zentrum der Panoramenherstellung, (Hg.): Stadtarchiv München, München 2009

Wolfgang Schivelbusch: Das Paradies, der Geschmack und die Vernunft. Eine Geschichte der Genussmittel, München 1980

Gustav Schneider (Hg.): Häuserbuch der Stadt München, München 1958-1977

Cornelia Teufl, Stephan Clauss: Coffee. Alles, was man über Kaffee wissen sollte, München 2004

Hans-Jürgen Teuteberg: Kaffeetrinken sozialgeschichtlich betrachtet, in: Scripta Mercaturae, 14 (1980), S. 27-54

Hans E. Valentin: Eine Münchner Institution. Cafe Luitpold, in: Bayerland, 75. Jg., Nr. 5, Mai 1973, S. 5-28

Walter Vogel: Caffè, per favore!, Cadolzburg 2004

Hermann Wilhelm, Gisela Kurz: Jazz in München von den Zwanziger Jahren bis zu den frühen Achtzigern, München 2007

Hans Zehetmair, Jürgen Schläder (Hg.): Nationaltheater. Die Bayerische Staatsoper, München 1992

Impressum

Das Luitpold. Münchner Kaffeehaustradition seit 1888
Erstaunliche Geschichten und erlesene Rezepte

Text: Jutta Göricke
Fotografie: Matthias Haslauer
Illustration: Maria Fischer, Frank Weidenfelder
Rezepte: Michael Hausberger, Alexander Seethaler,
Albert Ziegler, Susanne Klug u. a.

Konzeption: Tina Schmitz, Karsten Schmitz, Holger Felten,
Jutta Göricke, Stephan Meier, Barbara Weber
Redaktion: Jutta Göricke
Stadtgeschichtliches Lektorat: Neumann & Kamp
Luitpoldgeschichtliches Lektorat: Sammlung Café Luitpold –
Beate Bentele, Oliver Gruson
Schlusskorrektur: Almut Schmidt
Kochlektorat: Barbara Weber, Tina Schmitz, Kathrin Gritschneder,
Julia Delleske

Alle Rezepte dieses Buches wurden mit Sorgfalt zusammengestellt
und überprüft. Eine Garantie fürs Gelingen kann jedoch nicht
übernommen werden.

Gestaltung: Rose Pistola GmbH, Büro für Konzeption und Gestaltung,
München; Art-Direktion: Maria Fischer, Frank Weidenfelder

Herausgeber: Tina und Karsten Schmitz,
Martin Dort / Dort-Hagenhausen-Verlag

Herstellungsmanagement: Süddeutsche Zeitung Publishing,
München – Angela Kesselring, Frauke Haack
Druck: FIRMENGRUPPE APPL, appl druck, Wemding
Printed in Germany

ISBN 978-3-86362-900-7

Alle Rechte vorbehalten. Die Verwertung der Texte und Bilder, auch
auszugsweise, ist ohne Zustimmung des Verlages urheberrechtswidrig
und strafbar. Dies gilt für alle Vervielfältigungen, Übersetzungen; Mikro-
verfilmungen, und für die Verarbeitung mit elektronischen Systemen

Copyright © 2012 Luitpold Promotion GmbH

Für besonders aufmerksame Leser: Mit der Gestaltung des Logos
1962 hat das Cafe Luitpold seinen Accent eingebüßt – Richard Roth,
Professor für Design und Gestalter des damaligen Erscheinungs-
bildes, war ein Freund der Reduktion. Daher finden sich im Buch zwei
Schreibweisen. Wir verwenden „Café", wenn es um das Café Luitpold
vor 1962 und allgemein um Kaffeehäuser geht, und „Cafe", wenn
das Cafe Luitpold nach 1962 gemeint ist.

Lösungen Rätsel S. 155: Rebus oben: Tortenschlacht; Rebus unten:
Kaffeeklatsch; Akrobat: S. 36, S. 75, S. 269

www.cafe-luitpold.de
www.luitpoldblock.de, Mitglied im Brienner Quartier
www.d-hverlag.de
www.rosepistola.de

Bildnachweis:
Buchumschlag: Matthias Haslauer
Alle Fotos von Matthias Haslauer außer:
S. 10: oben: Stadtarchiv München, unten: Sammlung Café Luitpold
S. 11: Archiv Christel van Laak
S. 12: Paul Buchner: Sammlung Café Luitpold
S. 14: Archiv Christel van Laak
S. 21: Stadtarchiv München
S. 23: Archiv Christel van Laak
S. 25: akg-images Berlin
S. 26–27: Sammlung Café Luitpold
S. 39: Foto Hans Günther Kaufmann
S. 56–57: Sammlung Café Luitpold
S. 75: Sammlung Café Luitpold
S. 77: Originalblatt aus der „Illustrirten Zeitung",
Sammlung Café Luitpold
S. 78–79: Sammlung Café Luitpold
S. 92: Sammlung Café Luitpold
S. 97: Sammlung Café Luitpold
S. 114: Sammlung Café Luitpold
S. 140: Gg. Schödl, München
S. 144–145: Sammlung Café Luitpold
S. 146: Stadtarchiv München
S. 154: Archiv Christel van Laak
S. 161: Stadtarchiv München
S. 175: Sammlung Café Luitpold
S. 216: Josef Nikolaus Geis | Sammlung Café Luitpold
S. 220: Anton von Salzmann | Sammlung Café Luitpold
S. 231: Seeberger.Buss
S. 232: Liebling Luitpold, Trikont Unsere Stimme Verlags GmbH, 2011
S. 234: oben: Aleschka Birkenholz, unten: Luitpold Lounge
S. 235: oben: Luitpold Lounge, 2 Fotos unten: Aleschka Birkenholz
S. 244: Stadtarchiv München
S. 250: Sammlung Café Luitpold
S. 251: Josef Nikolaus Geis | Sammlung Café Luitpold
S. 253: Plakat von E. Klein | Sammlung Café Luitpold
S. 254: Stadtarchiv München
S. 255: Illustration aus dem Heft „Café Grössenwahn, Carneval 1902"
(Kopie in der Sammlung Café Luitpold)
S. 261: Stadtarchiv München
S. 262: Pressefoto Hans Schürer, München
S. 263: Archiv Christel van Laak
S. 264: Presse-Illustration Nortz, München
S. 265: Stadtarchiv München
S. 266–267: Pressefoto Hans Schürer, München
S. 269: 3 Fotos Christel van Laak,
Luitpold-Theater: Sammlung Café Luitpold
S. 273: Sammlung Café Luitpold (Familie Buchner)
S. 274–277: Sammlung Café Luitpold
S. 280: Sammlung Café Luitpold
S. 288–289: Olaf Nicolai

Trotz intensiver Bemühungen ist es uns möglicherweise nicht in allen
Fällen gelungen, die Inhaber der Bildrechte zweifelsfrei zu bestimmen
bzw. ausfindig zu machen. Bitte wenden Sie sich bei diesbezüglichen
Fragen an uns.

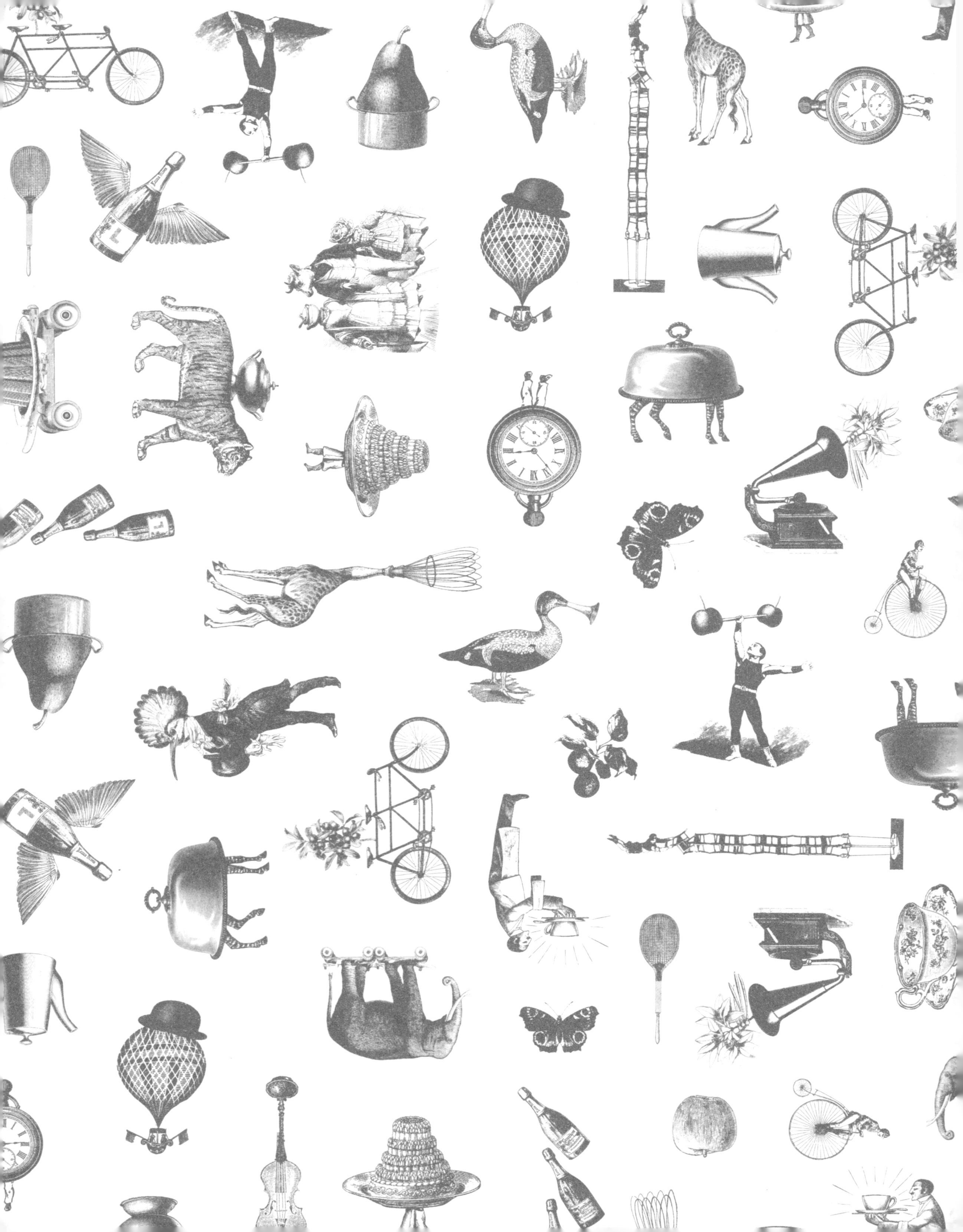